「*限制式寫作*」
之理論與應用

仇小屏

◎編著

陳　序

　　大體而言，語文能力可區分成三個層級：即「一般能力」、「特殊能力」與「綜合能力」，並以「思維力」居中貫串、推動。

　　所謂的「一般能力」，「指在不同種類的活動中表現出來的能力。」（見彭聃齡主編《普通心理學》）也就是說，不只是寫作時必須具備，從事其他學科的學習時也都需要，因此是相當基礎而運用廣泛的一種能力；如細分起來，其中以思維力為核心，來支撐觀察力、記憶力、聯想力、想像力等。

　　所謂的「特殊能力」，「指在某種專業活動中表現出來的能力。」（同上）如特就辭章而言，由於它是結合「形象思維」、「邏輯思維」與「綜合思維」而形成的，所以可以從這三種思維切入，來區分其特殊能力。一般說來，「就形象思維來說，如果是將一篇辭章所要表達之『情』或『理』，也就是『意』，主要訴諸各種偏於主觀的聯想、想像，和所選取之『景（物）』或『事』，也就是『象』，連結在一起，或者是專就個別之『情』、『理』（意）、『景』（物）、『事』（象）等材料本身設計其表現技巧的，皆屬『形象思維』；這涉及了『取材』與『措詞』等問題，而主要以此為探討對象的，就是詞彙學、意象學（狹義）與修辭學等。」「就邏輯思維來看，如果整個就『景（物）』或『事』（象）等各種材料，對應於自然規律，結

合『情』與『理』（意），主要訴諸偏於客觀的聯想、想像，按秩序、變化、聯貫與統一之原則，前後加以安排、佈置，以成條理的，皆屬『邏輯思維』；這涉及了『佈局』（含『運材』）與『構詞』等問題，而主要以此為研究對象的，就語句言，即文（語）法學；就篇章言，就是章法學。」就綜合思維而言，「統合『形象思維』（偏於主觀）與『邏輯思維』（偏於客觀）而為一的，乃是主旨與風格（韻律）等，這就涉及了主題學、文體學與風格學等。而以此整體或個別為對象加以研究的，則統稱為辭章學或文章學。」（見拙作〈從意象看辭章之內涵〉）

所謂的「綜合能力」，就是統合前面的「一般能力」（含觀察、記憶、聯想、想像、思維等）、「特殊能力」（含立意、運用詞彙、取材、修辭、構詞與組句、運材與佈局、確立風格等）而成的能力。

以上各層能力，初由「一般能力」發展而為「特殊能力」，再由「特殊能力」發展而為「綜合能力」，然後由「綜合能力」回歸到「一般能力」，而將「一般能力」推上一層，形成層層互動、循環而提升之螺旋結構。

這種螺旋結構，是可用「讀」與「寫」來驗證的。由於「寫」乃由「意」（義旨）而「象」（材料），靠的是先天（先驗）自然而然的能力，這多半是不自覺的；而「讀」則由「象」（材料）而「意」（義旨），靠的是後天研究所獲得的結果，用科學的方法分析作品，自覺地將先天（先驗）自然而然的能力予以確定。因此「寫」是先天能力的順向發揮、「讀」是後天研究的逆向（歸根）努力，兩者可說是互動、循環而提升的。

　　而「限制式寫作」，通常都鎖定在「一般能力」與「特殊能力」之上，可配合課文教學（讀），自由而靈活地隨時選擇不同能力來設計題目，讓學生習作（寫）。不過，卻有比較無法顧及培養「綜合能力」之缺失，因此組題式之設計便因應而生，以彌補這種不足之憾。這樣，照應到三層語文能力來命題，無論是用於平時作文課或統一考試，都很適合，就是用於升學考試，也十分恰當。

　　仇小屏博士以其夐異之姿，精研辭章學而不遺餘力，既灌注「理論」層之探討，也重視「應用」面之驗證。所以在繼續深究章法學、修辭學、文法學之同時，又能關注於國語文教學，用「實作」來檢驗理論，於是從民國八十七年以來，針對章法或國語文教學，總共出版了九種相關學術論著，發表了六、七十篇相關學術論文。這次繼《小學「限制式寫作」之設計與實作》之後，再引申推出本書，就是這種「研究不遺餘力」又一次成果。相信這對國語文教學，是會產生相當大的影響的。

　　忝為其博碩士論文指導老師，在本書出版前夕，特綴數語，略及語文能力與「限制式寫作」之緊密關係，以及本書作者不遺餘力之研究精神，聊表慶賀之意。

民國九十四年七月二十九日

陳滿銘　序於台灣師大國文系 835 研究室

自 序

　　近十餘年來寫作教學最大的變革是「新型作文」（含「引導式寫作」與「限制式寫作」）的出現與風行。雖然「新型作文」是從出題方式的改變著手，但是題目的不同，指引的內容、批改的標準也就會隨之改變，因此「新型作文」所帶動的是「命題」、「指引」、「批改」一連串的變化，可說是活化了整個寫作教學。

　　但是在剛開始的幾年，「新型作文」的開發集中在題目、題型的推陳出新上，並沒有一套完整的理念在引領，因此容易流於追求奇巧的變化，卻茫然不知所歸，所以導致有人對「新型作文」發出「以求新求異之名，行求怪求異之實」的批評。這當然是一種誤解，但是要消解這種疑慮，就必須進於理論的開展。

　　首先需要釐清的，就是「引導式寫作」與「限制式寫作」的異同。因為「新型作文」中包含了「引導式寫作」與「限制式寫作」，此二者的相同點是都多了一些引導的說明或限制的條件；而相異點是：「引導式寫作」不具強制性，勝在留給學生的發展空間大，「限制式寫作」則因具有強制性，所以可以明確地要求學生據此寫作，用於寫作訓練時，可以鍛鍊出學生的一般能力、特殊能力或綜合能力，用於寫作測驗時，評閱者也易於據此拿捏標準、評定等級。雖然「引導式寫作」與「限制式寫作」各有特色，但是因為應用在寫作訓練或測驗時，一般說來，「限制式寫

作」能夠更有效地訓練或測驗出學生的能力，因此本書主要鎖定「限制式寫作」，進行理論的闡述與應用的驗證。

其次，「限制式寫作」最重要的原則是：鎖定能力來命題。既然是鎖定能力來命題，那麼對於寫作所需要的能力，就必須有精準的掌握。寫作能力可以分成三個層次加以論述：「一般能力」、「特殊能力」、「綜合能力」，而以「思維力」居中貫串、推動。一般能力是指在不同種類的活動中表現出來的能力，也就是不只寫作時必須具備，從事其他學科的學習時也都需要，因此是相當基礎、運用相當廣泛的能力，一般能力的內涵包括了「觀察力」、「記憶力」、「聯想力」、「想像力」。特殊能力指的是在一般能力的基礎上發展出來，為某種專業活動所需具備的能力；寫作方面的特殊能力雖然複雜豐富，但是因為在學術研究上，對辭章學的探究已經趨於成熟，所以可以從形象思維、邏輯思維與綜合思維切入，將特殊能力區分為「立意」、「運用詞彙」、「取材」、「修辭」、「構詞與組句」、「運材與佈局」、「選擇文體」、「確立風格」七大類。統合前面的一般能力、特殊能力而成的能力就是綜合能力，而且因為綜合能力是一種整體性的能力，所以在這個層次上，才能訓練或展現出同學的「創造力」。

傳統的一題一篇作文所訓練的是綜合能力，這樣固然有其優點，但是缺點在於無法循序漸進，或針對特別欠缺的能力加以補強，這樣會讓原本就能力不足的學生，更是不知從何著手來鍛鍊自己的寫作能力。而「限制式寫作」就可以鎖定「一般能力」、「特殊能力」中的一種或兩、三種能力，來設計題目，予以加強

訓練,企圖藉由這種方式「由點到面」,以達到全面提升寫作能力的目的;這就好像學開車一樣,從踩油門、控制方向盤、換檔……等等分別學起,等到都精熟了,就自然而然會開車了。所以分項訓練只是過程,終極目的還是綜合能力的養成。而且在養成分項能力的過程中,可以用「題組」的方式來引導,由淺到深、由短而長,讓學生逐步鍛鍊出自己的能力,不會有「一蹴難幾」的恐慌。此外學生在寫作時,也必須運用綜合思維來表出,因此可以說是著重某種能力的同時,也訓練了綜合能力,因此是相當值得推廣的寫作訓練方式。

此外,這種「限制式寫作」的命題方式,用於寫作訓練時,還有一個很大的優點,就是能夠緊密地結合範文與寫作教學。因為閱讀與寫作本就是一體之兩面,進行範文教學時,所分析的寫作技巧、構思方式,從寫作的角度來看,往往就是一般能力或特殊能力;而「限制式寫作」既然是以能力的訓練為依歸,那麼就很容易與範文教學聯繫起來,做到「讀寫結合」,讓學生從範文中學習到的寫作技巧,可以用於自己的作文中,而且可以因此而反過來,對範文有更深入的體會。準此而觀,利用「限制式寫作」提升寫作教學的品質,還可以連帶地提升範文教學的品質,而範文與寫作教學既然是國語文教學中非常重要的部分,那麼此兩者品質的提升,對於整個國語文教學品質的提升而言,影響是既深且鉅的。

既然有此理念,所以在教學時,就以此最新的「限制式寫作題組」的觀念來進行命題、指引與批改,而且儘量與範文教學或理論指引相結合。本書中所收的三十六次寫作成果,主要是指導

大一國文（含化學系、測量系、機械系、中文系）學生所寫作的，另有一些是修習中文系現代散文、章法學課程同學的作品。而對於此種寫作訓練方式，學生認為與課文結合的寫作題目，讓他們對於所學到的東西更能吸收，感覺上是「真正有學到」，而且自己「實地演練」的感覺也不錯，有人特別提到寫作這種題目需要動動腦，而動動腦的感覺還不賴！不過也有同學發出「腸枯思竭」之嘆，但是同學的腦筋是越磨越敏銳的，更何況年輕學子潛力豐富、前程尚遠，更能夠、也更需要磨練，因此「絞盡腦汁」只是過程，「文思泉湧」之後，帶動同學一般能力、特殊能力、綜合能力的進展，則是我們所期待的結果。此外，大家相當肯定的是老師批改之後必有檢討，還會把優秀作品影印出來，雀屏中選者得意洋洋、頗受激勵，其他同學也可以欣賞、學習。

　　因此整體說來，以「限制式寫作題組」來引導學生寫作，不管是從寫作成果、或是同學反應來說，應該都是不錯的，可以說是既「有益」又「有趣」；所以很希望能推展這種理念，把這些心得與更多人分享，於是便動念撰寫本書。為了能將「限制式寫作題組」的觀念與內涵做清楚的說明，所以本書一開始就是「導論」，其中包括了「寫作訓練與寫作測驗的異同」、「『引導式寫作』與『限制式寫作』的異同」、「『限制式寫作』概說」、「『限制式寫作』命題原則」、「『限制式寫作題組』命題原則」、「寫作能力簡介」。接著就是根據「能力」來將各次寫作歸類，不過其中有可以歸入兩類者，譬如正反法的運用可以歸入一般能力中的「聯想力（相反聯想）」，也可以歸入特殊能力中的「運材與佈局」，另外有時鎖定的能力不只一種，譬如要求學

生尋找離愁意象，並且以「先凡後目」的結構組織起來，就可以歸入特殊能力中的「取材」或是「運材與佈局」，但是儘管有前述的兩可的情況，可是也只能擇一歸類。因此在本書中，寫作成果的展現分成兩大類：「一般能力編」和「特殊能力編」，而且總共三十六次的寫作成果中，都有「題目」、「設計理念」、「學生寫作成果」、「檢討」，期待可以將每一次的寫作由理論而實務完整地呈現。

前面的寫作成果中，最豐碩的是「修辭」和「運材與佈局」，「修辭」對應於範文教學來說，就是修辭學，這方面的研究成熟較早，而且一向是重要的教學內容，因此就容易設計題目、引導寫作；至於「運材與佈局」對應於範文教學來說，就是章法學，章法學的研究近幾年來大為開展，已經趨於成熟，正如南京大學王希杰教授所言：「在台灣師大陳滿銘教授及其弟子的努力下，科學化的章法學已經出現了。」所以將章法學與寫作教學結合，此時正是最佳良機，而且正如前面所言，寫作可以反饋閱讀，希望也可以藉此證明章法學絕非刻板的框框，它實際上是人人都具有的組織的條理，也就是邏輯思維的能力。但是一般能力以及特殊能力中的「立意」、「運用詞彙」、「構詞與組句」、「選擇文體」、「確立風格」，所開發的題組還不夠多，這表示發展空間極大，希望能持續開發出適合的題目，以引領學生學習。

最後，在本書之末，安排了一個章節，就是「歷屆升大學考試『新型作文』試題分析」，其中搜羅了「推薦甄選（83－89學年度）」、「大學聯合招生考試（86－90學年度）」、「學科能

力測驗（90－94 學年度）」、「指定科目考試（91－94 學年度）」等升大學考試中，有關「新型作文」的題目；在本章節中先做全盤的檢討，並提出一些建議，接著以題組的觀念切入，將這些題目的寫作層次由淺而深、由易而難地清理出來，期望能對教師教學、學生寫作有所裨益。

至於書末附錄的三篇文章：〈「限制式寫作」題型簡介〉、〈「限制式寫作」題型與能力〉、〈試談寫作測驗客觀性的提升與閱卷工作的簡化〉（後兩篇均發表於《國文天地》），第一篇介紹「限制式寫作」常見的十四種題型，且均附一個例題；第二篇主要闡明的是：題型並非重點，它只是個「殼」而已，重要的是其中所包含的能力；第三篇則針對寫作成為一種測驗的方式，所亟需解決的兩個問題——客觀性的提升與閱卷工作的簡化，提出一些看法。希望所附錄的前兩篇文章，可以幫助命題者辨明能力的重要性與題型所起的作用，用一句話來說，就是「萬變不離其宗」，所謂「萬變」指的是題型，「宗」指的是能力；至於第三篇文章，則希望可以對寫作測驗的革新作出一點建議。

此外，為了忠實呈現同學寫作的原貌，因此作文中或有語句不通的情形，還請見諒。而且前此曾與四位國小教師合作，將此種「限制式寫作題組」的命題方式應用在小學中，成效相當好（成果結集為《小學「限制式寫作」之設計與實作》），之前在中學任教時，也常用此方式訓練學生，現在任教大學，不管是中文系還是其他學系的學生，也都適合用「限制式寫作題組」的方式來訓練。可見得鎖定能力，並適時調整其難度，這種「限制式寫作題組」的命題方式，適用對象是非常廣泛的。

　　本書能順利完成，要感謝陳滿銘老師的鼓勵與督促，並且在百忙中抽空為本書作序，此外要感謝萬卷樓圖書公司惠予出版，另外研究生助理陳英梅、許采甄、陳逸珊幫忙繕打學生文稿，也在此一併致謝。不過，由於筆者識見有限，疏漏之處在所難免，盼望　博雅君子不吝指正。

仇小屏 序於台南市成功大學自強宿舍

2005.7

目錄

特殊能力編

歷屆升大學考試「新型作文」考題分析

導　論

　　整體說來，國語文學科的功能有三：工具性、文學性、文化性。首先，由於國語文學科具有工具性，所以成為基礎學科，以致其他學科的學習成效良窳，一定程度取決於國語文能力是否足夠；其次，國語文學科還具有文學性，文學廣泛地取材於宇宙人生，作深刻的刻劃，給讀者提供美的享受與陶冶；再次，國語文學科還具有文化性，有助於從修己到治人（包含社會、國家、世界），種種價值觀的養成。因為國語文科具有這三種功能，所以其重要性不言可喻。

　　在國語文學科的內涵中，寫作是不可或缺的一環。就教學內容來說，《國民中小學九年一貫課程綱要》在基本理念中即揭示：本國語文教學期使學生具備良好的聽、說、讀、寫、作等基本能力，其中「作」就是指寫作能力。而且口頭言語的能力（即「聽」與「說」）是從小開始養成的，也就是說並不全然依賴學校教育；但是書面言語能力（即「讀」、「寫」、「作」）通常只能在學校中培養，並且隨著學生年齡的增長，閱讀與寫作能力的發展與提升也愈發重要。除此之外，就評量而言，寫作在評量中也扮演著不可取代的角色，因為一般的選擇題只能測個別的、零碎的一般能力或特殊能力，只有寫作可以測出綜合能力，因此寫作是衡量學生書面言語發展能力的最重要指標，是「質化評

量」中很重要的一種。

　　既然國語文學科是如此必要與重要，寫作又是其中不能缺少的一個部分，因此寫作教學的重要性當然不容置疑，而寫作教學品質的提升也更是當務之急。近年來，寫作教學求新求變最具體、最受矚目的表現，就是「引導式寫作」與「限制式寫作」的出現。

　　在大陸地區，自 1978 年以來，「引導式寫作」與「限制式寫作」的題目就一直是考試中很熱門的寫作命題型態，而台灣則是自從民國 83 年大學入學考試推薦甄選，以及民國 86 年大學聯考作文試題，分別出現了「引導式寫作」與「限制式寫作」的命題之後，在許多大大小小的考試中，「引導式寫作」與「限制式寫作」命題就如同百花齊放般地紛紛出現了，使相沿已久的寫作教學，出現了很大的變革，而且這股風潮甚至往上蔓延到研究所考試、國家考試等重要考試之中，往下則影響了國、中小學的寫作教學。

　　在剛開始的幾年中，「引導式寫作」與「限制式寫作」的發展侷限於題目、題型的開發，但是沒有一些理念、原則在引領，容易引起「以求新求變之名，行求怪求異之實」的誤解與批評；因此近來「引導式寫作」與「限制式寫作」的發展已進於兩者的辨別，以及原則的歸納與命題品質的提升。

　　因為「引導式寫作」與「限制式寫作」常常用於寫作訓練與寫作測驗，寫作訓練與寫作測驗雖然關聯甚深，但是畢竟有所區別，因此本書就從「寫作訓練與寫作測驗的異同」開始，再導入「『引導式寫作』與『限制式寫作』的異同」開始，隨後展開對

「限制式寫作」的探討，而且更提出「多層題組」的觀念，以求鎖定能力，循序漸進地指引學生進行寫作。因此其下即分為數節進行說明：先是「『限制式寫作』概說」，次是「『限制式寫作』命題原則」，又次是「『限制式寫作題組』命題原則」，而且因為「限制式寫作」最重要的原則是鎖定「能力」，所以最後一節是「寫作能力簡介」。

一、寫作訓練與寫作測驗的異同

　　寫作訓練與寫作測驗有所關聯又有所區別。兩者相通之處，在於都著重從學生寫作成果中，看出能力的展現，以此評價訓練的成果或學生的程度。而兩者的相異之處，在於目的的不同——一為訓練，一為測驗，而且具體展現在兩點上：一是寫作訓練強調讀寫結合，期收事半功倍之效，但是寫作測驗則不宜讀寫結合，以免與閱讀測驗混淆；二是寫作訓練可以用多層題組，由淺而深、循序漸進地引領學生，但是寫作測驗則不宜用多層題組，以免造成重複扣分的不公平；不過寫作測驗可以採用多元題組（亦即兩三個寫作題目共用一份材料），以減少閱讀題目所提供的材料的時間，有效降低與閱讀測驗的重疊。

　　在本書中，「導論」的第五、六節，以及實作部分的「一般能力編」和「特殊能力編」，都是從寫作訓練的角度著眼；而「歷屆升大學考試『新型作文』考題分析」，則是從寫作測驗的角度著眼。期望能藉此展現出「限制式寫作」在寫作訓練與寫作測驗中的特色。

二、「引導式寫作」與「限制式寫作」的異同

「引導式寫作」與「限制式寫作」在以往是混而不分的，通常又稱為「供料作文」、「給材料作文」、「非傳統作文」、「新型作文」等，其中「供料作文」、「給材料作文」是大陸常用的名稱，「非傳統作文」、「新型作文」是台灣常用的名稱。因為名稱繁多，容易造成困擾，所以本書統一以「新型作文」來稱呼，以涵蓋「引導式寫作」與「限制式寫作」的寫作題目。而為什麼這些名稱可以同時指稱「引導式寫作」與「限制式寫作」呢？那是因為「引導式寫作」與「限制式寫作」的相同點是：都多了一些引導的說明或限制的條件，因此在外型上，就可以和以往一題一篇的傳統式作文作明顯的區隔。

但是「引導式寫作」與「限制式寫作」畢竟有其相異處，最重要的區別是：「引導式寫作」中所給的說明只是用作引導，並不具有強制性；但是「限制式寫作」中所給的說明則不僅有引導的作用，而且還是一種條件的限制，具有強制性，所以可以說是一種「強勢的引導」。從這個區別開展出來，「引導式寫作」與「限制式寫作」各有其優勢：「引導式寫作」勝在留給學生的發展空間大，而「限制式寫作」則因具有強制性，所以可以要求學生據此寫作，用於寫作訓練時，可以展現出老師的專業主導性，以鍛鍊出學生的一般能力、特殊能力或綜合能力，用於寫作測驗時，評閱者也易於據此拿捏標準、評定等級。但是兩者也各有其缺點：「引導式寫作」在本質上，其實與傳統一題一篇的命題無異，因此用於訓練時，無法鎖定一般能力、特殊能力，也就無法

有效突破學生寫作的盲點，而用於測驗時，則因同學的寫作內容五花八門，所以不容易拿捏評閱標準；至於「限制式寫作」，則須注意限制條件是否合理，特別是不可限制太多，使得學生發揮空間太小，以及所要求展現的能力，必須是學生在此階段所應具備的。

　　以往「引導式寫作」與「限制式寫作」混而不分，所以近十餘年間所出現的這些「新型作文」題目，有些屬於「引導式寫作」、有些屬於「限制式寫作」，甚至有些是融合了「引導式寫作」與「限制式寫作」兩者的特點（可詳見第四章歷屆升大學考試「新型作文」考題分析）。不過，在寫作教學觀念日益發展、日趨精微的今天，如欲命出更為理想的寫作題目，那麼對於「引導式寫作」與「限制式寫作」的辨別，以及其優缺點的了解，是非常必要的。

　　順帶一提的是，寫作測驗在組題時，常見「一長一短」的組題方式，長題測的通常是綜合能力，用「引導式寫作」或「限制式寫作」皆可，其優缺點如上述，不過其引導或限制多在於內容發展方向，所以測的是綜合能力，並且不限字數；而短題則一般要求在 200 字以內，並且限制在於某種特殊能力上。這樣的組題方式，既可以避免「一題定終身」的壓力，也不會使得測驗時間太過冗長，更重要的是，可以兼顧「綜合能力」與「特殊能力」，可說是相當理想的。

三、「限制式寫作」概說

　　「限制式寫作」一詞是由陳滿銘教授擔任召集人的「國家考

試國文科專案小組」所提出的，並於民國 91 年由考選部編印為
《國家考試國文科專案研究報告》。為什麼「國家考試國文科專
案小組」當初會將此種寫作方式定名為「限制式寫作」呢？那是
因為這種命題方式可以針對某種或某兩、三種能力，而將「遊戲
規則」定得非常清楚，因此就便於訓練或測驗某種能力，而且也
使得評分標準易於拿捏；不過從另一方面來說，「限制」就是
「引導」，因為能針對所欲訓練的能力作出清楚的規範，那其實
就是一種明確的引導，使同學不至於漫無目標、無從措手，更何
況這種命題方式很容易設計出活潑有趣的面貌，可以有效地吸引
同學進行寫作。而且此種題目用於正式的寫作測驗時，可能比純
粹的「引導式寫作」更為適合，因為「引導」雖指引了寫作方
向，但並不含有強制的意味；而在寫作測驗中，這些限制條件是
有強制性的，也唯其具有強制性，才能要求學生據此寫作，這
樣，評閱者也才能據此拿捏標準、評定等級。

　　「限制式寫作」的優點甚多，可以分別從「語文能力的訓
練」、「語文能力的評量」著眼來列舉。

　　就「語文能力的訓練」而言，有如下的優點：

　　1.能鎖定同學的單項能力：傳統一題一篇的作文，訓練的是
綜合能力；而「限制式寫作」則能夠鎖定某種非常重要，或是學
生非常欠缺的一般能力、特殊能力進行訓練。

　　2.能引起同學的寫作興趣：「限制式寫作」的題面設計千變
萬化，常能引起學生的注意力與挑戰欲，而且寫作時不能只照著
制式的寫作方式照本宣科。

3. 能由詞、句、段、篇循序漸進：傳統一題一篇的作文只著眼在「篇」，但是學生能力不足時，就非常為難；「限制式寫作」則可以由詞、句、段、篇循序漸進，逐漸訓練出同學的寫作能力。

4. 能統整範文與寫作教學：閱讀與寫作本就是一體之兩面，進行範文教學時，所分析的構思與鋪陳方式，從寫作的角度來看，那就是寫作技巧（本書將之歸根於一般能力或特殊能力）；而「限制式寫作」就很容易著眼於此，與範文教學聯繫起來，做到「讀寫結合」，讓學生從範文中學習到的寫作技巧，可以用於自己的作文中，而且可以因此而反過來，對範文有更深入的體會。

5. 能靈活調節寫作時間：因為「限制式寫作」可以由詞、句、段、篇循序漸進，特別是「題組」常常是句、段、篇搭配在一起，分階段進行，所以能夠善用零碎時間，並不見得一定要空出兩堂課才可以進行寫作。

6. 能活化寫作教學：前面所述的五點，都可以讓寫作教學呈現新風貌。

就「語文能力的評量」而言，則有如下的優點：

1. 能提升信度：因為有所「限制」，所以依據限制的條件就容易拿捏批改的標準，評量的信度就可以大幅提升。

2. 提升效度：可以針對某些特別重要，或是同學特別欠缺的能力加以評量，而非籠統地測驗，評量的效度就可以提升許多。

3. 減輕批改壓力：批改的標準容易拿捏，批改時的壓力就減輕許多，更何況語句、節段的批改本來就比較容易。

四、「限制式寫作」命題原則

關於寫作的命題原則，已有多位學者對此有所闡述（可參考曾忠華《作文命題與批改》、陳滿銘《作文教學指導》，還有考選部編印的《國家考試國文科專案研究報告》、仇小屏等《小學「限制式寫作」之設計與實作》），參酌這些說法，並針對「限制式寫作」的特點，可以歸納出幾項「限制式寫作」的命題原則：

（一）以培養能力為最重要考量

寫作能力可區別為「一般能力」（含觀察力、記憶力、聯想力、想像力）、「特殊能力」（含立意、運用詞彙、取材、措辭、構詞與組句、運材與佈局、選擇文體、確立風格）、「綜合能力」（創造力）。在傳統的「一題一篇」的作文方式中，所訓練的是學生全面的作文能力（即綜合能力），可是這樣卻因為太過寬泛，反而不容易達成有效的訓練。但在「限制式寫作」中，卻可以藉著匠心的設計，而針對一些特別重要的能力，或學生特別不足之處加以強化，而且這樣可以「由點到面」，以達到全面提升寫作能力的目的，這就好像學開車一樣，從踩油門、控制方向盤、換檔……等等分別學起，等到都精熟了，就自然而然會開車了，所以分項訓練只是過程，終極目的還是綜合能力的養成；並且在表出時，往往是以所鎖定的能力為主，綜合能力為輔，等於是同時訓練了這兩種能力。譬如王耘、葉忠根、林崇德合著的

《小學生心理學》中提及小學生對「對立與統一」的辯證判斷是最為薄弱的；那麼就可以要求他們辨識出文章中的「正反」章法的應用情形，進而根據這種章法，來寫成一小段乃至一整篇的作文。

（二）結合範文教學

陳滿銘《作文教學指導》中說道：「所謂的『範文』，顧名思義，正是學生在讀、寫上足作模範的詞章，是藉以指引學生寫作各體詞章及審題、立意、運材、佈局、措辭的最佳範例。」因此範文教學與寫作教學原本就應該是緊密結合的，彼此之間可以起著良性的互動、循環與提升，而且「限制式寫作」命題能夠鎖定一般或特殊能力，把讀、寫更密切地結合起來。舉例來說，如果學生剛剛從範文中習得「夸飾」格，那麼，就可以在題目裡要求他將夸飾的手法運用在寫作中。

（三）切合學生的程度、興趣

切合學生的程度是所有命題寫作的重要考量，簡單地說，就是「離水三寸」，不能完全貼近到沒有引導作用，但是也不能高遠到學生無法企及。而且還要切合學生興趣，章微穎《中學國文教學法》中提及：「命題作文，固然太不合乎思想情意發表的自然性，但卻儘量考慮學生的生活經驗、學力、需要與興趣，使這不自然的切近於自然。」要做到這一點，除了平時多觀察學生興趣的所在，測知他們胸中積蓄些什麼之外，還可以從題面的設計上著手。幸運的是，「限制式寫作」在這方面可說是得天獨厚，

其多變的設計，常會引起學生的注意，並進而挑起迎接挑戰的強烈動機，那麼寫作的興趣就自然地生發出來了。

（四）重視思維訓練

黃煜峰、雷靂《國中生心理學》中說道：正常的思考活動時時伴隨著個人相應的言語活動，而人的言語發展狀況也反映了他的思考發展水準。這表示思維是抽象的，而語言文字是思維的具象化，因此，鍛鍊學生的寫作能力，絕對有助於學生思考能力的發展。譬如小學生的思考是由具體形象思考，逐步過渡到以抽象邏輯思考為主要形式，因此針對這點有意識地加以強化，應該是相當有意義的；所以「圖表式」題型，就是相當不錯的命題方式。

（五）重視應用文的寫作

教育部編印《國民中小學九年一貫課程綱要》中，具體列出第一階段（一至三年級）學生，應「能配合日常生活，練習寫作簡單的應用文。如：賀卡、便條、書信及日記等。」以及第二階段（四至六年級）學生，應具備「能配合學校活動，練習寫作應用文（如：通知、公告、讀書心得、參觀報告、會議記錄、生活公約、短篇演講稿等）。」的能力。因此在寫作教學時有計畫地加以訓練，可以大幅度地發揮語文所應具備的交際功能。

五、「限制式寫作題組」命題原則

題組可以有兩種發展方向：「多元」或「多層」，一般所見的題組以多元發展為大宗，多層發展就少見了，但是用作訓練的

「限制式寫作題組」，強調的是多層發展。因為「限制式寫作」
是以「能力」為命題依歸，但是如果這種能力的養成對學生而言
有點困難，那麼以「多層題組」的方式來作由淺而深的引導，是
很適合的，可以說寫完一個題組後，能力也就養成了。因此，
「限制式寫作題組」命題原則可以歸納如下：

（一）子題之間須有關聯性

　　在命「限制式寫作題組」時，最好是根據著某種能力來設計
各個子題，這樣一來，因為各個子題是環繞著某種能力的訓練而
被設計出來的，所以自然而然地會具有關聯性，並因此能針對這
個能力，讓學生得到比較多的訓練，確保他們不會因為跳得太快
而跟不上；不過，為了不讓寫作過程太過冗長，使學生產生倦怠
感，因此最好不要超過三個子題。

（二）由淺入深

　　各個子題的難易度須作「由淺入深」的安排，才能循序漸進
地引領學生。譬如譬喻格一向是應用最廣的修辭格，因此如欲訓
練學生的譬喻寫作能力，就可以從「相似聯想」的能力開始，然
後進展到抓相似點、造譬喻句，再進展到於作文中靈活地運用譬
喻格。簡單地說，就是學生若是不能「一步到位」，教師就「分
解動作」，藉由題目的設計來做漸進的引導。

（三）由短而長

　　寫作是由鍊詞、鍛句、結段而成篇的，因此在寫作教學時，

不僅可以視學生程度安排鍊詞、鍛句、結段、成篇的練習，還可以在同一組題目中，從鍊詞、鍛句開始，再發展到結段、成篇。一般說來，短篇的寫作勝在可以做多變的設計，並且因為負擔減輕，學生在習作時不易起抗拒的心理；但是長篇的寫作所需要的謀篇佈局和深入闡發的能力，是短篇寫作所不容易訓練出的，因此兩者都有優點，不應偏廢，宜做適當的搭配。

六、寫作能力簡介

整體說來，進行寫作所需要的能力，可以分成三個層次加以論述：「一般能力」、「特殊能力」、「綜合能力」，其中以「思維力」貫串、推動各層能力，並在綜合能力的層次上開出「創造力」。

這三層能力以思維力為核心。思維是一種高級、複雜的認知活動，具有概括性和間接性等特點，具體表現為「求異」與「求同」的能力強，並借助語言、表象或動作來實現。因為思維可以憑藉語言來傳達，因此所有語言的表出實際上就是思維的展現，所以思維力的提高當然有助於寫作能力的提高；反過來說，在寫作教學的全過程中，訓練各種能力的同時，事實上也都鍛鍊了思維力。

關於上述的三層能力的內涵，其後將分別略做介紹，並於最後以一個圖表表示出此三層能力之間互動的關聯。

（一）一般能力

所謂的一般能力，正如彭聃齡主編《普通心理學》所言：

「一般能力指在不同種類的活動中表現出來的能力。」也就是說，不只是寫作時必須具備，從事其他學科的學習時也都需要，因此是相當基礎、運用相當廣泛的能力；細分起來，其中包括觀察力、記憶力、聯想力、想像力。

1. 觀察力

觀察力就是運用外部知覺（視、聽、嗅、味、膚）與內部知覺（內臟覺、渴覺、餓覺、性衝動覺……等），來獲取外在世界和機體內部訊息的能力。良好的觀察力對於寫作來說是相當重要的，因為觀察是獲得說寫素材的重要途徑，也是準確生動的表達的前提。

一般而言，容易出現的觀察上面的缺失是：對事物的觀察比較粗略籠統，不夠細緻精確；往往只注意表面現象，而缺乏深入觀察的能力；只注意一般的了解，而缺乏重點觀察的能力；只注意個別的生動情節，而缺乏全面觀察的能力；在現場觀察時，忽而看這忽而看那，缺乏觀察的條理性（參見周元主編《小學語文教育學》）。

因此想要訓練學生的觀察能力，就可以從兩個方向入手：

（1）重點式觀察：鎖定某個重點來進行細密的觀察，是訓練觀察力的第一步。可以先從較小的範圍開始，特別是鎖定熟悉的人、事、物進行觀察，然後可以指定一個較大的範圍；而且也可以從集體觀察再進展到各自觀察。

（2）順序式觀察：觀察的順序幾乎可以有無限多種，譬如就時間來說，就可以由早到晚、由晚到早、春夏秋冬等；空間的順

序有由遠而近、由近而遠、由高而低、由低而高、由左而右、由右而左、由大而小、由小而大等；知覺的順序則可以由視覺而聽覺而嗅覺而味覺而觸覺（或者鎖定較不受注意的嗅、味、觸覺來觀察）；另外色彩也可以形成順序，如由藍而紅而綠等；形狀也可以是觀察的焦點，所以可以先搜尋圓形的，再搜尋方形的……。就以「我們的校園」為例來說，用不同的順序來進行觀察時，每一次幾乎都可以有新的發現。

（3）比較式觀察：指導學生在兩種相近的事物當中進行觀察，仔細搜尋那「大同」以及「小異」的特色，在這過程當中，學生自然而然會鍛鍊起細緻的觀察能力。譬如比較流水與泉水的異同、同學甲和同學乙的異同，都是很好的訓練。

2. 記憶力

觀察所得的訊息要靠記憶力保存起來。記憶是人們腦部對過去經驗中發生過的事物的反映，是過去感知過和經歷過的事物在大腦留下的痕跡。作為一種心理過程，記憶是一個識記、再認和再現的過程，是人們運用知識經驗進行思考、想像、解決問題、創造發明等一切智慧活動的前提。有了記憶，人們才能積累知識、豐富經驗；沒有記憶，一切心理現象的發展都是不可能的，我們的教育與教學也無法進行。

根據不同的標準，記憶可以有如下不同的分類方式：

（1）按其有意性可分為有意記憶和無意記憶。

（2）按其理解性可分為意義記憶和機械記憶。

（3）按其持久性可分為瞬時記憶、短期記憶和長期記憶。

　　在學習的過程中，最重要的是能夠促進「意義記憶」，亦即了解所學事物的意義，因此就能記得快、記得牢、記得久、記得愉悅，所記憶知識的「質」也會大幅度地提升。要達成這樣的目的，可以從以下幾個步驟著手：

　　A、有意記憶的培養：要使學生明確了解自己活動的任務，並願意為達此目的任務而努力；對學生提出適當的、長遠的識記任務；教會學生獨立的、自覺的檢查自己的記憶效果；充分利用無意識記，譬如將一些知識編成歌訣等。

　　B、意義記憶的培養：幫助學生對教材有良好的理解；對高年級學生要教會他們良好的記憶方法；考慮延緩重現的作用；適當訓練機械記憶的能力。

　　C、加強複習，防止遺忘：及時複習，及時強化；要讓學生「試圖回憶」；分散時間學習要比集中時間學習效果較好；儘可能動員多種感覺器官參與學習和複習活動。

3. 聯想力

　　大腦運用記憶力儲存了許多訊息後，形成一個豐富的資料庫，這些資料要靠聯想力來提取。聯想是指人的頭腦中的表象的聯繫，亦即一個表象的呈現，引起了其他的一些相關的表象；譬如我們看到月曆已撕到二月，就會想到冬去春來，由冬去春來又自然會想到萬物復甦，由萬物復甦又想到春景的美麗……等等。這種由一種事物想到另一種事物的心理過程就是聯想，聯想力越活躍，所聯想到的事物會越豐富、越新穎。

　　聯想的路徑很多，其中最重要者有三種，即「聯想三定

律」：接近、相似、相反聯想。

（1）接近聯想：因為時間、空間、色彩……的接近所引起的聯想，例如由桌子想到椅子，由花想到葉，都是因為空間接近，由聖誕紅想到紅包再想到熱情的心，那是因為色彩接近。

（2）相似聯想：就是由一事物的特性出發，聯想到與其特性相似的事物，例如由暴風雨想到革命（其共同的特性為摧毀、顛覆），由花想到美人（其共同的特性為美麗）。

（3）相反聯想：就是由一事物的特性出發，聯想到與其表現性相反的事物，例如由暴風雨想到白鴿（暴風雨之特性為摧毀、顛覆，白鴿之特性則為寧靜、和平），由監獄想到飛鳥（監獄之特性為禁錮，飛鳥的特性為自由）。

在教學當中，比較需要特別訓練的當屬相似、相反聯想。在進行相似、相反聯想時，首先要注意所聯想事物特性的捕捉，譬如「花」的特性除了美麗之外，還有容易消逝、嬌貴……等，而這些不同的特性都可以分別進行相似、想反聯想，所以從一個事物出發，可以聯想到的事物是非常繁多的。而且這兩種聯想能力都有很大的開展空間，譬如由相似聯想開展出去的就是譬喻修辭格（因為「本體」與「喻體」間必有相似點）、賓主法（因為「主」與「賓」之間必有相似點）……等；由相反聯想開展出去的就是映襯格、正反法（因為「正面」與「反面」是相反的）……等。

4. 想像力

把所聯想的事物進一步加以改造的，就是想像力。依照想像

中「創造性」的不同，想像力可以區分為「再造想像」和「創造想像」，此兩者都是以人們腦部中已有的表象為基礎來進行想像，不過再造想像是就此產生一些符合客觀事實的設想，而因為此設想並未存在於現實世界，所以是新的表象；創造想像則是針對舊表象進行變造或重組，從而產生新表象。因此想像力的豐沛植基於兩個重要因素上：其一為腦中所儲存的豐富的表象，其二為再造或創造的能力；也因為想像力是如此運作的，因此想像所得就會具有形象性和新穎性，這也是想像力迷人的地方。

　　舉例來說，王維〈九月九日憶山東兄弟〉：「獨在異鄉為異客，每逢佳節倍思親。遙知兄弟登高處，遍插茱萸少一人。」其中最後兩句所描寫的場景，就是運用再造想像而設想出來的。至於創造想像的發展，有兩種途徑，一為變造，二為重組，譬如童話中常出現的可怕巨人，則往往是將某些特點加以誇大（譬如粗硬的皮膚、洪亮的聲音、巨大的眼睛等），這就是經過想像力變造的結果；至於《哈利波特》童書系列中出現的「咆哮信」，就是將「信」和「生氣咆哮」重組起來，於是產生了新的表象——咆哮信；不過更多的情況是在想像的過程中兼有變造與重組。

　　想像力在語文教學中的作用非常大，就學生接收的角度而言，它可以增強閱讀教學的效果，就學生表出的角度而言，它可以提高說、寫的質量。一般說來，想像力的發展是想像的有意性迅速增長；想像逐漸符合客觀現象；想像中創造性成分日益增多。至於要如何訓練學生的想像力，可以從「再造想像」而「創造想像」，循序漸進地增強；而且可以提醒學生進行有意識的變造與重組。

（二）特殊能力

　　彭聃齡主編《普通心理學》說道：「特殊能力指在某種專業活動中表現出來的能力。」寫作的特殊能力特別指書面語言的表出而言。這種能力相當複雜，不過因為辭章是結合「形象思維」與「邏輯思維」而形成的，所以可以從這兩種思維切入，來對寫作的特殊能力作區分。其下對特殊能力的說明，即參考陳滿銘《章法學論粹》。

　　先就「形象思維」與「邏輯思維」作一點簡單的介紹：形象思維最基本的特徵就是思維活動始終伴隨著具體生動的形象而進行，邏輯思維則是人們在認識過程中借助於概念、判斷、推理以反映現實的過程；所以前者是運用典型的藝術形象來揭示各事物的特質，後者則是用抽象概念來揭示各事物的組織。

　　作者所欲表達之「情」或「理」，是處於「發動機」的地位，表現在篇章中，是屬於「立意」的範疇，主要以此為研究對象的，是「主題學」；如果將此「情」或「理」，訴諸各種主觀聯想，和所選取之「景（物）」或「事」接合在一起，或者是專就個別之「情」、「理」、「景（物）」、「事」等材料本身設計其表現技巧的，皆屬「形象思維」；這涉及了「運用詞彙」、「取材」與「修辭」等問題，而主要以此為研究對象的，就是「詞彙學」、「意象學」與「修辭學」。如果是專就「景（物）」或「事」等各種材料，對應於自然規律，結合「情」與「理」，訴諸客觀聯想，按秩序、變化、聯貫與統一之原則，前後加以安排、佈置，以成條理的，皆屬「邏輯思維」；這涉及了

「構詞與組句」、「運材與佈局」等問題，而主要以此為研究對象的，就字句言，即「文法學」；就篇章言，就是「章法學」。至於合「形象思維」與「邏輯思維」而為一，探討其整個體性的，則為「文體學」。

　　而且從前面的論述中，還可以得出一個重要的觀念：寫作與閱讀是一體之兩面，因此就寫作而言，是立意、運用詞彙、取材、修辭、構詞與組句、運材與佈局、選擇文體、確立風格；對應於閱讀而言，就是主題學、詞彙學、意象學、修辭學、文法學、章法學、文體學、風格學。關於這個一體兩面之辭章學體系，我們可以用一個簡單的表來幫助了解：

立意 （主題學）				
以形象思維為主			以邏輯思維為主	
運用詞彙 （詞彙學）	取材 （意象學）	修辭 （修辭學）	構詞與組句 （文法學）	運材與佈局 （章法學）
選擇文體 （文體學）				
確立風格 （風格學）				

　　其中沒有用括號括起的，是屬於寫作教學的範疇（即立意、運用詞彙、取材、修辭、構詞與組句、運材與佈局、選擇文體、確立風格等能力），用括號括起的，是屬於範文教學的範疇（即主題學、詞彙學、意象學、修辭學、文法學、章法學、文體學、風格學）。從這個表格裡，不僅可以見出寫作與閱讀所需具備的多種能力，及其各司其職、相輔相成的關係，而且更可以看出寫

作與閱讀是一體的,在教學時如能作緊密的結合,造成良性的互動、循環與提升,是最理想的狀況。

從前面的論述中,可以得知立意、選擇詞彙、取材、修辭、構詞與組句、運材與佈局、選擇文體、確立風格的能力,就是寫作的特殊能力。其下將對這幾項特殊能力作一點簡單的介紹:

1. 就立意來說

針對立意而言,最應該掌握的就是「綱領」與「主旨」,此二者統領全篇,關係極為密切,但是又不盡相同,所以有時是重疊的,但是有時又是不重疊的,因此必須鑑別清楚,方能對文章主題作良好的掌握。至於綱領與主旨的不同,簡單說來綱領是貫串起材料的那線意脈,而主旨則是作者所欲表達的中心思想或情意;因此若以珠鍊為譬,則大大小小的珍珠是材料,將之串聯起來的絲線如同綱領,但是珠鍊的最終目的是作為裝飾,這最終目的就有如文章中的主旨。

(1) 主旨

一般說來主旨只有一個,不過其中可能有顯、隱的層次之別,因此可以區分為三種情形:「主旨全顯」、「主旨全隱」、「主旨顯中有隱」(參見陳滿銘《國文教學論叢續編》)。其下即以蘇軾〈題西林壁〉做個說明:

橫看成嶺側成峰,遠近高低各不同。不識廬山真面目,只緣身在此山中。

其結構分析表如下：

```
  ┌ 景 ┬ 先：「橫看成嶺側成峰」
  │    └ 後：「遠近高低各不同」
  │
  └ 論 ┬ 果：「不識廬山真面目」
       └ 因：「只緣身在此山中」
```

此詩先寫景、後議論，寫景的部分先從橫看、側看寫起，接著寫遠觀近視、高眺俯瞰，然後據觀覽所得發出議論，主旨當然是出現在議論的部分，即「不識廬山真面目，只緣身在此山中」兩句，但是從中可以更深一層地領略到「當局者迷」的人生道理。因此「不識廬山真面目，只緣身在此山中」是「顯」的主旨，「當局者迷」是「隱」的主旨。

而且主旨需要注意的還有安置的位置，主旨出現的位置可能在「篇首」、「篇腹」、「篇末」、「篇外」，各有各的美感。如果主旨置於篇首，那就是「開門見山」，有顯豁明朗之美；置於篇腹，那麼前、後文都會向中間呼應，就如同常山之蛇般，「擊其中則首尾皆應」，所以全篇會呼應得非常綿密；置於篇末，則如「畫龍點睛」般，最後一筆喝醒，相當有力；置於篇外，則是「不著一字，盡得風流」，讓人領略那言外之意、絃外之音，深具含蓄的美感。譬如沈復〈兒時記趣〉的主旨就是出現於篇首：

> 余憶童稚時，能張目對日，明察秋毫。見藐小微物，必細察其紋理，故時有物外之趣。

夏蚊成雷，私擬作群鶴舞空，心之所向，則或千或百，果然鶴也；昂首觀之，項為之強。又留蚊於素帳中，徐噴以煙，使之沖煙飛鳴，作青雲白鶴觀；果如鶴唳雲端，為之怡然稱快。

又常於土牆凹凸處、花臺小草叢雜處，蹲其身，使與臺齊；定神細視，以叢草為林，蟲蟻為獸；以土礫凸者為丘，凹者為壑，神遊其中，怡然自得。

一日，見二蟲鬥草間，觀之，興正濃，忽有龐然大物，拔山倒樹而來，蓋一癩蝦蟆也。舌一吐而二蟲盡為所吞。余年幼，方出神，不覺呀然驚恐。神定，捉蝦蟆，鞭數十，驅之別院。

其結構分析表如下：

```
┌─凡：「余憶童稚」六句
└─目┌─一（夏蚊）：「夏蚊成雷……怡然稱快」
    ├─二（蟲蟻）：「又常於……怡然自得」
    └─三（癩蝦蟆）：「一日……驅之別院」
```

此篇文章以「先凡（總括）後目（條分）」的結構組織全篇，主旨就是出現於篇首的「物外之趣」，為了表現物外之趣，作者描述了三件事情：觀看夏蚊、觀看蟲蟻、觀看癩蝦蟆，就這樣以具體的材料，生動地表現出物外之趣。

（2）綱領

綱領可能不只一軌，依據意脈數目的多寡，綱領可以分為單

軌、雙軌乃至於多軌。其下即以牛漢〈生與死〉為例,此詩為雙
軌,而且從中可以印證綱領與主旨之不同:

> 年輕時信奉莎士比亞的一句箴言:
> 懦弱的人一生死一千次,
> 勇敢的人一生只死一回。
>
> 可有人一生豈止死過一千次,
> 一次次地死去,又一次次復活,
> 生命像一首詩越寫越純粹。
>
> 勇敢的人死一千次仍勇敢地活著,
> 懦弱的人僅僅死一回就懦弱地死去了。
>
> 哦,莎翁的這句箴言是不是應當修改?
> 死過一千次仍莊嚴神奇地活著的人,我見過,
> 懦弱的人經不住一次死亡的威脅,我見得更多。

其結構分析表如下:

```
      ┌ 立 ┌ 點：「年輕時」行
      │    └ 染 ┌ 反（懦弱）：「懦弱的人」行
      │         └ 正（勇敢）：「勇敢的人」行
      │    ┌ 正（勇敢）┌ 具：「可有人」三行
  ────┤ 破 │          └ 泛：「勇敢的人」行
      │    └ 反（懦弱）：「懦弱的人」行
      │    ┌ 問：「哦，莎翁」行
      └ 立 └ 答 ┌ 正（勇敢）：「死過一千次」行
               └ 反（懦弱）：「懦弱的人」行
```

　　作者以莎翁的名言立案，其中就出現了反、正雙軌：「懦弱的人一生死一千次」（反）、「勇敢的人一生只死一回」（正）；接著破此說法，先就「正（勇敢）」一軌來具寫：「可有人一生豈止死過一千次，／一次次地死去，又一次次復活，／生命像一首詩越寫越純粹。」，接著一行泛寫：「勇敢的人死一千次仍勇敢地活著」；次就「反（懦弱）」一軌來寫：「懦弱的人僅僅死一回就懦弱地死去了」，彼此之間仍是形成正、反關係；最後又以一個問句：「哦，莎翁的這句箴言是不是應當修改？」來引起其下的新說法：「死過一千次仍莊嚴神奇地活著的人，我見過，／懦弱的人經不住一次死亡的威脅，我見得更多」，仍然是以「正（勇敢）」、「反（懦弱）」雙軌呈現，收結全篇。

　　此詩以「立破立」結構佈局，並以「反（懦弱）」、「正（勇敢）」兩軌綱領貫串全篇，目的在以反面的懦弱襯出正面的

勇敢，從而凸顯出主旨——對稀有的、真正的勇敢的歌頌。

2. 就運用詞彙來說

形象思維的最小單位就是詞彙；要能精準地選擇詞彙，就要先了解詞彙。關於詞彙，可以著力的方向有幾個，其一是詞彙的構成方式（如偏正式、述賓式、後補式……等），其二是詞彙的形音義，其三是詞類，其四是熟語（含成語、諺語、歇後語等），其五是「同義詞」與「反義詞」，其六是「準確」與「模糊」。此處僅就第五、六類來做個說明。

（1）「同義詞」與「反義詞」

同義詞就是意思相近的詞語，不過儘管相近，卻還是有一點點不同，這一點點不同常常表現在感情褒貶、搭配對象、範圍廣狹、語意輕重、風格差異……上。而反義詞就是詞語之間的意思是相反、相對的（參考布裕民、陳漢森《寫作語法修辭手冊》）。

同義詞最顯而易見的優點是可供作變換，因為在鄰近的上下文裡，多次出現表達同一意思的詞語時，為了避免呆板，增加語言的變化，便要用到同義詞。譬如羅家倫〈運動家的風度〉：

「勝固欣然，敗亦可喜」，正是運動精神之一。

「欣然」和「可喜」正是同義詞，交替使用讓文章不覺得單調。

至於反義詞則最常用來表現強烈的對比。譬如王勃〈送杜少

府之任蜀州〉：

　　海內存知己，天涯若比鄰。

　　「天涯」與「比鄰」是反義詞，出現在同一句中，而且用「若」字聯繫起來，充分表現了作者的心聲。

　　（2）「準確」與「模糊」

　　「準確」與「模糊」是兩個相對待的概念，反映在詞語上，首先當然會力求詞語意義明確，前面探討的「同義詞」與「反義詞」，在運用時其實就是力求準確；可是也有所謂的「模糊詞」，模糊詞就是指用來表達外沿不明確的概念的詞語。而且並非準確詞就是好，模糊詞就是不好，應該視情況而定，譬如希望迴旋空間大一點、含蓄一點，或是別有深意時，就常常會運用到模糊詞語。魯迅〈孔乙己〉就是一個例子：

　　我現在終於沒見——大約孔乙己的確死了。

　　胡性初《中文實用修辭學教程》分析道：「孔乙己的確死了」雖是準確詞語，但是如果不加上模糊詞語「大約」，就不能犀利地刻劃出事態的炎涼。在「大約」之後隱含的是：由於孔乙己地位低微，連姓名都沒人知道，所以他的死活無人關心，只是因為「我現在終於沒見」，才使人估計孔乙己「的確」是死了。這不是把人心的冷酷無情，以及被科舉制度摧殘的知識份子的悲慘命運告訴大家了嗎？

3. 就取材來說

在運用形象思維時，是將抽象的「意」，藉著具體的「材料」（亦即「象」）傳達出來，使欣賞者得以領略，因此這個「材料（象）」就非普通的物象、事象，而是承載著作者的「意」（即思想、情感等），所以我們特稱為「意象」。其下所要探討的有兩點：「意」與「象」如何連結？什麼樣的材料可以成為「意象」？

（1）「意」與「象」的連結

某種「意」為什麼會挑選某種「象」來傳達？或者某種「象」為什麼會傳達某種「意」？其中連結的途徑有二：「自然特質」與「文化積澱」；也就是說，「意」與「象」之間不是因為自然特質的相似而聯繫在一起，就是因為有文化上的關聯，而且這兩種因素可能同時存在。就以周敦頤〈愛蓮說〉為例來做個說明：

> 水陸草木之花，可愛者甚蕃：晉陶淵明獨愛菊；自李唐來，世人盛愛牡丹。予獨愛蓮之出淤泥而不染，濯清漣而不妖；中通外直，不蔓不枝；香遠益清，亭亭淨植，可遠觀而不可褻玩焉。
>
> 予謂：菊，花之隱逸者也；牡丹，花之富貴者也；蓮，花之君子者也。噫！菊之愛，陶後鮮有聞。蓮之愛，同予者何人？牡丹之愛，宜乎眾矣！

本文中出現了三個主要的意象：「菊」、「牡丹」、

「蓮」，分別對應上「隱逸者」、「富貴者」、「君子」。其中「菊」和「隱逸者」之所以能聯繫起來，那是因為陶淵明「采菊東籬下，悠然見南山」的典故，因此是屬於文化積澱的一類；「牡丹」與「富貴者」聯繫起來，則是因為牡丹濃艷嬌柔的自然特質，與富貴者著實相似；至於「蓮」和「君子」的聯繫，依據作者在文中所言，是因為自然特質的關係，但是自從這篇〈愛蓮說〉之後，「蓮」和「君子」也產生了文化上的關聯。

（2）材料的來源

一般認為「景」可以成為「象」，但是值得注意的是，「材料（象）」的範圍不僅限於客觀景物而已，人間萬事也可以寄託情理，成為「意象」。譬如王安石〈傷仲永〉：

　　金谿民方仲永，世隸耕。仲永生五年，未嘗識書具，忽啼求之。父異焉，借旁近與之；即書詩四句，並自為其名。其詩以養父母、收族為意，傳一鄉秀才觀之。自是指物作詩，立就，其文理皆有可觀者。邑人奇之，稍稍賓客其父，或以錢幣乞之。父利其然也，日扳仲永環謁於邑人，不使學。

　　余聞之也久。明道中，從先人還家，於舅家見之，十二三矣。今作詩，不能稱前時之聞。又七年，還自揚州，復到舅家，問焉。曰：「泯然眾人矣！」

　　王子曰：仲永之通悟，受之天也；其受之人也，賢於材人遠矣；卒之為眾人，則其受於人者不至也。彼其受之天也，如此其賢也，不受之人，且為眾人；今夫不受之

天，固眾人，又不受之人，得為眾人而已耶？

　　這篇文章在一開始，就以大幅的篇幅來敘述一個天才兒童方仲永，因為沒有接受教育，所以由穎慧絕倫，最後淪落到與普通人無異的故事；也就是因為前面花了許多的筆墨，將此事件的來龍去脈交代得十分清楚，因此最後作者所發出的議論，才能有所根據而使人信服。所以，在〈傷仲永〉一文中，「方仲永的故事」就是一個最重要的意象，由此導出「學習的重要」。

4. 就修辭來說

　　如何讓文辭更美的方法很多、範圍很廣，目前成果最為豐碩的，當推「修辭格」的研究，因此在寫作時，就不宜忽略修辭格的運用；不過除了對單一辭格的掌握外，還須注意「兼格」的問題，蔡宗陽《應用修辭學》說道：「所謂兼格的修辭，是指在語文中，含有兩種或兩種以上的修辭格的一種修辭技巧。」而且美感的探求也是很重要的，因為運用修辭格就是求措辭的美化，所以如果只注意現象的辨析而沒有掌握到美感，那也是一大疏漏。

（1）辭格的運用
余光中〈思蜀〉就運用了轉化格：

　　　　半世紀後回顧童年，最難忘的一景是這麼一盞不時抖動的桐油昏燈，勉強撥開周圍的夜色。

其中「一盞不時抖動的桐油昏燈，勉強撥開周圍的夜色」是

將「桐油昏燈」人性化,而且「勉強撥開」用得很好,完全能傳達桐油昏燈的那個「昏」字。

（2）兼格

周芬伶〈汝身〉中的一段文句,就用了借代和轉化修辭格:

> 女人身體的老去意味著性魅力的消失。那草原的清香、牛乳的芳香和母體的幽香離她漸漸遠去。

在這篇文章中,「女人身體的老去」指的是「苦棟日」,所以在年老時回顧過去,所謂「草原的清香」是指童年時代（水晶日）,「牛乳的芳香」是指少女時代（水仙日）,「母體的幽香」是指少婦時期（火蓮日）,因此「草原的清香」、「牛乳的芳香」、「母體的幽香」是運用了借代格,而且此三者「離她漸漸遠去」,可見得被「人性化」（轉化格）了,所以這段文句兼用了借代和轉化修辭格來修飾。

（3）修辭美感

可以將「原型」（未經修辭格修飾）與「變型」（經過修辭格修飾）作成比較,來幫助我們掌握美感。譬如張曉風〈我的幽光實驗〉中的一段文句:

> 茶香也就如久經禁錮的精靈,忽然在魔法乍解之際,紛紛逸出。

這段文句還原成「原型」,就是:

茶香在一經沖泡後，緩緩飄出。

「變型」中的文句運用了譬喻格和轉化格（因為譬為「精靈」，而且又說「紛紛逸出」，可見得已經將茶香人性化了），「原型」則完全刪落這兩種修辭格。兩段文句做個比較，何者較為鮮明生動，可說是高下立判。

5. 就構詞與組句來說

《語法初階》中說：「語法就是組詞成句的規律。」因為組詞成句之後，方能積句成段、聯段成篇，因此對於寫作來說，熟悉文法是很基礎而重要的工作。至於如何以文法知識來輔助寫作，有兩個重點，其一為句子的「簡單化」與「複雜化」，其二為「常式句」和「變式句」；而且兩者都可以用「原型」、「變型」的觀念來統攝，也就是「簡單化」的句子和「常式句」是「原型」，「複雜化」的句子和「變式句」是「變型」。

（1）句子的「簡單化」與「複雜化」

首先，一個句子只要有主語、謂語就可以成句（稱為「主謂句」），但是「主語」和「謂語」所包含的成分可以非常簡單，也可以非常複雜。一般說來，「主語」以及「謂語」當中所包含的「表語」或「述語」加「賓語」，是句子的基本成分，構成句子的主幹；對這些基本成分加以修飾的，都是句子的附加成分，稱為「定語」、「狀語」、「補語」等，這些成分可以讓句子所傳達的意思更完整細緻。

因此最簡單的主謂句，就譬如以下的兩個句子：

花美。

我讀書。

這兩個句子的主語分別是「花」、「我」，謂語分別為「美」、「讀書」，「美」是表語（又稱形容詞性謂語），「讀書」是動賓結構作謂語用（又稱動詞性謂語），都可以說是成分最單純的主謂句。

但是一般所見的句子，都並非如此簡單，通常是在句子的基本成分上來擴充，也就是在句子的主幹上加有繁多的枝葉（即「定語」、「狀語」、「補語」等）。譬如：

一朵開在晨曦中的玫瑰花美得脫俗。

我讀著一本有趣的童話書。

在第一個句子中，「一朵開在晨曦中的玫瑰花」是主語，其中「一朵開在晨曦中的」是定語，用來修飾「玫瑰花」，而「玫瑰花」這個詞彙是以偏正結構結合起「玫瑰」與「花」，其實也就是說「玫瑰」是用來修飾「花」的；其次「美得脫俗」是謂語，其中用「得」字標誌出「脫俗」是補語，用來補充說明「美」的狀態。至於第二個句子，「我」是主語，並沒有其他修飾語，「讀著一本有趣的童話書」是謂語，「讀著」與「一本有趣的童話書」仍然形成動賓結構，其中「著」是用來表示「讀」的時態（持續態），而「一本有趣的」修飾「童話書」，「童話書」本身也仍是用偏正結構所構成的。

　　前此是就順向來說，句子由「簡單化」向「複雜化」轉變，但是也可以逆向操作，將「複雜化」的句子「簡單化」，以凸顯出作者的用心。譬如蔣勳〈石頭記〉：

　　　　它還要傾全力奔赴這千萬年來便與它結了不解之緣的粗礪岩石啊！

　　這個句子的主語是「它」，根據前文，我們知道「它」是「澎轟的大浪」，而「還要傾全力奔赴這千萬年來便與它結了不解之緣的粗礪岩石啊」則全是謂語，因此這個句子的變化全在謂語上。首先可以簡化為：

　　　　它（還要）傾全力奔赴（這千萬年來便與它結了不解之緣的）粗礪岩石啊！

　　「還要」是狀語，用來修飾「傾全力」，「這千萬年來便與它結了不解之緣的」則是定語，用來修飾「粗礪岩石」，因此這些括號中的詞彙都是用來修飾的，並非主幹，所以可以刪掉。但是還可以再刪：

　　　　它（傾全力）奔赴（粗礪）岩石（啊）！

　　「傾全力」也是狀語，用來修飾「奔赴」，「粗礪」是定語，用來修飾「岩石」，「啊」的作用則是標誌出語氣，因此均

非句子主幹，所以可以刪掉。因此保留下來的是：

　　它奔赴岩石。

　　這才是句子最簡化的原型；而且將這最簡單的原型與最複雜的變型作比較，會發現作者之所以用了許多的修飾語來修飾「奔赴」與「岩石」，用意是在強調澎轟的大浪長久以來拍打在粗礪的岩石上，是多麼的執著與驚心，恰好可以詮釋作者所說的：「愛者與被愛者，都有一種莊嚴」。

　　（2）「常式句」和「變式句」

　　所謂的「常式句」，就是可以區分出「主語」和「謂語」，而且一定是先「主語」、後「謂語」的句子，譬如舒國治〈賴床〉：

　　早年的賴床，亦可能凝鎔為後日的深情。

　　這個句子雖然用逗號分開，但是仍是一個句子。其中「早年的賴床」是「主語」，「亦可能凝鎔為後日的深情」是謂語，是一個標準的主謂句。

　　至於「變式句」又可分兩類：「省略句」和「倒裝句」。「省略」是指句子成分的省略，任何省略句都有其相對應的常式句，因此省略句是變型，常式句才是原型（參考范曉《漢語的句子類型》）。就如逯耀東〈豆汁爆肚羊頭肉〉中的一段：

　　在小販吆喝聲間歇裡，不知是誰家高牆內，又傳奏出低沉的三絃聲，將胡同點綴得更詩情畫意了。

　　最後的「將胡同點綴得更詩情畫意了」是一個省略句，是承前省略了主語——「低沉的三絃聲」，因此將省略的成分補上去，就成為常式句：「低沉的三絃聲將胡同點綴得更詩情畫意了」。

　　至於另外一種變式句——「倒裝句」，則是指顛倒句子原本的組成型態，並且與省略句一樣，任何倒裝句也都有其相對應的常式句，而且倒裝句是變型，常式句才是原型。譬如楊牧〈那一個年代〉：

　　　　花香裡有人黯黯發愁，為我。

　　「花香裡有人黯黯發愁，為我」是倒裝句，還原之後的常式句應為「花香裡有人為我黯黯發愁」。至於為什麼要倒裝呢？那是因為要強調「為我」。

6. 就運材與佈局來說

　　運材與佈局又稱作謀篇佈局，是將所採用的材料予以妥善組織，謀求整篇作品言之有序的一種努力。目前所發現的這種組織材料的條理，大約有四十種：遠近法、內外法、左右法、高低法、大小法、視角變換法、今昔法、久暫法、時空交錯法、狀態變換法、知覺轉換法、本末法、淺深法、因果法、眾寡法、並列

法、情景法、論敘法、泛具法、空間的虛實法、時間的虛實法、假設與事實法、凡目法、詳略法、賓主法、正反法、立破法、抑揚法、問答法、平側法、縱收法、張弛法、插敘法、補敘法、偏全法、點染法、天人法、圖底法、敲擊法等（詳見陳滿銘〈論幾種特殊的章法〉，及拙著《篇章結構類型論》），而且每篇文章的個別條理都可以清理出來，並畫出結構分析表，以幫助了解。譬如辛棄疾〈醜奴兒〉：

> 少年不識愁滋味，愛上層樓。愛上層樓，為賦新詞強說愁。　而今識盡愁滋味，欲說還休。欲說還休，卻道天涼好個秋。

其結構分析表如下：

```
┌─反（昔）┌─因：「少年不識愁滋味」
│         └─果：「愛上層樓」三句
└─正（今）┌─因：「而今識盡愁滋味」
          └─果：「欲說還休」三句
```

　　陳滿銘《詞林散步——唐宋詞結構分析》針對此詞說道：「此詞作於作者首度廢退年間，寫的是關懷國事、懷才不遇的哀愁。上片寫『少年』，下片寫『而今』。一是由於『不識愁滋味』，所以愛『強說愁』；一是由於『識盡愁滋味』，所以『欲說還休』；在兩相對照下，稼軒那種難以言說的苦悶便恰到好處的表達出來了。」而且現在的憂悶愁鬱才是重心，以往的天真爛

漫只是作為一個反面的對照，因此可以說「昔」是「反」，「今」是「正」，作者運用正反法，以反面襯正面，凸顯出作者懷才不遇的哀愁。

7. 就選擇文體來說

所謂「文體」即「文學（章）體裁」，曹丕〈典論論文〉對此即有論述，接著劉勰在《文心雕龍》裡，論文體的就有二十幾篇，幾佔全書之半，後來論文體或分文體的，便越來越多，以上皆屬「舊派文體論」。到了清末，受到東西洋文學作品之影響，我國的文體論也起了變化，有分為記事文、敘事文、解釋文、議論文的（龍伯純、湯若常），也有概括為應用文與美術文的（蔡元培），更有根據心理現象分為理智文為與情念文的（施畸）；以上則屬「新派文體論」。而現在所通行的記敘（含描寫）、論說、抒情、應用等四類，就是受了新派文體論的影響。這涉及了辭章的各方面，是合形象思維與邏輯思維而為一的。

不過，除應用文屬於實用文體外，記敘（含描寫）文與論說文、抒情文難免有重疊的情況。因為作者運用事材或物材，來表達一定的情或理，其中就必然有記敘（含描寫）的部分，依據此點可歸類為記敘文；但是如果主旨是抒寫情感、義理，又可分別歸類為抒情文、論說文。所以要如何歸類，主要是根據題目，或是視記敘、抒情（論說）的成分多寡而定。譬如柳宗元〈始得西山宴遊記〉：

　　自余為僇人，居是州，恆惴慄；其隙也，則施施而

行，漫漫而遊。日與其徒上高山，入深林，窮迴谿；幽泉怪石，無遠不到。到則披草而坐，傾壺而醉，醉則更相枕以臥，臥而夢。意有所極，夢亦同趣。覺而起，起而歸。以為凡是州之山水有異態者，皆我有也，而未始知西山之怪特。

今年九月二十八日，因坐法華西亭，望西山，始指異之。遂命僕過湘江，緣染溪，斫榛莽，焚茅茷，窮山之高而止。攀援而登，箕踞而遨，則凡數州之土壤，皆在衽席之下。

其高下之勢，岈然窪然，若垤若穴，尺寸千里，攢蹙累積，莫得遯隱；縈青繚白，外與天際，四望如一。然後知是山之特出，不與培塿為類，悠悠乎與灝氣俱，而莫得其涯；洋洋乎與造物者遊，而不知其所窮。

引觴滿酌，頹然就醉，不知日之入。蒼然暮色，自遠而至，至無所見，而猶不欲歸。心凝形釋，與萬化冥合。然後知吾嚮之未始遊，遊於是乎始，故為文以志之。

是歲，元和四年也。

此文題目中有「記」字，而且全文絕大部分的篇幅用於敘事，第一段寫「未得西山」，第二至四段寫「始得西山」，末段為補敘，其中的抒情成分只有「心凝形釋，與萬化冥合」而已，因此歸於記敘文中，應該是沒有問題的。

8. 就確立風格來說

黎運漢《漢語風格探索》中說：「文章風格是文章的思想內容和表現形式上各種特點的綜合表現，是作者的思想、性格、興趣、愛好以及語言修辭等在文章中的凝聚反映。」大體上，文章的風格可以分作偏於陽剛與偏於陰柔兩類。

（1）偏於陽剛之美者

這類作品可以用顧城〈一代人〉為例：

> 黑夜給了我黑色的眼睛，
> 我卻用它尋找光明。

首句將眼睛的黑色，說成是來自黑夜。不過此處的「黑色」還隱藏著「黑暗」之意；因此我們也就可以想像得到：「黑夜」並不只是指夜晚，應該還暗示著黑暗、恐怖的經歷（或年代），而這些，都深深地烙印在作者心上，所以造成了「黑色的眼睛」。短短的一句，不過十個字，卻傳達了很深的感觸。

不過，第二句卻神來之筆地大力扭轉：我用它來尋找光明。眼睛可以接收光波以辨識物體，這是一個太普通的常識，但是作者在此處提出「尋找光明」，其意義遠遠地超過了這些；作者彷彿藉此告訴我們：人不僅可以不被痛苦擊倒，甚至還能在痛苦中凝聚出智慧與毅力，幫助我們找到光明。這對人性中堅忍不拔、正向提升的那一面，是多大的肯定與讚美啊！

「黑」與「光」原本就是一組極強烈的對比，更何況作者又以動作強化，因此「帶來黑暗」對照於「尋求光明」，留給讀者

的印象，實在是太深刻了。而且我們又想到：作者，以及與作者同年代的人，在動盪不安中出生、成長，經歷許多磨難，因此都有著「黑色的眼睛」，但是同樣的也都執著於「尋求光明」；那麼作者將此詩題名為「一代人」，實在具有為「一代人」發聲，而且也撫慰「一代人」的深刻寓意啊！因此此詩所造成的風格，是鮮明強烈的陽剛之美。

（2）偏於陰柔之美者

這類作品可以用徐志摩〈偶然〉作為代表：

> 我是天空裡的一片雲，
> 偶爾投影在你的波心──
> 你不必訝異，
> 更無須歡喜──
> 在轉瞬間消滅了蹤影。
>
> 你我相逢在黑夜的海上，
> 你有你的，我有我的方向，
> 你記得也好，
> 最好你忘掉，
> 在這交會時互放的光亮。

詩篇一開始，作者高唱出「我是天空裡的一片雲」，繾綣風流的情韻悠然而生；接著描繪雲朵投影於波心，這是自然界中一個美麗的、偶然的「聚首」。但作者隨即說道：不必訝異、無須

歡喜，因為「轉瞬間消滅了蹤影」；瀟灑曠達中，似乎又有著一抹淡淡的惆悵。

然後從自然景物過渡到人事現象上。「你我相逢在黑夜的海上」，也是一個美麗的、偶然的「聚首」。但是彼此固然是在「海上」相逢的，可是因為「海上」本來就是個流離的、動盪的所在，所以這個場景同樣也暗示了分離，因此作者遂說道「你有你的，我有我的方向」。而且，更進一步地，作者推想到：因為各有方向，所以這「交會時互放的光亮」注定是短暫的，因此有感而發地寫下這兩句：「你記得也好，最好你忘掉」，言下之意，極繫戀，又極曠達。

此詩以自然界中的「偶然」，來陪襯人事聚合中的「偶然」，形成了「先賓後主」的結構，極為優美地訴說了「偶然」的短暫及珍貴。不過，面對這種「偶然」，依依不捨、欲留不住，作者索性瀟灑地放開：「你記得也好／最好你忘掉」；然而，作者將「交會時互放的光亮」置於詩末，畢竟使這黑夜中因相聚而綻放的光芒，永遠地刻繪在讀者的心版上。從這首詩的取材、章法等方面看來，毫無疑問的，所形成的是偏於陰柔的美感。

（三）綜合能力

綜合能力就是統合前面的「一般能力」、「特殊能力」而成的能力，而且因為綜合能力是一種整體性的能力，所以在這個層次上，才可能訓練或展現出同學的創造力。關於創造力，一般認為一個人的創造力通常是透過進行創造活動、產生創造產品而表

現出來，因此根據產品來判定是否具有創造力是合理的。所以，可以為創造力下如下的定義：根據一定目的，運用所有已知信息，產生出某種新穎、獨特、有社會或個人價值的產品的能力（參見董奇《兒童創造力發展心理》）。

在國語文教學當中，最能夠產生新產品、展現創造力的，那就是寫作了。在以往的傳統一題一篇的作文中，訓練的就是這種綜合寫作能力，這樣固然有其優點，但是缺點在於無法循序漸進，或針對特別欠缺的能力加以補強，這樣會讓原本就能力不足的學生，更是不知從何著手來鍛鍊自己的寫作能力。

但是「限制式寫作」中，則希望可以鎖定「一般能力」、「特殊能力」中的一種或兩、三種能力，來設計題目，予以加強訓練，企圖藉由這種方式「由點到面」，以達到全面提升寫作能力的目的；這就好像學開車一樣，從踩油門、控制方向盤、換檔……等等分別學起，等到都精熟了，就自然而然會開車了。所以分項訓練只是過程，終極目的還是綜合能力的養成。而且在養成分項能力的過程中，可以用題組的方式來引導，由淺到深、由短而長，讓學生逐步鍛鍊出自己的能力，而不會有「一蹴難幾」的恐慌；同時，在這過程中會培養出寫作的「自覺」，而這種自覺一旦越來越清晰，就越能推擴至其他的寫作上，對學生的裨益實在非常大。此外，雖然題目鎖定的是一般能力或特殊能力，但是學生在寫作時，也必須運用綜合思維來表出，因此可以說是著重某種能力的同時，也訓練了綜合能力，因此是相當值得推廣的寫作訓練方式。

而且，可以從另一個角度切入，印證「限制式寫作題組」確

實能夠激發、訓練學生創造力。因為一般能夠激發、訓練學生創造力的習作，具有如下的特點：

(1) 多樣性：種類內容多而充實，作業的方式多變化，不是千篇一律的抄寫；答案多樣性；目標也是多層面的，包括記憶、認知、理解、分析、綜合、解決問題等能力的培養。

(2) 啟發性：引起學生的興趣和注意，激發學生大膽而新奇的想像力、綜合思考及問題解決的能力。以寫作教學來說，就是在命題時應多加留心。

(3) 挑戰性：能由已知引導至未知，由單樣演變為多樣，使學生樂於學習。譬如由相似聯想引申至譬喻格、賓主法的教學等。

(4) 完整性：應與原來的課程密切配合，學生可學習到知識、能力、態度、理想和欣賞等完整的學習。

(5) 適應性：作法、答案可能有很多種，沒有截然對與錯的劃分，完全可以適應個人的程度；而且有團體、個別的方式，既可發展群性又可適應差異（以上諸點參考陳龍安《創造思考教學的理論與實際》）。

這些特點都是「限制式寫作」（特別是題組）所具備的，可見得運用「引導式寫作題組」的方式來引導學生寫作，確實是非常能夠激發並訓練學生的創造力的。

(四) 三層能力互動圖

陳滿銘〈試論國語文能力的螺旋結構〉說道：以上各層能

力，以思維力貫串、推動，初由「一般能力」發展為「特殊能力」，再由「特殊能力」發展為「綜合能力」，然後由「綜合能力」回歸到「一般能力」，而將「一般能力」推進一層，形成層層互動、循環而提升之螺旋結構。這種結構可用下圖來表示：

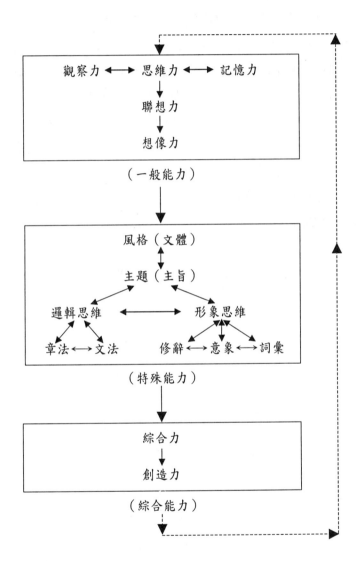

　　陳滿銘又說：「這種邏輯甚至螺旋能力，是可用『讀』與『寫』來印證的。由於『寫』乃由『意』而『象』，靠的是先天（先驗）自然而然的能力，這多半是不自覺的；而『讀』則由『象』而『意』，靠的是後天研究所推得的結果，用科學的方法分析作品，自覺地將先天（先驗）自然而然的能力予以確定。因此『寫』是先天能力的順向發揮、『讀』是後天研究的逆向（歸根）努力，兩者可說是互動而不能分割的。」因為「限制式寫作」能緊密地聯繫起「讀」與「寫」，所以對於能力的訓練來說，可以說是非常理想的。

一般能力編

⤳ 觀察力 ⤵

內部知覺

一、題組

（一）請閱讀下列表格中有關內部知覺的摹寫的範本，然後挑選你最有感覺的文句，寫出你的感想。

內部知覺的種類	範　　本
渴　覺	他想他身體裡面一定一滴水都沒有了，向來就沒有這般的渴過。（黃春明〈兒子的大玩偶〉）
肌肉覺	我看見飛雁，手膀的筋肉就不聽話地自行彈跳起來，彷彿在催促我，去取弓、去取箭、去嚐一嚐使大力得到鮮血的滋味。（奚淞〈封神榜裡的哪吒〉）
平衡覺	我開始失去重量的感覺了，彷彿在大氣層漫步的太空人，整個的我是逐漸虛浮起來……我想抓住點什麼，甚至是一絲風力。（施叔青〈倒放的天梯〉）
內臟覺	我在盛怒中忽然流了眼淚，此時我體內升起一股欲嘔吐的感覺，強烈得五臟都被折個稀爛，我衝到洗手間，祇嘔出透明的唾液，眼淚此時卻不停的流下來。（黃碧雲〈嘔吐〉）

（二）請在下列情境中五選二，用 100 字以內的篇幅描寫這種內
　　部知覺。

　　1. 麥飯石礦泉水中的馬拉松賽跑（渴覺）

　　2. 早餐沒吃，連上四堂課（餓覺）

　　3. 登好漢坡，爬了三百級階梯（肌肉覺）

　　4. 北宜公路九彎十八拐（平衡覺）

　　5. 胃痛（內臟覺）

二、設計理念

　　所謂觀察力就是運用外部知覺（視、聽、嗅、味、膚）與內部知覺（內臟覺、渴覺、餓覺、性衝動覺……等），來獲取外在世界和機體內部訊息的能力。良好的觀察力對於寫作來說是相當重要的，因為觀察是獲得說寫素材的重要途徑，也是準確生動的表達的前提。因此要訓練同學良好的觀察力，首先要訓練他們對於對於自己的知覺有良好的認識。

　　知覺靈敏與否，直接影響到觀察力是否敏銳。但是關於知覺的部分，向來比較重視「外部知覺」（特別是小學教學中流行的「五感作文」），「內部知覺」的重要性比較不為人所知；可是內部知覺與「心覺」的聯繫其實是更為直接、緊密的，也就是說與內心情、理的關聯更為密切，因此訓練學生細膩地體會內部知覺，是非常必要的。

　　基於此種理念，本題組就設計了兩小題。第一小題是請同學賞析名家作品對內部知覺的描寫，一方面藉此讓同學了解內部知覺的大致內涵，再方面也是一種觀摩學習；第二小題則設計了五

種情境，希望讓同學有「逼真」的感覺，以便於進行翔實的摹寫。

三、同學寫作成果

第一小題：

渴覺

這段文句很能夠傳達出渴，真是一種折磨！

特別是在炎炎夏日裡，那一種渴，真是令人絕望，活生生的一個人，全身上下的水分，一點又一滴的、由內而外的，抽出、流汗、蒸發，逐漸的、緩慢的，陽光帶走了所有的水分，絲毫不剩。只留下一個乾枯的軀殼、狀似海棉般柔軟，輕飄，溫度卻是瞬間接近「灰飛煙滅」。

請給我「水」……（李秀珍）

第二小題：

渴覺

在大太陽底下我全身上下不斷冒汗，但嘴巴裡卻沒有任何濕潤的感覺，舌頭彷彿舔到一層層乾燥的皺褶，只能徒然吞嚥乾熱的空氣。（李曠緯）

已經忘記跑了多久、跑了多遠，感覺已經漸漸消失。我的喉嚨乾得黏成扁平狀，乾燥的管壁摩擦著、紅腫著，吸入的空氣不斷的灼燒我。（伊威霖）

餓覺

我可以感覺到我的胃已經開始消化了我的腸，肌肉和絨毛一點一點的消失在胃液中，它們想吶喊，卻只能用力的扯著一絲絲的神經。（伊威霖）

一早的飢餓，暫時被腎上腺壓了下來，一到炙熱的午後，心神已與身體分離，靈魂在飄動，身體在抖動，血醣降低的症狀一一顯現，或許要吞下整個宇宙才會好轉吧！（陳奕睿）

肌肉覺

連續爬了三百級階梯，我覺得雙腿已經僵硬、麻木，每一絲肌肉似乎都繃緊到最大的極限，彷彿再多爬一級、多施一分力，都會造成肌肉的結構崩解、斷裂。（鄭惟倫）

此時再也無法用力了，即使只是抬腳這簡單的動作。肌肉早已不聽使喚，不停的顫抖，彷彿告訴我該坐下休息一會兒了。（何淳民）

平衡覺

行駛於蜿蜒曲折的北宜公路九彎十八拐中，我嘗試著在心中建立一個不倒翁，去平衡搖晃的身軀。（林諺伯）

就像整座山都在搖晃一樣，我的腦袋已經無法思考，肚子在不停的翻滾攪動，彷彿一瞬間就會爆發出來，喉嚨間的酸澀感，就像作化學實驗添加了不該放進的材料一樣，溫度上升沸騰，閉

上眼，腦袋卻仍停留在蜿蜒山路的畫面上，且總覺得一不小心就會掉進萬丈懸崖下，好不容易到達目的地，卻還是感覺地在晃動，一個暈眩，我吐了滿地。（黃婉琪）

器官知覺

只聽見一陣咕嚕的翻絞聲自腹部傳出。胃壁正在燃燒著，一路蔓延到喉嚨深處。每吋腸胃似乎打上千百個結，只覺得沸騰的胃酸在體內呼之欲出。（蔡佳年）

我隱隱感覺他們開工了，在我的胃袋裡，成千上萬的工人戴著黃色安全帽，手持鑿子就這麼開挖起來，我可以感覺我的胃壁正隨著他們挖鑿的進度一吋一吋削薄，伴隨著難以忍受的痛楚與空虛感。（張鈺敏）

四、檢討

這個題組既可以說是訓練觀察力，也可以說是訓練對內部知覺的摹寫能力。從學生的作品中看來，這五種知覺被描寫的頻率並不相同，寫平衡覺的比較少，寫器官知覺（胃痛）、餓覺、渴覺的比較多，這可能與生活經驗有關，特別是許多同學對胃痛的描寫十分鮮活，讓人想及現在的學生也許真的壓力不小，所以腸胃狀況普遍不佳。此外也有幾位女同學多寫了一種內部知覺——經痛，一位同學還註明道：「這是切身之痛，讓我忍不住想多寫這一項」，從中可見寫作確實是一種抒發感受的方式，也可見得內部知覺的體驗是多麼的「切身」。不過因為有字數限制，所以有的同學超過字數限制，這是要酌予扣分的。

外部知覺

一、題組

（一）在人類的五種知覺：視覺、聽覺、嗅覺、膚覺（含觸覺與
溫度覺）、味覺中，嗅覺、膚覺、味覺是較少動用到的知
覺，因此請你從這三種知覺之中挑選一種，來搜尋關於這
種知覺最特殊、最難忘的經驗，並用 150 個字以內的篇幅
描述出來。

（二）聞一多〈紅豆〉（節選）以視覺和觸覺來描摹相思，請你
試著以聽覺、味覺、嗅覺（三選一）的知覺經驗來描摹同
一種情感，並寫成一節詩句。

比方有一屑月光，
偷來匍匐在你枕上，
刺著你的倦眼，
撩得鎮夜不著，
你討厭他不？
那麼這樣便是相思了？

相思是不作聲的蚊子，
偷偷地咬了一口，
陡然痛了一下，
以後便是一陣底奇癢。

二、設計理念

外部知覺包含視覺、聽覺、嗅覺、膚覺（含觸覺與溫度覺）、味覺。第一個子題要求同學寫出自己最難忘的嗅覺、膚覺、味覺體驗，那是因為視覺與聽覺是最佔優勢的知覺，可是儘管嗅覺、膚覺、味覺獲取的訊息量不如視覺與聽覺，但是其重要性仍是不可取代的，因此就想要藉這個題目，讓同學重新認識、深刻體認自己這三種較少動用的外部知覺。為了讓同學較容易進入狀況，老師可以在引導時舉些例子，並稍微說明這三種知覺的特性，譬如嗅覺最容易勾起回憶，辛曉琪的情歌「味道」就是藉著氣味，引發有關情人的回憶；膚覺中的觸覺最能傳達親密感，因此握手、擁抱等表達友善的動作，都與碰觸有關；味覺是生命之源，這點從小嬰兒努力吸奶、滿面通紅的模樣能得到最好的印證。更進一層來說，知覺必然是與心覺聯繫在一起的，也就是在知覺某些事物時，會引起人們的某些感受，這些感受就是心覺；也就是因為如此，所以可以用某些知覺體驗來表現某種情感，第二個子題就是這樣基於這樣的原理而設計出來的。

三、同學寫作成果

第一小題：

國中時有一次被班上推派出來參加英文演講比賽，當時只是純粹因為聲音大，就被派出去了，所以一直很緊張，擔心自己經驗不夠，會在台上丟臉。幸好，當時的英文老師一點也不計較這些，他耐心地陪我作發音練習、背演講稿，還因此犧牲了自己每

天的午休時間。而當比賽完的三個禮拜後，我告知他得了第三名
時，他什麼也沒說，只是舉起手大力地朝我背部拍了下去，我看
著他臉上的笑容，心裡想著：我永遠也忘不了這一刻的感覺，很
痛，但是很痛快。（蔡孟昀）

　　每次在成大的校區內自在悠遊時，就會想到聯考前一個月，
三餐都吃泡麵，而且是同一個牌子輪流口味吃。前幾天，我又因
為趕時間，不得不以泡麵果腹，在撕開泡麵碗時，就已經忍不住
掉眼淚了。聯考前的辛酸，考完時如釋重負的心情，一時之間湧
上心頭。打開泡麵，那難忘的香味，融合著考場凝重的氣氛，飄
向鼻端；用力地嚐了一大口，把那些沉重的負擔全部吞下
去……。原來，生活中的知覺體認，都是不經意的累積。（鄭達
人）

　　至今我仍深深地記得，那一次上阿里山時所給我的震撼。那
是我第一次與大自然如此近距離的接觸，漫步在林間小道中，我
感覺彷彿接受一場芬多精的洗禮，林木的香氣充滿著生命的活
力，令人不禁通體舒暢，就好像重新投回大自然的懷抱。深深地
烙印在我腦海中，此時此刻。（陳桂祥）

第二小題：

　　　我的心變成了一把琵琶
　　　有著許多不同的旋律
　　　我無法選擇曲目
　　　因為彈奏的人不是我（潘昆懋）

相思是壞掉的水龍頭，

滴答，滴答，

愈是不想理它，

它就響得愈大聲。（林子傑）

尋覓著熟稔的氣味

隱隱嗅出一絲溫存

隨著氣息的游移

心也為之浮動（高銘良）

四、檢討

在第一小題中，作者都能夠從記憶之海中，撈捕到獨特的知覺體會，並將它描寫出來，從中滲出的種種情味，非常動人。因為知覺會與內在情感融合，成為「心覺」，所以在知覺描寫中融入情感，是最重要的，因此如果只注意到知覺的描寫，而不能與情感連結，就難免顯得膚淺，譬如下列這篇作文，雖然對味覺的描寫頗為翔實，但是不能讓人感動、回味，原因就在於此：

有一次，媽媽炒了一盤青椒（青色的辣椒），母親說不會辣，一開始吃了幾個都不錯，甜甜的很好吃，突然，我感到一股奇怪的感覺，整個嘴巴好像燒了起來，完全合不起來，那種灼熱的感覺在嘴中蔓延，刺痛每一個細胞，我的眼淚飆了出來，鼻涕

噴了出來，痛苦不已。從此，再也不敢吃這種怪異的辣椒了。

　　至於第二小題所選錄的幾首作品，應該是同學的「處女作」，雖然難免生澀，可是那種清新的氣息真是非常吸引人。不過，有趣的是，大家幾乎都是用「聽覺」來描摹相思，味覺和嗅覺非常罕見；可見得自古以來認為視覺和聽覺是「美的知覺」、「高等知覺」的看法，真是頗有道理。另外，也有幾點是可以提供給同學作參考的：

（一）需力求凝鍊。對於初次寫詩的同學來說，冗贅是最常見的毛病，譬如下列的這首詩，開頭寫得很好，引人入勝，但是後面的詩句卻可以更求精練；一般說來，要有效改善這種情況，規定自己的詩不可寫得太長，是一個不錯的方法。

　　　　前方的妳常有個後方的我
　　　　注視妳
　　　　你感覺不出我的存在
　　　　卻因為空氣
　　　　讓我聞見妳的香。
　　　　妳的美
　　　　與妳的善良，
　　　　讓我幸福。
　　　　但我不知該感謝妳
　　　　還是空氣？

（二）用語不宜太俗。文分雅俗，寫詩與寫日記、上網留言並不相同，因此若非特殊情況，「爽」、「打屁」等字眼不宜出現。

重點式觀察之一

一、題組

（一）下列三個從古人詞作中節選出來的句子，都是針對女性皮膚之白加以敘寫，以此表現出女性之美。請你比較之後，選出最喜歡的句子，並說明為什麼。

李煜〈玉樓春〉：「晚妝初了明肌雪」

韋莊〈菩薩蠻〉：「鬢雲欲度香腮雪」

蘇軾〈賀新郎〉：「手弄生綃白團扇，扇手一時似玉」

（二）請你以白話散文來描寫女性膚白之美（請勿翻譯前面詞句，字數在150以內）。

（三）請你另外挑選二至三種女性外貌上的特點加以描寫，儘量表現其美麗的一面，並聯繫成一小段文章（字數在 300 以內）。

二、設計理念

　　一般說來，同學在觀察時，經常出現的缺失如下：對事物的觀察比較粗略籠統；缺乏重點觀察的能力；只注意個別的生動情節；缺乏觀察的條理性。因此訓練同學的觀察能力，就可以從兩個方向入手：重點式的觀察、順序式的觀察。而且在進行觀察訓

練時，可以先從較小的範圍開始，特別是鎖定熟悉的人、事、物進行觀察，然後可以指定一個較大的範圍，也可以從集體觀察再進展到各自觀察。

基於上述的原因，所以本題組的設計是訓練同學重點觀察的能力，主題環繞著同學頗為熟悉、頗感興趣的女性外貌之美，而且主要就視覺來加以掌握。首先從寫作閱讀心得開始，希望藉此學習前人的細膩觀察；接著在這基礎上更進一步，根據同一主題寫出自己平日的觀察所得；最後才是將範圍拓展開來，注意並觀察其他的特點。如此一來，希望可以逐步引導同學領略觀察的要領；而且唯有在細緻觀察的基礎上，才可能進行細緻的描寫，也才可能有生動的作品出現。

三、同學寫作成果

第一小題：

我最喜歡的是李煜〈玉樓春〉：「晚妝初了明肌雪」。因為給人一種純淨的感覺，再加上雪景是白色的，白色讓人有種無瑕潔淨的感覺，所以我覺得用雪比喻皮膚之白比玉好。而韋莊也用雪描寫肌膚之白，但是我覺得李煜描寫得更好在於「明」字，彷彿肌膚很透澈、明亮的感覺。（吳曉雯）

我最喜歡「鬢雲欲度香腮雪」，因為我覺得這句話不只講到了女子臉部的白皙，也說到女生的香味。這種白描述得有些誇張，人的臉上最容易泛紅的地方就是腮了，可是他卻把腮描述的像雪一樣白，可見這臉是非常白，再加上鬢角就像雲朵般貼著臉

龐，感覺那臉真白皙動人，真想吻在上面，讓她變色。（張云瀚）

我最喜歡蘇軾〈賀新郎〉：「手弄生綃白團扇，扇手一時似玉」這句，除了寫出皮膚很白之外，用「玉」來譬喻有一種純淨的感覺，而且整句表現出的還有一種動態的美感，所以我覺得這句寫得很好。（孫翊騰）

第二小題：

雪是白色的，雲也是白色的，最好的美玉是白的，最美的水仙花也是白的。唯獨她的肌膚夾雜著一點粉紅，卻比前面的都要白。（梁嘉榮）

第一眼看見她是從捷運車窗上的倒影，除了她的臉，其他影像都是暗沉無光的，在她微笑時，更顯出她皮膚的白皙，站在燈下的她，我想，那應該就是雪的顏色吧，在車內的其他人彷彿只是浮水印的背景，瞬時定格，讓這個主角深深地吸引著每個人，不用開口，即散發著持久的白色光芒。（黃銘祥）

雪白這個形容詞，用來形容女性皮膚之美，是再恰當也不過了，日本人認為女性肌膚最白的地方是後頸那一塊，甚至連和服都會做得讓人能看見女性的後頸，說是潔白似雪也不為過，而且是深山之中，所下的春雪，細細柔柔，令人只敢遠觀，深怕一個不小心會弄壞了。（陳桂祥）

第三小題：

和她高中同班了三年，她總是讓我們印象深刻，並不因為只是當了三年的班長，而是她那如櫻桃般的小嘴再配上那可愛的酒窩，上脣和下脣連接的那麼完美無瑕，若隱若現的酒窩似乎想把所有男生的眼光給吸進去，每次在宣佈事情時，即使之前再怎麼吵，大家都會安靜下來，聽她說話，難道大家都和我一樣這麼注意她可愛的嘴和襯托的酒窩嗎？我不禁莞爾了一下。此外就是她如黑絲般烏黑的頭髮了，常常看她綁著一頭馬尾，就像在風中搖曳的黑旗子，在每次朝會陽光灑在她的頭髮上時，站在她身後的我似乎看到亮麗的反射光從髮梢一絲一絲的向上蔓延，我曾經試著猜想她烏黑亮麗的秀髮是如何保持的，但是我想不出來，但當我下定決心親自去問她時，我卻步了，因為那可能是她的秘密吧，還是給她自己留著好了。（鄭達人）

妳，讓我難以忘懷，因為妳偷了黑夜中的北極星做了妳的雙眸，閃亮既動人；妳，讓我難以忘懷，因為妳奪取了我的冬天，雪花明肌般的肌膚，讓我曉得冬天最美的模樣；妳，讓我難以忘懷，因為在夜晚下緩緩流動的萊茵河都化為妳的秀髮，浪漫又熟悉；妳，讓我難以忘懷，而我永遠將會把妳收藏在我心底，因為妳是我心目中永恆閃亮的一顆「心」……。（羅右偉）

在女性特點中，我認為最值得注意的，便是那纖纖玉腿和小蠻腰了，芭蕾舞者在舞台上隨著音樂，跳著輕盈的舞步，那小腿細細長長，一下跳躍，一下旋轉，就像旋律都是從她那蹬高的小

腳上踩出一般，那樣的吻合，我彷彿看到了二根小鼓棒，正輕快的在小鼓上打出快樂的節奏。另外，芭蕾舞者的小蠻腰，亦是值得一看，配合著起舞的腳步，腰也跟著彎曲使力，那穠纖合度，沒一絲肥肉的細腰，正是美的象徵，而跳舞中的小蠻腰柔中帶剛，是力的象徵，結合力與美，舞台上的小蠻腰吸引著觀眾的目光，更令人們發出讚嘆。芭蕾舞者玉腿和纖腰的配合，使我體會了一場美的饗宴。（賴麗如）

四、檢討

在第一小題中，比較容易出現的問題是同學對古典文本的解讀能力不足，譬如「鬢雲欲度香腮雪」的「度」字，含有飛動意，但是大多數同學都不知其義，因此可以考慮以注釋的方式來降低閱讀難度。

第二小題的寫作情況尚稱良好，因為題目規範得很清楚，所以幾乎不可能有離題的情況產生，寫得不錯的篇章，大體上都是因為找到了良好的角度來進行觀察、敘述。

最後一個小題可以說相當能引起同學的寫作興趣（我想和班上同學大多為男生有很大關係），同學最喜愛的描寫重點是眼睛與頭髮，而且都能刻意地進行細緻的描繪。

設計這個題組的目的，是希望同學能了解何謂重點觀察？並且可以嘗試著將觀察所得生動翔實地記錄下來，只不過同學的描寫能力相當程度地左右了寫作成果，可是這也是理所當然的，因為觀察是描繪的基礎，描繪是在觀察之上更進一步的要求，所以應該思索的是，如何「更上一層樓」地訓練同學的描寫能力。

重點式觀察之二

一、題組

（一）請鎖定校園中某個重點觀察對象，並動用視、聽、嗅、味、觸五種知覺予以細密的觀察，然後將觀察所得用簡短的字句記錄下來。

所鎖定的觀察物：	
視覺	
聽覺	
嗅覺	
味覺	
膚覺	

（二）請將所蒐集到的資料組織成一篇短文，不須依照前面的次序。

二、設計理念

　　因為同學在觀察時，普遍欠缺重點觀察的能力，因此進行觀察訓練時，可以先從較小的範圍開始，特別是鎖定熟悉的人、事、物來觀察，然後再指定一個較大的範圍，也可以從集體觀察再進展到各自觀察。因此本題組就鎖定一個較大的範圍——校園，進行各自觀察，以訓練同學重點觀察的能力。

　　因此第一小題的寫作是在戶外進行的，花了一節課的時間，請同學實地觀察後，簡單記下觀察筆記，並且要儘量動用視、聽、嗅、味、觸五種知覺；接著回到教室進行第二小題的寫作

時，因為確實觀察有得，所以自然就能提筆成文了。

三、同學寫作成果

第一、二小題：

所鎖定的觀察物：炮台	
視覺	上頭布滿鏽，刻著字記載製造日期等、砲管內部塞垃圾
聽覺	敲起來是厚重的聲音
嗅覺	聞起來有金屬味
味覺	不敢舔
膚覺	觸摸起來有冰涼帶濕潤感

　　秋日的早晨，微涼帶著日光，走出系館，眼光被草地上的炮臺所吸引。

　　座落在小西門的炮台有兩座，一長一短，腳步移向長炮管，上頭斑駁的鐵鏽記錄著歷史，「道光六年夏……」述說著它曾有的，那股榮耀——奉旨製造而誕生守護府城的使命。

　　冷冷的感覺，透過手指傳來，閉上眼。這炮台冷冷地在城上望著敵艦。「不管是什麼，我都能擊破。」它的自信來自它的榮耀，讓它大敵當前仍不畏。一聲令下，火光一閃，海上一聲巨響，水柱擎天，碎木四揚，數刻後的廝殺，身上滿是痕傷，但是使命令它存活，一活便是數百年……。

　　榮耀走入歷史，走入炮管的是一堆垃圾，現代和古蹟的交流。我拍拍炮管，試著安慰，回應我的是一陣厚實的金屬聲，低吼著拒絕任何同情，因它相信，相信著另一個榮耀的來臨。（蔡宜儒）

所鎖定的觀察物：漣漪	
視覺	風吹起的漣漪、水中的倒影、粼粼的波光、各式不同的波紋
聽覺	湖水流動的聲音、風吹過的聲音
嗅覺	湖水臭臭的味道
味覺	
膚覺	

　　成功湖是個世外桃源，一腳踏入就令人流連忘返。我喜歡看湖水的流動，湖水日復一日依循著自己的方式流動，每當風吹過、樹葉拂過、魚群、鵝游過即會產生各式各樣的波紋。湖水如同一面鏡子映照出周圍的事物，水面上的漣漪及各式的波紋改變水中的倒影，形成一幅美麗的圖案。

　　湖水就像人會因外在的事物改變本身，與外在的事物交錯出自己的人生，人生的百態即因此產生。觀看湖水會使我的心沈澱下來，使自己回想起自己周遭的事物，喜怒哀樂也只是一瞬間、曇花一現。（劉純亞）

所鎖定的觀察物：藝術研究所	
視覺	古樸的建築、灰灰的紅磚、弧形門窗
聽覺	冷氣運轉聲、風吹拂樹的聲音
嗅覺	
味覺	
膚覺	冰冷粗糙、細數落葉輕拍身體

　　每次經過藝術研究所，我總是匆促走過，從未靜下心，定下腳步仔細瞧瞧這幢看似經歷過一番風霜的建築。就在今早，我背著陽光，與你相遇在西方。

　　你灰撲撲的紅色衣裳讓我忍不住想拍拍你沈穩卻僵硬的肩，

我帶著溫柔的微笑，像是母親疼惜孩子般地碰觸你，卻發現你肩上的灰濛已無法清除，就像你身上粗糙的痕跡無法抹除。此時又刮起了秋天微寒的風，吹亂了你身旁那株不知名的樹，細細碎碎的落葉拍打在你和我的身上，就像下了一場雨。我忍不住躲到你懷裡，尋求你的保護。在你懷中我聽到了你身體內部微微傳出的聲響，是你的身體在運轉，是心跳，還是呼吸？我無法再分辨，在這一刻，我只想恣意的向你撒嬌。

你讓我憶起了他，那個熱愛音樂的人。他用小提琴演奏的樂章就像沁涼的微風一樣。他和你一樣，外表樸實無華，內在卻可蘊含無數的光采。不僅是音樂的造詣，還有他賜與我的安全感、信任感和疼惜感。至今我仍忘不了他運弓時所展現的美麗弧度。

藝術研究所的大門正對著東方，我希望，有一天當我從裡面打開大門時，能見到你。在東方，我們重逢。（陳又嘉）

四、檢討

這次寫作花了兩堂課的時間，第一堂課是讓同學到校園中自由觀察，第二堂課回到教室，但是並不是立刻進行寫作，而是請同學依次口頭發表觀察所得，進行交流，然後再提筆寫作（當場寫不完的，帶回去寫）。在所選的三篇作文中，蔡宜儒儘量運用各種知覺來觀察砲臺，而且就眼前的砲台發想，聯繫到久遠的歷史，今昔之間的映照頗引人低迴；劉純亞觀察的是湖上的漣漪，所以是以視覺為主，捕捉漣漪細微的動態，並因此而有所感懷；陳又嘉以藝術研究所為觀察重點，而且在描寫時，將建築物與昔

日的戀人疊合起來，顯得極為生動。

　　有同學表示事前並不期待這次的寫作，因為總覺得校園是自己熟悉得不能再熟悉的地方，怎麼可能會發現新事物呢？但是一堂課的觀察下來，才發現原來即使是天天見到的景物，也還是有著許多隱密的、吸引人的角落，等待著自己去發掘。至於我呢？每次見到同學描述過的景物，我都有著特別的感覺，彷彿校園中多了許多生動的故事。

❧ 聯想力 ❧

相似聯想

一、題組

（一）請閱讀下列詩篇，並以優美的句子寫出其他美麗的弧線
　　　（至少兩個）。

顧城〈弧線〉

鳥兒在疾風中
迅速轉向

少年去撿拾
一枚分幣

葡萄藤因幻想
而延伸的觸鬚

海浪因退縮
而聳起的背脊

弧線	1	
	2	

（二）請以底下羅丹的雋語為開頭，並運用前面所找到的弧線為
　　　材料，寫一篇 300 字以上的作文。

　　　我們的生活不是缺乏美，而是缺乏發現。……

二、設計理念

　　「相似聯想」就是由一事物的特性出發，聯想到與其特性相
似的事物，例如「暴風雨」具有摧毀、顛覆的特性，因此我們會
聯想到「革命」、「惡魔」、「家暴」……等同樣具有摧毀、顛
覆特性的事物，又如「泥土」具有可塑性，因此我們會聯想到
「軟糖」、「學生」、「小樹」……等同樣具有可塑性的事物。

　　相似聯想的能力是很重要的，我們常常運用這種能力來蒐集
材料。本題組裡的第一小題出現了一首新詩──顧城〈弧線〉，
此詩共分四節，每節各描寫一個美麗、圓潤的弧線，作者以此來
讚頌大化之美；因此在這個小題中，就從「讀寫結合」出發，訓
練同學運用相似聯想來尋找其他美麗的弧線，這既是新詩的續
寫，同時也是為其後的作文尋找材料。第二小題就更進一步，請
同學把找到的材料用在自己的作文當中，並且利用續寫的題型，
請同學接著寫成一篇作文。所以從另一個角度講，這個題組是將
蒐集材料、運用材料分開來，讓同學按部就班、循序漸進地寫成
一篇作文。

三、同學寫作成果

第一、二小題：

弧線	1	車手在終點前 猛力衝刺
	2	染色體因刺激 而鍊起的雙股螺旋

　　我們的生活不是缺乏美，而是缺乏發現。在不經意的影像閃爍中，藏著能令人感到愉快的分子，只是過於忙碌的人們忘了去尋找，因此錯失了許許多多的美。

　　變化多端的線條，在大自然中展現它美麗的弧線，令人讚嘆的人類，神給他一個奇幻的構造——染色體，它雖然微小得肉眼看不見，但經由科學家的力量，讓染色體的美麗線條可以展現出來，雙股螺旋，多麼有力、不容破壞的弧線，真是不得不說太不可思議了。

　　速度使景色都模糊了，方程式賽車場上，每輛經過工程師精心設計的賽車，動不動就是以兩三百公里的速度在奔馳，視覺神經已經跟不上它的腳步，只在視網膜上留下令人激昂的弧線，真是太刺激了，方格子旗前面的那一刻，那個速度與旗子的弧線，使得旁邊的景色都不重要了。

　　留意身邊的弧線，美將可以展現在眼前。（洪榮崇）

弧線	1	鸚鵡螺 不怎麼起眼的古生物 暗地裡 隱藏著數學之美
	2	笛卡爾的世界中 完美的 $\dfrac{x^2}{a^2} - \dfrac{y^2}{b^2} = 1$

　　我們的生活不是缺乏美，而是缺乏發現。對於我們所專攻的科學領域，或許有人覺得枯燥乏味，認為只是生硬、一板一眼的理論，但只要多觀察，美的事物俯拾即是。

　　生物學上古生物用來界定年代、其貌不揚的鸚鵡螺，若是沿氣室各端點連起來，便是希臘人眼中的「黃金曲線」，希臘人認為擁有黃金曲線的事物，便是世界上最美麗的，若是讓希臘人看到鸚鵡螺，那真會讚嘆造物者的智慧。可別以為「心裡有數」的數學家只知道 $\dfrac{x^2}{a^2} - \dfrac{y^2}{b^2} = 1$，這種方程式應用在生活中，不就是女人引以為傲的小蠻腰嗎？生活周遭裡，只要仔細觀察，不難發現這種美。在天文上也是一樣，住在北極圈的人們，偶然因太陽所產生的磁爆，欣賞到有名的極光，那絢麗亮眼的顏色加上富有動感的弧線，不可不謂人間奇景。

　　在探索科學的旅途上，有著這麼多美的事物，我們不再是寂寞的。（孫致融）

弧線	1	雨過天晴 天空閃著霓虹
	2	夕陽西下 畫出海岸線

我們的生活不是缺乏美，而是缺乏發現。在騎過旗津的道路上，發現中洲的沙岸閃爍著波光，我便停下了車，當我一走上沙灘，整個人被這景象吸引住了，目不轉睛地看著這難以言喻的海岸夕陽的斜暉，畫出了這舉世無雙的弧線，任何弧尺也無法表現的曲線，一閃一閃的波光，使我迷惘了。

可是想要將這份感動和人分享時，卻發現沙灘上只有我一人，或許大家都因為都市的忙碌，而對美的追求失去了熱忱，或許他們認為美的地方，只限於美術館、觀光勝地，但是他們都錯了。

美在於生活的各個角落，午後雷雨的彩虹，常常出現於眼前，但停下腳步欣賞的，卻寥寥無幾，或許大家真的太忙了，但再忙也得有休息的時候，不是嗎？如果能放鬆心情，發現了美的存在，那再怎麼忙，也變輕鬆了。（陳彥呈）

四、檢討

雕塑大師羅丹的雋語：「我們的生活不是缺乏美，而是缺乏發現。」是人人所熟知的，但是怎麼樣才能發現生活之美呢？顧城〈弧線〉做了一個很好的示範，此詩從美麗的、圓潤的弧線切入，以此彰顯大化之美、生活之美；而且這樣的巧思也可以啟發同學，讓同學自己去發現生活中其他的弧線，在這過程中，「美」就被發現了。

在第一小題新詩續寫的部分，儘管同學所寫出詩句並不能算是多麼簡鍊優美，但是畢竟是跨出了寫詩的一小步，對同學來

說，應該也是挺新鮮的吧！從第二小題中，則可以看到同學藉由
弧線，發現了怎樣的生活之美，有的是發現了鑽研科學的美，也
有的人認為悠閒、平靜的心是美的來源……。而且相當有趣的
是，蠻多同學會將自己所學習到的科學知識運用在寫作中，使得
他們的作文展現出不同的風貌，顯得新鮮而可喜。

相似與相反聯想

一、題組

（一）運用相似、相反聯想來搜尋正、反面材料

　　請你以「聰明的人遇到了困難，總是會想辦法去克服」為主
題，搜尋一些可資證明的事例。

事例一	
事例二	

　　請你以「聰明的人遇到了困難，總是會想辦法去克服」為主
題，搜尋一些相反的事例。

事例一	
事例二	

（二）請你以「尋找人生的春天」為題寫一篇作文，必須用到上述的材料，而且必須合乎下列的架構（二選一）。

```
 ┌ 目 ┌ 反：第一段
 │    └ 正：第二、三段
 └ 凡：第四段
```

```
 ┌ 凡：第一段
 │    ┌ 反：第二段
 ├ 目 └ 正：第三段
 └ 凡：第四段
```

二、設計理念

　　這個題組的設計連結起一般能力中的「聯想力」，和特殊能力中的「運材與佈局」能力，以此由本而末、循序漸進的方式來訓練同學寫作，相信是能從根源處解決一些同學寫作時容易出現的問題，並且紮實地鍛鍊出同學的寫作能力。

　　所以第一個小題是以「聰明的人遇到了困難，總是會想辦法去克服」為主題，運用相似、相反聯想來搜尋正、反面材料。而相似聯想就是由一事物的特性出發，聯想到與其特性相似的事物，例如由暴風雨想到革命（其共同的特性為摧毀、顛覆），由花想到美人（其共同的特性為美麗）；相反聯想就是由一事物的特性出發，聯想到與其表現性相反的事物，例如由暴風雨想到白鴿（暴風雨之特性為摧毀、顛覆，白鴿之特性則為寧靜、和平），由監獄想到飛鳥（監獄之特性為禁錮，飛鳥的特性為自

由）。

第二個小題則是要求同學將正、反面材料運用在文章中，而且將正、反面材料運用在文章中，就自然會形成以正反法佈局的情形。但是不只如此，還要將正、反面材料統整起來、指出主旨，也因此會自然而然地運用到凡目法（「凡」是總括、「目」是條分），而統合起前面的正反法、凡目法，最便於寫作的就是前述的兩種結構方式；這兩種結構都頗常見，如果以中學國文範文來說，梁啟超〈最苦與最樂〉、錢大昕〈奕喻〉就是用了第一種結構方式，像甘績瑞〈從今天起〉、李斯〈諫逐客書〉、蘇洵〈六國論〉（詳見拙著《章法新視野》）等則是用了第二種，而且一般命題作文也最常形成此種四段式結構，所以可以說是最常見、最容易運用的結構方式。

三、同學寫作成果

第一、二小題：

正面事例：

事例一	司馬遷
事例二	司馬光

反面事例：

事例一	灰心的農夫

尋找人生的春天

從前有一個故事說：一個農夫非常努力在田裡耕耘種豆，到了快要收成的時候，沒想到來了一群斑鳩，把田裡的豆子全吃

光，農夫一氣之下，便心灰意冷的發誓從此不再種豆，而荒廢了田業，最後什麼都沒有，得不償失。

相反的，像司馬遷被處宮刑，面對如此殘酷的現實，但他卻不因此而自暴自棄，反而奮發寫作，完成了偉大的著作──《史記》，也為他自己留下千古不朽的名聲。

司馬光也是個很好的例子，要不是他急中生智，拿了大石頭打破水缸，他的朋友就可能因此淹死，他能在遇到困難時，第一時間想出辦法去解決，克服問題，是很值得學習的。

「人生不如意事十常八九」，可見人生旅途中不可能是一帆風順的，一個人如果一遇到逆境，就灰心沮喪，不去想辦法解決，不只無法突破自我限制，達到成功的彼岸，更無法體會人生真諦，甚至會一無所有、自暴自棄，人生的春天其實就掌握在自己手裡，遇到困難，便迎向前接受挑戰，那這個世界上便沒有不可能的事了。（鄭如涵）

正面事例：

事例一	朝三暮四的養猴人
事例二	發明橡皮擦鉛筆的人

反面事例：

事例一	資優生跳樓
事例二	失業的高知識份子

尋找人生的春天

人生是由重重的關卡累積而成的，困難會不斷地找上門，只

是每個人的應對方法都不相同，有人愉快地接招，也有人被困難迷惑而找不到出口。

新聞上偶爾傳來資優生跳樓的社會事件，難道他們的能力真的不如人嗎？不！不是的，他們只是遇到了足以迷惑他們的困境，使自己提早放棄。那些找不到工作的高知識份子又何嘗不是如此呢？縱然懷有滿腹的知識，卻還是被自己侷限住，不知道變通，讓自己動彈不得，忘記每個關卡的通關密語而慘遭淘汰。

一樣是聰明人，「朝三暮四」故事中的養猴人就不同了，他面對猴子的無理取鬧，卻聰明地換個方法來欺騙猴子，讓事情能圓滿落幕。每次寫字都很麻煩的發明家，想到把擦子加在鉛筆上，讓工作速度加快許多，後人也受惠不少，這都是因為他肯去找尋問題的另一個答案，才能有所轉機。

聰明的人不能只有知識，而是要活用每個想法，每個關卡必定有其過關的訣竅，每個問題也一定有答案，端看你能不能去找尋，相信只要找尋必定會發現另一個春天。（王郁燕）

正面事例：

事例一	烏鴉喝水
事例二	愛迪生

反面事例：

事例一	項羽烏江自刎

尋找人生的春天

一年四季，春夏秋冬交互流轉。春夏的生機盎然、熱鬧、宜人的氣氛，總是讓人樂而忘返。然而悄悄地，秋冬蕭瑟、落寞的

必然來到，卻是我們怎樣都阻止不了的。人生，不也是如此嗎？我們何嘗不想時時處於顛峰、有著最佳狀態，但很多很多「規律的意外」莫名的、不經意的加諸在我們身上。我們哭喊著、怨懟著，甚至沈淪、放棄。在這樣的關鍵時刻，能夠再重新活過的，能有幾人呢？我想，遭遇了困難能真正挺身、面對且克服的人，必定有著很高的智慧，因為他們守著、知道著唯一的信念——一旦這個嚴冬安然度過，下一個嶄新的春天定是在另一頭等著擁抱自己。

項羽，大家耳熟能詳的歷史人物。他最為大家熟知的事蹟是他的驍勇善戰，與劉邦的多次交手、鬥兵、鬥智。他是聰明的嗎？在當代人看起來似乎是的，這樣的一番作為，絕不是常人所能匹敵的。然而，最後烏江自刎將一切功過都付諸流水，徒留江東父老的遺憾。是笨的！他輸給了考驗自己的困境，不願去面對、去克服。即使這次的衝擊最是激烈、最是嚴屬，但也並非毫無勝算，然他放棄了，讓這一低潮永遠永遠的追念著他。

小時候，聽過一短短、可愛的故事——「烏鴉喝水」。口渴的烏鴉面對著尖口的低水位水瓶，該是束手無策的，但不放棄的烏鴉靈機一動，用小石子幫自己克服了困難，沒錯！是隻聰明的烏鴉。

在古典物理學界中，大家一致認同——愛迪生的聰明造福了人類。自小被人認為是低能兒的愛迪生，靠著自己的不放棄、不服輸，成為了舉世聞名的「發明大王」。然而，他的聰明卻是因為他的堅持、不服輸的個性而來，至於大家熟知的發明、創意皆只是「真正聰明」的附加價值罷了！

人生的春天是掌握在自己手裡的。面對嚴峻的考驗時，堅忍度過，必定能見到繁花再次盛開。而永遠的放棄，卻只能有皚皚白雪淒楚的陪伴吧！（蔡莉娜）

四、檢討

這三篇作文都符合題組的要求。首先如鄭如涵作文的結構分析表如下：

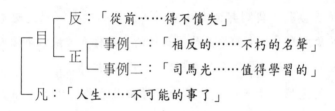

次如王郁燕作文的結構分析表如下：

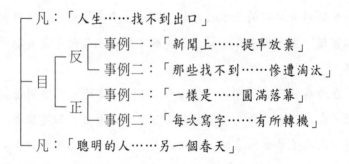

又如蔡莉娜作文的結構分析表如下：

```
┌─ 凡：「一年四季……擁抱自己」
│         ┌─ 反：「項羽……追念著他」
├─ 目 ─┤       ┌─ 事例一：「小時候……聰明的烏鴉」
│         └─ 正 ┤
│                 └─ 事例二：「在古典物理……附加價值罷了」
└─ 凡：「人生的春天……的陪伴吧」
```

　　從前面三篇作文中，可看到同學在搜尋材料時，取材的範圍有古、有今，有人事界、也有自然界，這也是可以提醒同學注意的地方，因為指引同學搜尋的方向，就是幫助同學擴大自己搜尋材料的範圍。此外，王郁燕在第一個「凡」的地方就開啟了正、反兩軌，所以很容易地就引起下兩段，也讓文章有呼應嚴密之感；另外鄭如涵、蔡莉娜的文章中，正面的材料都比較多，這是很自然的，因為主旨是由正面材料所導出的，所以當然希望正面材料多，至少不能被反面材料壓過；還有值得一提的是，這三篇文章的主旨都置於篇末，不約而同地反映出以漢語為母語者的寫作習慣──主旨於篇末點出，這也是很有意思的。

　　不過，批改這個題組的寫作成果時，可能會讓人有厭倦之感，因為佈局方式只有兩種，主旨也大體相同，唯一不同的是材料；看到這種情況，也許有老師會懷疑這種命題方式是否會限制了同學的發展可能？甚至讓同學產生慣性？關於這一點，需要說明的是：「限制引導式寫作」題組中的「限制」就是「引導」，這對於能力不足的同學來說，幫助是很大的；此外，根據某種能力來訓練只是過程而已，綜合能力的養成才是終極目標，可是如果沒有過程，又怎能到達終點呢？這就像學跑之前必先學走一

樣；而且老師在其他的作文當中，也可以訓練同學別種佈局能力，那麼同學就更不會產生慣性，反而可以自覺地靈活運用；更何況同學在學習過程中會接受多方面的刺激，他們也會自行發展自己先天就具有的能力，因此被侷限的可能性是很小的。

總而言之，「限制式寫作」題組可說是老師根據專業素養所做的寫作引導，運用得宜的話，效果非常宏大！

∽✴ 想像力 ✴∾

再造想像之一

一、題組

（一）李家同〈公元一萬年〉鋪陳公元兩千年至一萬年所發生的種種事件，主要運用了一般能力中的哪一種？

（二）此文最後寫道：「公元一萬年以後，在全世界的各個地方，又出現了智商高於四十的人類。」請你想想看世界上接著會發生什麼事？請續寫下去，字數多寡不拘。

二、設計理念

　　李家同〈公元一萬年〉（收錄於《幕永不落下》）描寫從公元兩千年開始，輕度智障的人口逐年增加，到了公元一萬年時，最後一位智商高於四十、認得字的人死去了，此時全世界的人口智商都低於四十，在這兩千年至一萬年間，人類生活發生了種種改變，但是這種種改變是倒退還是進步呢？作者企圖以這些虛設的事件，來引導讀者思考人類未來的隱憂，並且因為是虛想未來世界，所以主要運用的是想像力中的再造想像。

　　此篇文章還有一個有趣的地方，那就是最後留了一個尾巴：「公元一萬年以後，在全世界的各個地方，又出現了智商高於四十的人類。」令人不禁揣想之後又會發生什麼事情？人類是重蹈

覆轍呢？還是記取教訓？抑或是別有發展？因此從這個結尾出發，非常適合再發展成一篇續寫文章，從中可以看出同學的反思，以及想像力的發揮。

三、學生寫作成果

第一小題：參考答案：因為李文所描述的公元兩千年至一萬年所發生的種種事件，這些並未實際發生，都是想像出來的，所以運用的主要是想像力。

第二小題：

公元一萬年以後，在全世界的各個地方，又出現了智商高於四十的人類。這些人類靠著較高的智商獲得了大部分的食物和水，而那些智商不到四十的人類逐漸地被淘汰然後消失。人類的平均智商每一年都在提升，在這種情形下人類發現了埋藏在地底下的古老文明（也就是現在的科技），他們開始學會使用文字和語言，進而製造出比現代科技更加進步的產品，這世界又開始被人類主導，但又在公元一萬九千年時出現了第一個智商不到四十的人。人們害怕這將會歷史重演，於是各國領袖開會決定將智商不到四十的人送到某個星球上，並且會定時的觀察和回報那裡的情形，過了一萬年，從那裡的報告出來了，報告是這樣寫的：「在那星球上的人，叫自己的星球是地球，並且有了自己的文字和語言，他們的智商只停留在小學階段，貪心又自私，不斷地消耗星球的資源，他們甚至將我們的太空船叫幽浮並且叫我們外星人，我們可能計畫在一百年後將這地方收回，並且消滅所有的地

球人。」（林宏俊）

　　公元一萬年以後，在全世界的各個地方，又出現了智商高於四十的人類，並且在一百多年內人數不斷增加，隨著較高智能的人類人口上的增加，智商較低的人口分比也就逐年下降了。到了公元一萬零一百五十年，智商高的人類定出了一項重大的決定，那就是為了人類未來發展考量，除了禁止高低智商間的婚配外，還要盡快的屠殺那些低能的人類，而且不論男女老幼一律誅殺沒有例外。

　　在人數上取得相對優勢的高智商人類在短短五年內殺盡了所有的智能障礙者（這是高智商者對低智商者在那年代最禮貌的稱呼），在沒有智能障礙者干擾後，人類的智商隨著人口成等比級數的增加，到了公元一萬零五百年，人類的智商早已突破三百，智能障礙的名詞由那些 IQ 不滿一百八十的人所繼承，而人口數也高達四億，他們不但有自創的新文字、新語言，也讀懂了他們所謂的舊文字、舊語言，也就是公元兩千年時所使用的語言，因為人類那時無法計算確切的公元年數，所以他們以第一個高智商人類出現的那年稱為「新公元零年」，他們認為他的出現就像「舊公元零年」的耶穌一樣，隨著舊人類當年埋的文明產物不斷的被發現，科技也隨著進步。

　　到了新公元七百年，也就是舊公元一萬零七百年，人們已有舊公元兩千年的科技水準，又過了一百年，人類的進步已非現在的人能想像，人類已將自己視為上帝並想挑戰生命的極限，於是在新公元一千八百年後，人們已經可以長生不死了，因為複製及

移植技術的發展，「永生」從名詞變成了動詞，就在全人類為新科技而歡欣時，一場災難降臨，兩種新型的致命病毒，在五天內殺死了百分之九十幾的人類，在人類最後絕望的幾小時內，有科學家提議把未受感染的純淨 DNA 放入瓶中送上太空另求新的希望。

　　那些不到百分之十的人類，在送上那些瓶子後三天內也相繼死亡，整個地球成了一片荒蕪，因為那時的人類已經讓所有的生物絕種，只因為看不起牠們的低等，於是地球成了全人類的墓園，但是他們也許不知道，在他們滅亡的同一年，有幾個瓶子內的 DNA 在另一個不知名的星球著陸，那些掉進水中的 DNA，在水中斷裂、突變，一場新的演化，又在另一星球上上演……。（鄭惟倫）

　　公元一萬年之後，在全世界的各個地方，又出現了智商高於四十的人類。慢慢的，文明輪子又再度轉動，人們又慢慢開始看懂了先人的語言及文字，並且開始慢慢的組織了國家，只是這次有了先人的遺教，各個國家之間存在的不是戰爭，而是關懷，每當有天災人禍的時候，各國互相幫助已經變成了理所當然的事情，科技文明也因為沒有殺戮的關係而恢復進展的比以前還要快上好幾倍。

　　慢慢的，高樓大廈再度出現在地球上，而跟以前不同的是，隨著科技的進步，污染卻是慢慢的減少了，人類早已看懂了老祖先留下來的歷史遺訓，並且嚴屬的告誡他們的子孫：同類之間禁止互相殘害，並且要跟大自然之間取得平衡，人們隨著科技的發

展，所研究的不再只是飛彈及核武，而是減少污染的技術。

　　慢慢的，人們和大自然取得了共同生活的平衡，而人類的文明早已超出之前的祖先，並且也發現了早年智商大滅絕的原因，原來是由於環境污染太過嚴重，以至於導致植物突變產生有害氣體，使得人類吸入後生出智障的兒子。由於發現了這個原因，使得人們更加的愛護大自然。（單貫綸）

四、檢討

　　關於第一小題，因為上課時解釋過何謂想像力，所以同學大體上都可以答得出來，此篇文章主要是運用了想像力。

　　第二小題的寫作，是此題組中最精采的部分，不過因為題目中標明「字數多寡不拘」，所以有的同學寫得太短，只有故事骨幹而已，細節鋪陳不夠，降低了故事的感染力，因此可以考慮將題目改成「字數在 400 以上」；此外因為此題是續寫題型，所以必須呼應原文，有的同學會寫到人類開始學習用火烹煮食物，但是這與原文不符，也是敗筆。至於前面所選的三篇文章，各有特色，林宏俊一文的結尾出人意料，充滿諷刺意味，鄭惟倫一文盡現人類的愚昧與殘忍，結尾耐人尋味，不知是殘留著一絲希望？還是只是另一場悲劇的開始？單貫綸一文則從人類記取教訓的角度著眼，而且呼應前文，找出從前智商降低的原因，並因此更加強了主題。

再造想像之二

一、題組

（一）王維〈九月九日憶山東兄弟〉：「獨在異鄉為異客，每逢佳節倍思親。遙知兄弟登高處，遍插茱萸少一人。」最後兩句是利用「再造想像」而造出的虛空間，請問你覺得這虛空間有何作用？

（二）若是此「佳節」為其他節日（如除夕、中秋、端午、七夕、清明節……），那麼王維所設想的場景會是什麼呢？請用 400 左右的字數寫成一篇頭尾完足的文章，並須標明所設定的節日為何。

二、設計理念

　　再造想像是以人們腦部中已有的表象為基礎，就此產生一些符合客觀事實的設想，而因為此設想並未存在於現實世界，所以是新的表象。王維〈九月九日憶山東兄弟〉一詩中的最後二句就是運用再造想像而產生的新表象，其作用是返照現實世界，以凸顯思念之情。

　　本題組的設計理念是：在鑑賞這首詩的基礎之上，請同學運用再造想像來進行改寫，讓再造想像的能力得到更多的鍛鍊。因此本題組環繞著再造想像的能力，從「讀」到「寫」聯繫為一體，循序漸進地訓練同學。

三、學生寫作成果

第一小題參考答案：此詩的結構為「先實後虛」，作者運用再造想像的能力造出虛空間，是以兄弟憶己，更烘托出己憶兄弟的心情。其結構分析表如下：

┌ 實：「獨在異鄉為異客」二句
└ 虛：「遙知兄弟登高處」二句

第二小題：

設定的節日：端午節

今夜，又不能成眠。

不敢再去算計自己離開家的年月，拿起黃曆欲翻開，卻又惶恐地置回案上。但是我很快就在空氣中找到答案——唉！粽葉飄香，又是端午了啊……

相去萬餘里的故土，我的親人們是否帶著與我相同的愁緒？是啊，我獨自在異鄉漂泊、在夜裡喚成雲霧千疊的思念，思念那美好的過往，馳騁萬里，沿著記憶和粽葉與糯米融合的親切。

你們又在討論三閭大夫的故事，百談不厭的〈九歌〉和香草美人又在庭前舞動，忽然一切靜止了下來——「少司命的評論呢？就少這裡了……唉？他不在啊？好吧……」還是午時水、還是雄黃酒，菖蒲艾草仍舊插滿門戶。

我多麼希冀能夠彌補那缺塊的端午節、送上荷衣蕙帶或孔蓋翠旌。此刻的我，似乎比屈子更為愁苦。

「他一向喜歡艾草的味道。」

你們說。（黃榆惠）

設定的節日： 除夕

除夕之日，所有遊子旅人都要返家團聚，這是中國人最重要的節日。唯獨我，處在異鄉又返家不得。

想此時，王家的老老少少都已齊聚一堂了吧！抑或是有哪個兄弟跟我一樣無法返家？在團圓之日少了我，父母親和兄弟們會如何掛心於我？

圍爐的時候，大家是談笑風生，還是因為我的缺席而少了點團圓的喜悅？希望全家人都能開心的吃頓團圓飯吧！說不定母親幫我預留了一份食物，期待我會出其不意的出現在家門口呢！但是母親，我要讓您的期待落空了。

飯後，大家到廳堂續天倫之樂，年紀大一點的姪兒姪女們，都有個「準大人」的模樣了。年紀小的孩子們在這些時候嘴巴都像吃了蜜似的特別甜，長輩們雖快掏空了荷包，卻絲毫不在意，因為沉浸在兒孫輩的「甜言蜜語」和撒嬌裡，哪一個做長輩的會不開心？只嘆我無福消受了。姪子們都在巴望著我回家，因為少了個人陪他們遊戲，也少個人發紅包給他們。

除夕要守夜，愈晚睡愈好，這正好提供大人敘話、小孩玩耍的時間。雖然我不在家，但全家人一定都知道，我正在陪著他們一起守夜呢！我的心早已飛回家同他們團圓了！（羅介妏）

設定的節日： 中秋

漸漸的天氣轉涼，樹葉也感到微寒，紛紛冷的直打哆嗦，落

下的身軀染上一層淡黃，帶來憂愁的顏色——也觸動我心裡的愁思。

　　我獨自一個人在異鄉，陌生的人接觸陌生的臉孔和面對自己的寂寞，沒有親人陪伴的日子，不停倒帶那段天倫之樂的影片，我想快轉我現在孤寂的日子，在每天按下播放的那一刻我總期待有暫停的一天。

　　看到即將豐盈的月亮，聞著柚子香，別人家庭歡喜過節的樣子，我特別想念我的家人——特別是我的兄弟。

　　我知道你們一定歡欣的舉杯賞月，把酒言歡，一起共享這美好的時光，獨獨缺少了我的酒杯，那溫醇誘人的美酒只能封在酒瓶等待。

　　我思念著你們，在這入秋的時分，是不是在中秋節就註定有淡淡的憂愁，和失落的葉子一樣我抱著一顆失落的　，度過這個季節。（陳舒秦）

四、檢討

　　在寫作這個題組時，第一個小題可以用共同討論的方式來進行。至於第二個小題，首先要注意的是是否提供背景資料，因為此詩是王維少作，如果提供此一資料，那麼同學就不宜寫成年老懷鄉；其次因題目中有「憶山東兄弟」的字眼，所以改寫時是否可以改成憶家人、戀人、妻子……？倘若希望讓同學的揮灑空間大一點，那麼這點是可以放寬的，等於是同學可以寫成「除夕（或中秋、端午、七夕、清明節……）憶山東兄弟（或家人、戀

人、妻子……）」；還有，因為本題組強調的是再造想像，而再造想像須符合客觀現實，所以同學宜儘量揣想古人的生活來加以描寫，這點並不算太困難，因為只要不在文中出現現代生活的事物（如端午看電視轉播龍舟賽、七夕吃金莎巧克力……等），就大體上符合要求。

前面所錄的三篇作文中，黃榆惠寫的是「端午憶山東兄弟」，而且藉著想像兄弟討論文學的情景，嵌入了屈原寫作的〈九歌〉、〈離騷〉等，相當具有古典的風味，也可見出作者的素養。其結構分析表如下：

> 實：第一至三段
> 虛：第四至末段

羅介姈寫的是「除夕憶山東家人」，也是從自身延展出去，遙想家鄉中親人過除夕的情景，有淳厚的情味。其結構分析表如下：

> 實：第一段
> 虛：第二至末段

陳舒蓁寫的是「中秋憶山東家人」，不過在第二段中出現了「倒帶」、「快轉」等現代生活中才有的事物，算是敗筆，此外此篇所形成的是較具變化的「實虛實」結構，但「虛」的部分嫌少了些。其結構分析表如下：

```
┌ 實：第一至三段
├ 虛：第四段
└ 實：末段
```

　　整體說來，這三篇文章中所虛設出來的場景，確實起了重要的作用，將思念之情醞釀得更綢繆動人。

創造想像

一、題組

（一）請對「誇飾格」的定義與美感略作說明。

（二）其下兩段文句，分別針對「慢性子」和「肥沃的土地」來誇飾，相當出色，你能同樣運用誇飾格，但是以不同的方式表現出「慢性子」或「肥沃的土地」嗎（二選一）？

　　等在大門口的三個直嘆氣，說他是：「老虎追來了，還得回頭看看是公的還是母的？」真沉得住氣。（琦君〈我的另一半〉）

　　巴拿馬給我的第一個印象是土地肥沃，油光光的紅土，充滿了生育的能力，真個是插一根筷子下去都會發芽。（王鼎鈞〈黑白是非〉）

（三）請以「可怕的天災」或「寒流中的跨年晚會」為主題進行誇飾，寫成 500 字左右的文章。

二、設計理念

　　創造想像就是對人們腦部中已有的表象，進行變造或重組，從而產生新表象的心理過程。在誇飾修辭中，事物的各種表象被放大或縮小了，因此誇飾格運用的是創造想像中變造的能力。

　　本題組就是在創造想像能力的基礎上，來鍛鍊同學運用誇飾格的能力。第一小題是請同學先從理論層面來認識誇飾格，第二小題算是誇飾格寫作的熱身，第三小題才真正進行全篇的寫作。

三、同學寫作成果

　　第一小題參考答案：

　　誇飾格的定義，是語文中誇張鋪飾，遠超過客觀事實，使其所表達之形象情意鮮明凸出，藉以加強讀者或聽眾的印象；但亦須注意不能太過誇張，以至於造成可笑、騙人的反效果。

　　誇飾格的美感有二，其一是驚異之美：人在接觸到某一新奇事物時，那種「心頭一驚」、「眼睛一亮」的衝擊快感，讓人享受到擺脫了無新意的苦悶後油然而生的一種舒脫愉悅。其二是奇幻之美：誇飾修辭所形成的意象，是想像得來的，因此模糊而不確定，造成奇幻之美。

　　第二小題：

慢性子

　　等在大門口的三個直嘆氣，說他是：「飛彈射過來了，還得回頭看看是哪一國出產的？」真沉得住氣。（陳美群）

就是天塌下來，他也得看清楚是誰替他頂住了天，道過聲謝，才從容逃亡去。（蘇煖焙）

阿志斯文有禮的紳士風範令人印象深刻，不過海嘯來了，拚命逃跑時，還要顧及頭髮分線是否整齊，真是令人嘆服啊！（葉美吟）

土地肥沃

我家後院的土地可真是肥沃，昨日和爸爸比賽吐西瓜籽，今晨一看，西瓜纍纍佈滿我家後院，趕緊喚爸爸起床，再比個採西瓜大賽。（曹詠晴）

運匠先生搖下車窗，「咳……呸！」將口中的檳榔渣吐了個乾淨，那地上血紅的一灘，大約明天就會抽芽，長出細細的檳榔苗。（張家祥）

赤腳站在這塊黑黑的田地上，覺得自己吸收了養分，忽然間變胖了不少。（許玉玲）

第三小題：

2004 年 12 月 31 日，當氣象報告說合歡山下雪了，我的心也跟著結凍了。天哪！今天我要和班上的同學在小西門跨年啊！

君子無戲言，和大家約好了怎能不去？我全副武裝，穿上我最驕傲的戰袍，來和洶湧而下的北方強力冷氣團搏鬥——內著衛

生衣和羊毛衫，外披粉紅色毛茸茸貂皮大衣，手上戴著防風保暖兩相宜的手套。哼！和冷氣團搏鬥？我都能去北極和北極熊打擂台賽了呢！

可是，當時間越來越接近 2005 年的時候，我顫抖的頻率也越來越高，我虛弱到需要用許願儀式中點燃的一支微小蠟燭取暖，而那支蠟燭也有隨時被強風吹熄的可能。此時，我居然明白了什麼是「風中殘燭」……，天哪！我還妄想著和北極熊搏鬥嗎？我現在被風一吹就倒啦！

寒流中的跨年晚會，連仙女棒都很難點燃，更何況是還要已經變成急凍人的我瘋狂地和大家去夜唱呢？還是趕緊回家泡個熱水澡，解解凍吧……（陳又嘉）

一群大學生瞬時間在年齡和心智上都縮小了，玩著百年來沒再玩過的「紅綠燈」，四周的「鐵馬」加上古老的小西門，原來時光真的倒轉了，我們的心證實了時光機的存在，也啟動了它。

在「九宮格人體極限遊戲」中，為了能將四肢擺放在指定位置贏得勝利，所有參加者不惜拔出骨頭變成章魚，讓全身比水還柔軟，比橡皮筋還有彈力和伸展力。這樣的遊戲方式足以登上世界金氏紀錄了，不過呢，為了秉持謙虛為懷的精神，這份「殊榮」我們拒絕了。

倒數前，所有小孩因時光機的快轉，又「轉大人」成了大學生。大家手牽手圍著圓圈，倒數至「零」時，所有人一躍而起，比小西門還高好幾倍，接下來喊出的「新年快樂」大聲到火星上的人都覺得震耳欲聾，應該說，整個太陽系的生物都聽見了，也

感受到了我們的快樂和喜悅。

　　接下來所有人點起蠟燭圍著圈坐下許願，雖然許多蠟燭很不識相地在它們的主人許完願的瞬間熄滅了，但我們都知道，也都看到了各自的願望已經直達天聽。在未來的某一天我們將領受達成願望的滿足。

　　儘管在這個跨年寒流來襲，讓所有人的血液凝固，我也變成了冰雕，但朋友們的熱情與關懷，融化了一切寒意。這樣令人興奮又溫馨的跨年，就算是投胎了無數次，重新了無數次的生命，我依然忘不了。（羅介妏）

四、檢討

　　因為在寫作前，曾針對誇飾格特別講解過，所以第一小題的寫作大致不成問題。第二小題的寫作狀況也還好，只不過同學大體上會遵循原作的寫作方向來誇飾，譬如多以植物生長快速來誇飾土地之肥沃，所以別出心裁並不容易，許玉玲的句子算是比較跳脫窠臼的。第三小題中，寫「可怕的天災」者很少，而且這少數的幾篇也多是寫南亞震災，可是因為南亞震災太嚴重了，因此平時公認的誇飾修辭，譬如「海底下正醞釀著一股足以和十六萬顆原子彈同時爆炸的威力相比之強震」、「伴隨而來的是近十層樓高的滔天巨浪」……，此刻都變成如實的描述，表現不出誇飾的特色，不過這應是命題時的失誤；至於「寒流中的跨年晚會」表現較佳，可能是因為親身體驗畢竟不同，而且可以誇飾的方向較多，譬如陳又嘉一文主要就「冷」來誇飾，羅介妏一文主要就「溫馨有趣」來誇飾，各有特色。

特殊能力編

⟋⟍ 立　意 ⟋⟍

主旨置於篇末

一、題組

（一）請你以「喜悅」或「悲傷」為主題，搜尋一些足以代表這
　　　種情感的意象。

情感	意象一	
	意象二	
	意象三	
	意象四	
	意象五	

（二）請你以「喜悅」或「悲傷」為題目，將前面所蒐集到的意
　　　象應用在文章的寫作中（不需全部用上，也不須按照前面
　　　的次序），並且讓主旨在最後才出現。

二、設計理念

　　主旨是一篇文章的靈魂，因此主旨的表出與安置，是寫作時
一定要考慮到的，主旨出現的位置可能在篇首、篇腹、篇末、篇
外，各有各的美感。如果主旨置於篇首，那就是「開門見山」，
有顯豁明朗之美；置於篇腹，那麼前、後都會向中間呼應，就如
同常山之蛇般，「擊其中則首尾皆應」，所以全篇會呼應得非常

綿密；置於篇末，則如「畫龍點睛」般，最後一筆喝醒，相當有力；置於篇外，則是「不著一字，盡得風流」，讓人領略那言外之意、絃外之音，特別具有含蓄的美感。

以漢語寫作的文章中，主旨出現在篇末是最常見的。因此本題組就從取材能力開始訓練，接著才請同學寫成短文，在第二個子題中還要求主旨——「喜悅」或「悲傷」要在最後出現，這麼要求的目的是希望同學能自覺地掌握主旨、安置主旨，畢竟主旨是材料的靈魂，所以自應對主旨應有清楚的認識。

三、學生寫作成果

第一、二小題：

喜悅

意象一	自由穿梭於街道上的燕子
意象二	豐收季節
意象三	爸爸的回航
意象四	年除夕遊街賞煙花
意象五	遊子回鄉

大清早，晨曦匆匆地催我下床，當我準備迎接新的一天時，太陽公公依然懶洋洋的不太想爬起來，是我太緊張了嗎？不是，現在是年尾天了，也不該總讓太陽公公那麼勞累。習慣性的走上街上買早餐，也習慣了流星雨似的燕子自由地穿梭在街道上，並不畏生。聽老師說過牠們是在覓食，我倒認為，牠們是在戲耍才對。

年尾豐收季時，稻田裡最為熱鬧，農夫們常說種稻米最辛苦

是收成時，因為怕雨季的來臨而不得不從清晨一直收割到下午，再包裝整理已是日落西海了。但更多農夫也認為，種了那麼久的稻終於有得收成，這豐收時節該是最興奮的日子才對。

小時候常在碼頭等待爸爸捕魚歸航，爸爸是隨著退潮出海，大約 7~9 小時後漲潮了才回來。看見了從船上搬上來一籮籮的魚蝦等，就好興奮好快樂，因為又有魚吃，有小螃蟹玩了。那時還說爸爸是很英勇的戰士，以後長大了也要像他那樣勇敢。

原來我是那麼接近自然啊！魚米之鄉，祥和的太陽，這就是我的故鄉，我熱愛的故鄉。（方文展）

喜悅

意象一	遠方有人跳著恰恰
意象二	大鐘播出 12 點報時的可愛音樂
意象三	吉他手譜一曲自由之歌
意象四	平靜的湖中有了漣漪更顯得美麗
意象五	孟冬中捧著一杯熱檸檬汁

我感覺到陽光慢慢地走進周圍，移動著一步一步成束的光線。孟冬遲來的濕冷空氣，被烘成水汽蒸發後淡淡的乾燥。狗兒們睜開睡眼走到廣場中間打滾，讓陽光均勻的烤去身上的霉味。是誰在遠方跳著恰恰？一聲一聲的撞擊敲打著冬日的沉默氣息，鞋跟踏出最後一下的同時，大鐘播出 12 點報時的可愛音樂。

但這還不是最好的。

一把木吉他就足以說一段故事，一段歷史，挑起人的注意。因為這意味著吉他和吉他手將共同譜一曲喚起流浪意識的自由之

歌，意味著將有一場平和的吟唱，簡單卻動人的感情將要激發。民謠吉他的聲音輕輕刺激著聽覺，和心跳連結，像極了學生們豐富熱情卻也任性，跳躍著不同的彈奏法，開展了青春旅途上註定的跌跌撞撞。

你的聲音好嘹亮，我被路人投射過來的目光搔了好幾次癢。

我想起從前你第一次彈第一小節的模樣，僅僅會一段只好反覆彈唱。現在的你雖然彈得更加出神入化，我依然想念那一小段的時光。是的，吉他述說了歷史，述說了這三年分別我們不同的成長改變，一切還是回到原點才能再出發。這首歌斷斷連連，直到三年後才聽見完整版。真好聽，帶出了我的淚水。原來喜悅是要放在平淡中來看的，就像平靜的湖中有了漣漪更顯得美麗，正如漫長生活中我們總想引逗起不同的樂趣。

等待所帶來的究竟是悲傷，還是喜悅？我寧願相信這樣的一切其實是種美。（李姿儀）

悲傷

意象一	枯藤、老樹、昏鴉
意象二	古道、西風、瘦馬
意象三	蒼茫的暮色中，滿地都是枯萎的落葉
意象四	綿綿細雨中，荒蕪的孤墳
意象五	茫茫的天際，斷線的風箏

異鄉的重陽節，我本來約了好友一同到山上欣賞落日，卻因為受了點風寒而被冷落在家。

反正閒著也是閒著，我便倚在窗邊，模仿古人「千里共賞夕

陽」。但見蒼茫的暮色中，滿地都是枯萎的落葉。西風一吹，落葉便紛紛起舞，慢慢拼湊成一張張熟悉的臉孔。抬頭望見茫茫的天際，故鄉是那麼遙遠，自己卻成了斷線的風箏……

風越吹越冷，我不敢再看，便退回房中。

時針拖著沉重的腳步，全世界只剩下自己。凍結在鏡子裡的臉，像一敲即碎的冰塊，是我瀕臨決堤的悲傷……（張桂敏）

悲傷

意象一	淚水充盈成大海，浮著屍體
意象二	被裹得緊緊的公蜘蛛，只剩下一副空殼在風中飄盪。
意象三	空中突然間灑了一灘熱血
意象四	一隻老皺枯乾的手，捏著泛黃的照片反覆搓揉
意象五	想把一枚硬幣擲進許願池裡，但卻臨時縮了手

那天，我無意中發現了一個古老的許願池，我想把一枚硬幣擲進許願池裡，但卻臨時縮了手，因為池中堆疊的枯枝與落葉，已經太高太高了。海邊的風是如此的溫馴可人，當我閉上眼，我卻想像著那是由淚水充盈而成的大海，有著一具浮屍，在廣袤無盡中旋轉、徘徊，孤零零的隨著潮漲潮落，它的面貌早已因風霜、浸漬、岩石撞擊而殘破不堪。心像是被鑿出一個大窟窿的木魚，在偌大的殿堂裡，反覆著被敲擊出「空！空！空！」的迴響，顫抖也不能阻止這節奏。所有歡喜化身為一顆紅豆，浸過鹽水後，成了一顆又乾又癟的豆子，僵硬的存在。我曾看過成為食物的公蜘蛛，會被纏裹得緊緊的，在毒絲中麻痺，無法再行掙扎，等到毒液滲入，黑寡婦便在滋滋聲中，啜飲著被溶解的內

在，最後，只剩著一副空殼在風中飄盪。和你分手後，我就與那公蜘蛛一般有著共同的命運，徒具軀殼罷了，因為愛與靈魂早在你離去時溶解，並且被你一飲而盡。我無法忘掉你，想想念你，卻又無能為力。（紀昭君）

四、檢討

在前面的幾篇作品中，主旨都在最後道出，譬如方文展一文中「我熱愛的故鄉」一語所點出的故鄉之愛，李姿儀一文中所訴說的等待之美，張桂敏一文中流露的思鄉之情，紀昭君一文中無望的思念。而且學生所搜尋到的意象中，有頗為尖新的，文筆也頗為優美，常令人有賞心悅目之感。

不過，同學在寫作此次作文時，最常犯的錯誤是將主旨與極短篇式的最後高潮搞混了。譬如下列這篇短文：

他的心頓時像煙火，咻！碰！散開千萬點亮麗火花，在純黑的襯底之下，更加恣意地飛舞變化，硬要染點起慶祝的雀躍，豈只是要普天同慶，舉國歡騰也是必要的。那心情連平時鳥兒的無禮喧鬧，都覺得佈滿整個清晨的清爽精神，喚醒了整座城市陪他跳舞，且要舞得人人歡唱，結伴感受他的喜悅。也像是雨後的天空，乾淨得讓七彩半圓跑來撐起他的心，鼓鼓的漲漲的氾濫起來，要淹得身邊的人都為他歡喜，不允許那一個傢伙皺著眉。又像是他正踩著山水，見蝴蝶翻飛在身邊，有點輕飄飄要飛上天去隨雲遨遊，懷疑起自己是否只是做了場夢？

於是，他拍拍自己的臉，確定一下知覺痛感，看著眼前自己魂牽夢縈的女子，搔搔頭髮，再問一次，「你願意嫁給我嗎？」「我願意。」

這篇文章在前面用了許多意象敘寫男主角雀躍的心情，最後出現情節的最高潮，亦即整個事件的解答——求婚成功，這樣的寫法是極短篇中常見的，但是最後高潮並不等同於主旨；主旨必然是以情語或理語表出，如果不是情語、也不是理語，那麼其實都還是材料的一部分。所以這篇文章的主旨——喜悅，其實是安排在篇外的。

主旨置於篇首

一、題組

（一）寫作題目：

1. 請問閱讀下列詩篇，然後指出此詩主旨是置於篇首、篇腹、篇末，還是篇外？

> 昏旦變氣候，山水含清暉（註1）。清暉能娛人，遊子憺（註2）忘歸。出谷日尚早，入舟陽已微。林壑斂暝色，雲霞收夕霏（註3）。芰荷迭映蔚（註4），蒲稗相因依（註5），披拂趨南徑，愉悅偃東扉。慮澹（註6）物自輕，意愜（註7）理無違，寄言攝生客（註8），試用此道推。（謝靈運〈石壁精舍還湖中作〉）

註1：清暉指傍晚時清淡柔和之陽光。

註2： 儋是「安」的意思。

註3： 霏是雲氣。雲霞收夕霏意謂燦爛晚霞漸漸消失。

註4： 芰為菱。迭表交互意。蔚表繁盛意。芰荷迭映蔚意謂菱與荷長得繁茂，互相映襯。

註5： 蒲乃菖蒲，一種水草。稗亦屬水草。相因依乃互相依倚的樣子。蒲稗相因依形容蒲稗水草間雜生長。

註6： 慮澹表思慮淡泊。

註7： 意愜表心理舒坦、無牽無掛。

註8： 攝生客指講求養生之道的人。

2. 請以「活在當下」或「我喜歡」為題寫一篇 500 字左右的作文，並請在篇首點明主旨。

二、設計理念

主旨是一篇文章的靈魂，出現的位置可能在篇首、篇腹、篇末、篇外。本題組的第一題是以一篇範文作為引導，使同學思考主旨的表出與安置的問題，然後再提筆寫作；而且一般而言，同學習慣將主旨置於篇末才表出，所以第二小題特別規定要將主旨置於篇首，以鍛鍊同學安排主旨的能力。

三、同學寫作成果

第一小題參考答案：謝詩的主旨置於篇末，即「慮澹物自輕，意愜理無違，寄言攝生客，試用此道推」四句，而且此四句中最為核心的部分，應為「慮澹」一語。

第二小題：

我喜歡

我喜歡在我的小世界中，因為裡面有許多我喜歡。

我喜歡拿著相機，對我覺得美的事物，留下剪影，因為那一瞬間的感覺是溫暖的，是愉悅的，當然也可能是悲傷的、痛苦的，但能回味過去往往是幸福的。

我喜歡看見朋友、同學或老師，便大聲問好，因為會很快的讓同學、朋友認識我、喜歡我，也可以讓老師感受我的尊敬，在人與人接觸中，為了避免冷淡、疏離，我總是喜歡自己的作法，儘管狗腿，卻也真實。

我喜歡在陽光的洗禮下，被溫柔的風吹過，不流汗、不煩躁，而且帶給我一種獨特的浪漫，張大手臂擁抱無形的風與陽光，這樣的輕鬆，能讓我拋掉壞心情。

我喜歡啃土司，早上起床，整理儀容，慢條斯理的拿出各種果醬，輕輕鬆鬆為土司穿上糖衣，搭配一杯咖啡，慢慢的啃食，慢慢的享受，直到胃產生飽足感，我才結束掉一早的大餐。但令我感到奇怪的是，每當我看見室友在啃土司的時候，我卻直心酸他可能營養不良，也可能痛苦省錢。

我喜歡自己的喜歡，所以我營造了一個屬於我的小世界，而我的小世界就如謝靈運一般，融溶在周遭的大世界中。（洪彰強）

我喜歡

我喜歡追求自我理想，我喜歡挑戰各種新事物，我喜歡從事

別人畏懼的事；並且基於根深柢固的憐憫心，我喜歡幫助他人，又基於公德心，我喜歡發揮舉手之勞的精神。我的一切行事做法，並不是因為被強迫，都只因為「我喜歡」這顆赤忱的心。

別人或許會存疑：「一個小女孩的好勝心怎會如此強烈？」只因為這是個人價值觀的問題，我選擇讓自己充實地運用每一天，我告訴自己不能渾渾噩噩、囫圇吞棗地過生活。我對自己有高遠的期許，並且我認為人的潛力無限，只要自己決心決意要完成某項事情，沒有任何事情是絕對艱深的，而是端賴自己的心態，端賴自己當下的想法。我寧願忙碌如陀螺般地生活，也不願白白讓寶貴的光陰流逝掉。

台灣並非屬於貧富均勻的社會，尚有許多無家可歸的流浪漢，或衣食短缺、等待救援的人，我覺得在我有餘力之下，伸出援手是應當的，我真心期待大家的生活能獲得改善。此外節約能源是一句人人大聲呼喊的口號，但我並不是只有呼喊而已，而是身體力行，養成好習慣，避免浪費能源。

很慶幸地，我有這種個性，具有不怕輸、不怕苦、不怕難的精神，我期待往後的日子多采多姿，我盼望生活具有挑戰性，而讓我身心成長，我要讓自己擁有不一樣的人生、不一樣的道路，讓自己絕對不白白走這一遭，只因為我對自己有期許，只因為「我喜歡」。（郭巧玲）

活在當下

想未來是妄想，想過去是雜念。從過去到未來，我們所能把握的，就只有當下的這一時刻，我們所能珍惜的，是當下的每一

秒鐘。

　　時光來了又走，走了又來，但這來來往往的每一分、每一秒，卻都是獨一無二的，我們期待著兩星期後的假期，它確實在兩星期後到來，但一旦假期結束，我們卻永遠只能回憶，又再次期待下一個時光。這意味著，我們一生中，不知為了這「期待」與「回憶」浪費了多少寶貴的時間。

　　有句話說：「現在是未來的歷史」，我們現在的一言一行，都影響著未來的歷史，我們活著，是為了寫歷史，寫一部關於自己本身的歷史。相反地，過去是現在的歷史，然而，不管這歷史是輝煌的，抑或是慘淡的，我們都有權利使未來的歷史變得輝煌，遠離慘淡。換句話說，不論過去怎樣，未來如何，都不是「當下」的我們所能控制的，我們所能掌握的，唯有「現在」。

　　雖然我們無法控制未來，因為未來被太多的外在事物影響，但當下的努力付出，確實是決定未來如何的重要因素，那麼我們的「當下」，應該作些什麼呢？看一下過去的歷史，以古鑑今，想一下未來的目標，訂定夢想。不必沉浸過去，不要妄想將來，只須珍惜當下時刻，勇往直前，活在當下，開創未來。（賴麗如）

活在當下

　　「活在當下」顧名思義就是腳踏實地，清楚的活在每分每秒，並不是只是空洞的呼吸，而是每吸一口氣，每吐一口氣，都知道自己很清醒，並不在逐遙遠的夢，而是在踏實逐夢。

　　每個人都有自己的本份，隨著年歲的增長而有不同的責任。在什麼人生階段就應該盡那個階段的責任。我只是一個學生，若

是整天作白日夢想賺大錢趕快出社會，而不好好在身為學生的當下充實自己，白日夢終究還是白日夢。活在當下就像腳踏實地般，不要好高騖遠，認清現實，勇敢接受挑戰，與現實搏鬥。

　　舉例來說，我曾看過一位口足畫家謝坤山的自傳，他高中時因為誤觸高壓電，而雙手截肢，也少了一隻腳，這樣的他，並沒有因此而喪志，反而接受事實，勇敢的活下去，還苦練了以口足代替雙手來作畫，畫作更是寫實生動，遠勝雙手雙腳健全的我們。謝坤山就是活在當下，燃燒自己的潛能，而不是自憐自艾，放棄生命。

　　慈濟精神，也有一項是強調活在當下，認真的把生命活出色彩及價值。而藉由幫助他人，可以增加人與人之間的互動，體會到別人所遇到的不幸，而讓自己更把握活在當下，而生命的精彩剎那，即化為永恆。（簡意航）

四、檢討

　　因為一般以漢語寫成的文章，其主旨最常在篇末出現（與美式議論文每將主旨置於篇首相反），而作為範文的謝詩也是如此；所以學生寫作時既須符合題目要求，但又在不覺間受到習慣牽制，在這種情況下，最常見的作法是在篇首即點出主旨（或綱領），可是在篇末又重述一次，等於是主旨在篇首、篇末皆出現。而且因為主旨具有統括全篇的力量，所以主旨在篇首、篇末皆出現時，最常形成的結構是「凡、目、凡」結構（「凡」是總括，「目」是條分），這種佈局方法會使得首尾圓合，其實是最

為嚴謹的。譬如洪彰強作文的結構分析表如下：

```
┌ 凡：「我喜歡」二句
│   ┌ 照相：「我喜歡……是幸福的」
│   │ 問好：「我喜歡……卻也真實」
├ 目│ 吹風：「我喜歡……拋掉壞心情」
│   └ 土司：「我喜歡……痛苦省錢」
└ 凡：「我喜歡……大世界中」
```

次如郭巧玲作文的結構分析表如下：

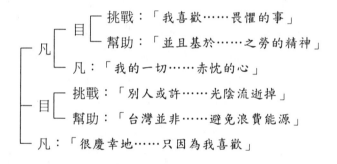

```
        ┌ 目┌ 挑戰：「我喜歡……畏懼的事」
   ┌ 凡│   └ 幫助：「並且基於……之勞的精神」
   │    └ 凡：「我的一切……赤忱的心」
   │    ┌ 挑戰：「別人或許……光陰流逝掉」
   ├ 目│ 幫助：「台灣並非……避免浪費能源」
   └ 凡：「很慶幸地……只因為我喜歡」
```

又如賴麗如作文的結構分析表如下：

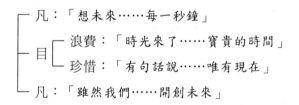

```
┌ 凡：「想未來……每一秒鐘」
│   ┌ 浪費：「時光來了……寶貴的時間」
├ 目│ 珍惜：「有句話說……唯有現在」
└ 凡：「雖然我們……開創未來」
```

不過需要說明的是：前述的寫法雖然最為常見，但是並非唯一的，學生仍有可能寫出主旨只出現在篇首，篇末不再重述的文

章,此時最容易出現的結構方式為「先凡後目」或「先論後敘」,簡意航的文章即是如此,其結構分析表如下:

```
┌─ 凡:「活在當下……踏實逐夢」
│       ┌─ 自己:「每個人……與現實搏鬥」
│       │
└─ 目 ──┼─ 謝坤山:「舉例來說……放棄生命」
        │
        └─ 慈濟:「慈濟精神……即化為永恆」
```

　　從這次寫作中得出一個心得:如果希望同學寫出很典型的主旨置於篇首的文章,應該在第一小題的範文中就安排此類文章,例如李文炤〈勤訓〉:「治生之道,莫則尚乎勤」、沈復〈兒時記趣〉:「物外之趣」、李斯〈諫逐客書〉:「臣聞吏議逐客,竊以為過矣」、韋莊〈菩薩蠻〉(紅樓別夜):「別夜惆悵」、馮延巳〈蝶戀花〉(誰道閑情):「惆悵」等(國中國文部分可參見陳佳君《國中國文義旨教學》,高中國文部分可參見江錦玨《詩詞義旨透視鏡》、蒲基維等《散文新詩義旨古今談》),都是主旨置於篇首的篇章。這是因為範文的引導作用非常強,特別是對於學生不熟悉的作法而言。

雙軌式綱領

一、組題

(一)下列詩篇是以雙軌式綱領——「懦弱」與「勇敢」貫串而成的,請試加分析。

　　牛漢〈生與死〉:

年輕時信奉莎士比亞的一句箴言：
懦弱的人一生死一千次，
勇敢的人一生只死一回。

可有人一生豈止死過一千次，
一次次地死去，又一次次復活，
生命像一首詩越寫越純粹。

勇敢的人死一千次仍勇敢地活著，
懦弱的人僅僅死一回就懦弱地死去了。

哦，莎翁的這句箴言是不是應當修改？
死過一千次仍莊嚴神奇地活著的人，我見過，
懦弱的人經不住一次死亡的威脅，我見得更多

（二）試以「快與慢」為題，運用凡目法寫成一篇文章，並以雙
　　　軌式綱領來貫串全文，文長不限。

二、設計理念

　　針對立意而言，最應該掌握的就是「綱領」與「主旨」，簡
單地說，綱領是貫串起材料的那線意脈，而主旨則是作者所欲表
達的中心思想或情意；因此若以珠鍊為譬，則大大小小的珍珠是
材料，將之串聯起來的絲線如同綱領，但是珠鍊的最終目的是作
為裝飾，這最終目的就有如文章中的主旨。

　　綱領可能不只一軌，依據意脈數目的多寡，綱領可以分為單軌、雙軌乃至於多軌，其中單軌式綱領的文章固然最常見、最好掌握，但是雙軌式綱領的文章也屢見不鮮，而且雙軌式綱領可以讓文章中取材的方向不只一端，因而使得所選取的材料更形豐富。

　　所以本題組的第一小題，主要是讓同學熟習雙軌式綱領，因為這題難度稍高，所以可以用全班討論的方式進行。第二小題則是取材自九十學年度學科能力測驗，只不過將前面的引言刪掉，並且加上「雙軌式綱領」、「凡目法」兩個限制條件；不過，表面上說是限制，其實是配合著此題，指引了學生寫作的方法。

三、同學寫作成果

　　第一小題參考答案：可參見導論「寫作能力簡介：立意」。

　　第二小題：

　　著名的韓劇「大長今」中，有一段劇情描繪長今在御膳比賽中，因求快求好而使用偏方偏法，因而被生氣的師傅派到宮外服侍一名尚宮娘娘，病危的尚宮娘娘想要「今夏米」，縱然廟中管士告訴長今這米必須在陽光下曝曬多日才成，長今卻認為尚宮娘娘來日不多，而以火爐烘烤求速成，最後這米當然不合娘娘之意，長今這才真正了解對待食物的態度，以及自己的錯誤所在。這故事告訴了我們，有些事快不得，不只對待食物如此，其他事情也一樣：看展覽若一心求快，到頭來只是流於走馬看花；談戀愛若一心求快，恐怕賠上自己一輩子的幸福；做學問若一心求

快，則想必成果定然疏疏鬆鬆、根基不固。所以，「慢」有很多好處，是成事的基礎。

但有些事卻也慢不得，慢了只怕耽誤時機，例如：救人必然得求快，在生命的緊要關頭必然得分秒必爭；行善必然得求快，幫助人也得時機恰當；盡孝必得求快，必要把握父母在的每一日，以免有「樹欲靜而風不止」的遺憾；改過必然得求快，唯有積極地面對自己，才能日新又新。

「快」與「慢」，何者好？何者壞？並沒有絕對的答案。而人生的藝術就在於「該快的時候快」、「該慢的時候慢」，速率與時機取決於個人囉！（邱婉琪）

「慢」與「快」在這個時代仍有存在的必要。

有些事得慢慢來，孩子的學步需要慢慢來，一步一腳印，才能踏得平、走得穩，才不會歪歪倒倒的；牛肉還是得靠慢火慢慢的熬燉，才能將精華燉出；吃飯需細嚼慢嚥，胃才能好好吸收，身體也能很「享瘦」；塞車時，需慢慢的開，才能保有安全。「慢」才有多一些時間，好好觀照身體、觀照心靈，心臟猝死機率亦可減低！

有些事須快快完成，救人需要「快」，一秒之差可就在生死一線間；學習的吸收需要「快」，才能趕得上時代的變化；腦筋要動得「快」，才能應付喜新厭舊的人們。「快」，才能跟得上時代、跟得上進步，被人們排斥的機率也減少了！

不同的時代有不同的想法，但「慢」與「快」的兩兩調和，仍是必要的，也是必然的。（王雯怡）

四、檢討

　　這篇文章在題目的部分，就已經注定了必然是以雙軌式綱領來行文，否則，只偏重「快」或「慢」，都會造成未能照應題面的缺憾；而且運用凡目法來佈局，則因為「凡」為總括，「目」為條分，所以很容易將此「快」、「慢」雙軌安排在「目」的部分，而以「凡」的部分來統括。前面的兩篇文章，不僅都是以雙軌式來貫串，而且分別形成了「先目後凡」、「凡目凡」的結構，邱婉琪一文的結構分析表如下：

```
┌ 目 ┌ 一（慢）：第一段
│    └ 二（快）：第二段
└ 凡（快、慢）：第三段
```

　　王雯怡一文的結構分析表如下：

```
┌ 凡（快、慢）：第一段
│    ┌ 一（慢）：第二段
├ 目 └ 二（快）：第三段
└ 凡（快、慢）：第四段
```

　　從結構分析表中可以很清楚地看出雙軌式綱領與凡目法的運用，而且這樣的寫作方式，可以說掌握了這個題目的寫作訣竅。

◎ 運用詞彙 ◎

同義詞與反義詞

一、題組

（一）請利用下列兩組同義詞寫成一段文字，每段文字不超過
　　　100 字。規定字眼出現時，要用引號括起來。

　　1. 銳利、鋒利

　　2. 屹立、矗立

（二）請利用下列兩組反義詞寫成一段文字，每段文字不超過
　　　100 字。規定字眼出現時，要用引號括起來。

　　1. 粗獷、細膩

　　2. 甜蜜、苦澀

二、設計理念

　　這個題組是鎖定詞彙中的「同義詞」和「反義詞」來設計
的。同義詞與反義詞是一組相對待的觀念，同義詞就是意思相同
的詞語，而反義詞就是詞語之間的意思是相反、相對的。

　　在「同義詞」題中，同學必須靈活地替用同義詞，在短短的
幾個句子中，儘量不要出現一樣的詞面；而且，嚴格說來，沒有
兩個詞彙是完全相同的，因此掌握那一點點不同，讓詞彙適得其
所，以增強句子的表現力，是值得努力的。至於「反義詞」題，

則是考驗同學掌握反義詞的能力，寫好這個題目的先決條件，當然是了解反義詞的意義，這樣才能適切地運用；而且因為反義詞標誌著相反的意義，因此運用在一段文字中，常會形成映襯修辭格中的反襯，或是章法中的正反結構，因而營造出鮮明強烈的效果，這都是基於相反而相成的原理來造句、佈局。經過這樣的寫作練習後，希望同學能更自覺地選擇詞彙來構句。

三、同學寫作成果

第一小題：

銳利、鋒利

走訪在群山之中，在蜿蜒的山路裡，我「銳利」的眼力，立即察覺到遠端那個「鋒利」的山峰在群嶺裡脫穎而出，特別高聳地衝破雲端，直叫人嘆為觀止。（王凱璘）

那名英勇的戰士，騎著一匹棕色的戰馬，手持一把「鋒利」的寶劍，來到一片荒涼寂靜的草原。寶劍在月光的照射下，閃耀著帶有寒氣的藍色光芒，輝映著戰士「銳利」的眼神，迸出的那股懾人的殺氣。（林易勤）

我喜歡那山的原因很多，或許是因著那「銳利」的山稜角，抑或是那動人的景致，然而我絕對不肯承認，是故事中握有那把「鋒利」聖刀的男子，攝走了我的魂。（黃之貝）

「銳利」的話語，單刀直入地刺探人心。不為別的，只是單純的想以自身的「鋒利」，測試該處的險惡。（吳欣恬）

屹立、矗立

山，一直「屹立」在遠方，永遠不倒下。

正如你的影子「矗立」在我的心裡，從不消失。（高珮芸）

一顆核子彈如熟透的蘋果掉落，「矗立」的大廈在 0.01 秒瞬間消失，「屹立」的高山被刀切割般少了半邊，原本滿是建築的地面只留下巨大的圓形凹洞，嘯過的狂風是天地的哀鳴嗚咽。（湯雅雯）

巨大亂石「矗立」在岸邊，因瀑布激流的噴濺，在陽光下閃爍生輝。令人訝異的是，瀑布正下方的一塊平石上，竟站著一位僧人，赤裸著上身，手握一串佛珠兀自「屹立」，閉著眼睛不知在喃喃念些什麼。（洪瑋婷）

那峭拔的山尖，巍巍「屹立」在群山之外，或許早在我驚見他的壯麗之初，他磅礡的氣勢就深深的震入我的心，被我細細的鐫刻成一座塔，「矗立」在我心底，引領著我前進。（陳思諭）

第二小題：

粗獷、細膩

「粗獷」中的「細膩」，總是埋在最深深處，只讓懂它的人看見。（吳欣恬）

我們這群在外漂泊的遊子，總在多年後的某個時候，憶起那位賣自助餐的老兵，留著絡腮鬍、一雙油膩厚實的手捧著那他偷

偷加飯後的鼓鼓便當，遞給最困頓、疲憊的過客。在他「粗
獷」、不修邊幅的外表下，卻仍掩不住那顆體貼、「細膩」的
心。（管韻）

那看似猙獰的奇岩怪石，其實很溫柔，只是沒有多少人懂，
在它「粗獷」滄桑的外表下是怎樣包含了風化千年的「細膩」。
（陳思諭）

在斧鑿斑斑的「粗獷」大石裡，米開朗基羅的囚徒雕像正奮
力掙脫禁錮來到這世間，那「細膩」流轉在肢體間創作者的澎湃
思緒，使這把藝術之火在歐洲人的心中延燒了千年之久仍未歇
息。（詹俊傑）

甜蜜、苦澀

和他在一起以後，她開始分不清楚「甜蜜」和「苦澀」的滋
味，因為它們來自同一個源頭。（張桂敏）

曾以為過往情懷經歲月的淘滌會逐漸淡去，愉快的回憶也許
就成為一絲餘留心底的「甜蜜」，曾有的「苦澀」會隨風而去，
消散飄逝，然而傷痛宛如盤根老樹，縈繞在記憶中，與時間共
存。（湯雅雯）

「甜蜜」永遠了解「苦澀」卻無法包容，正如光與影般密不
可分，可是界線又清晰得矛盾。（曾芷筠）

　　有人說暗戀是「苦澀」的，因為面對他，縱使有多少強烈的感情都只能往肚裡吞；不說他不了解，說了他也不一定了解。但心中擁有一個只有自己才知道的秘密，與自己對話，才發現暗戀他可以是「甜蜜」的。（莊怡文）

四、檢討

　　這個題組可以考驗同學是否能準確地掌握「同義詞」和「反義詞」，一般說來，學生皆能達成題目要求。在「同義詞」構句的題目中，可以見出同義詞的重要功能之一──讓字面不重複，而且有些同學尚且能夠掌握那同義詞中的那「一點點不同」，譬如劉蘭英、吳家珍、楊秀珍《漢語表達》認為：「『屹立』、『矗立』、『聳立』都可以用來描寫山峰或高大的建築物，『屹立』還可以引申來用於寫人，歌頌頂天立地的英雄。」洪瑋婷的「巨大亂石『矗立』在岸邊，因瀑布激流的噴濺，在陽光下閃爍生輝。令人訝異的是，瀑布正下方的一塊平石上，竟站著一位僧人，赤裸著上身，手握一串佛珠兀自『屹立』，閉著眼睛不知在喃喃念些什麼。」就是一個例證。

　　另外，在「反義詞」構句中，除了運用反義詞本身即會產生「相反而相成」的鮮明效果外，還可以訓練學生選擇切入角度、構築情境的能力，譬如「粗獷、細膩」題目中，最容易出現的敘寫對象就是外表粗獷、內心細膩的男性，但是也有許多同學找到了其他頗具新意的敘寫對象；至於「甜蜜、苦澀」題中，有些同學體認深刻，寫出令人回味的雋語，其中反義詞所造成的相反而

相成的效果，功不可沒。

選擇適當的詞彙

一、題組

（一）下列例句都出現了「同義詞」中，「貶義詞誤作褒用」或
「褒義詞誤作貶用」的錯誤，請你在圈出錯用的詞彙，並將
正確的詞彙寫在後面。

1. 那些小偷十分機智。
2. 我發脾氣的時候，媽媽仍然耐心的教導我，可見得媽媽是
   很袒護我的。
3. 那些壞人團結起來抵抗警察。
4. 小時候不守時，卻希望長大後成為一個守時的人，這只是
   一個理想。
5. 我緊緊握著手中的雨傘，像一面盾牌一樣，頑固地頂著風
   雨向前行。

（二）下列例句都犯了混用「近義詞」的錯誤，請你在圈出錯用
的詞彙，並將正確的詞彙寫在後面。

1. 男生和女生的權力是平等的。
2. 我在報上看到一則尋人啟示。
3. 暑假中，學校辦了幾項運動，如聯歡晚會、籃球比賽等。

4.海風迎面吹來，所有的煩惱都消沉了。

5.我們要認真對待一個嚴肅的問題。

6.台灣土地富裕，農產品豐富。

（三）請你想想看，下列例句的括弧中，應該填入什麼樣的詞
　　語，整個句子才會顯得很出色？

1.浪濤翻攪，無盡無底的深藍色水域，一波又一波的海流在
　漲潮退潮的節奏中，反覆拍動著地球的（　　　　　）。
　（林燿德〈魚夢〉）

2.你像一只滿脹的氣球禁不住針挑，（　　　　　）所有的歡
　樂，那樣清晰的笑聲，彷彿你正貼著我的耳朵打鼓。（簡
　媜〈鹿回頭〉）

3.香港最獨特的味覺景致，是尋常人家的老火煲湯。下午才
　兩三點，各家廚房傳來一陣輕微騷動後，不久就開始
　（　　　　　　　　）地飄出氣味來。（蔡珠兒〈今晚飲靚
　湯〉）

4.大冠鷲鳥的盤旋必須仰賴熱氣流，選擇日麗風和的天氣是
　有所待，順著氣流盤旋，天空是牠們的（　　　　），寬大
　的雙翼讓風勁鼓著，上托，上托，氣流像一堵無形的牆，
　風一停就掉下來了，急急忙忙拍翅，再重新滑入氣流裡
　去。（凌拂〈大冠鷲〉）

5.陽光本色的失落是現代人最可悲的一種，許多人不知道在
　陽光下，稻子可以綠成如何，天可以藍到什麼程度，玫瑰

花可以紅到（　　　　　　）。（林清玄〈光之四書〉）

二、設計理念

　　此題組的第一小題鎖定的是同義詞的褒、貶色彩。同義詞指的就是意義相同的詞彙，不過有些詞彙的意義基本相同，但「詞彩」卻不同，譬如褒貶色彩、書面口語色彩、程度輕重、搭配對象……等等，使用時如果沒有注意到這一點，就可能「失之毫釐，謬以千里」，所以是必須提醒同學注意的；本小題所鎖定的褒、貶色彩，指的是某些詞彙本身即帶有喜愛或厭惡的情感，因此必須與句子所要表達的意思相呼應。

　　第二小題是針對同學常犯的一個錯誤——近義詞的混用而設計的，近義詞指的是意義相近的詞彙，也就是因為意義相近，所以特別容易混用而造成錯誤，如果字形又相近，那麼混用的情況就更嚴重，所以需要特別提醒。

　　第三小題則是挑選名家散文片段，將其中運用得頗為出色的詞彙空出來（其中包括動詞、名詞、副詞、形容詞等），讓學生試著填入恰當的答案，在這過程中，學生必須閱讀前後文，仔細玩索其中透露的消息，然後搜尋自己的詞彙資料庫，才能夠找出較為滿意的答案。

三、同學寫作成果

　　第一小題參考答案：1. 機智→狡詐、狡猾。2. 袒護→愛護。3. 團結→勾結。4. 理想→空想。5. 頑固→堅定。

第二小題參考答案：1. 權力→權利。2 啟示 →啟事。3. 運動 →活動。4. 消沉 →消失。5. 嚴肅 →嚴重。6. 富裕 →富饒。

第三小題參考答案：其下皆為原作所用之詞彙。1. 背脊。2. 迸破。3. 氤氤氳氳。4. 嬉遊廣場。5. 透明。

四、檢討

這三個小題的寫作都可以在課堂上進行，給同學一些時間當場實作，然後一一檢討，那麼學生對詞語色彩、近義詞等問題都可以有清楚的認識。而且寫作第三個小題時，可以點幾位同學上台寫出自己的答案，接著再公佈作者原作，偶爾會出現幾乎一模一樣的答案，這時就可以給答對的同學一次熱烈的掌聲，就算是同學的答案與原作都相去頗遠，也可以讓同學從比較中了解作者選擇詞彙的巧思。

整體說來，因為這個題組點破了許多同學常出現的語病，而且寫作進行的過程中，師生、同學互動的機會很多，課程顯得緊湊熱鬧，所以可說是一次「有益」又「有趣」的寫作活動。

取 材

記敘一個人

一、題組

（一）請選定一個人為對象，然後用簡短的字句填寫下列表格：
　　　我選的對象是：

他的外貌	
他的性情	
值得記敘的特殊事情	
他與自己的關聯	
其他	

（二）請將這些資料予以適當的安排（資料不須全用，也不須按照前面的次序），自訂題目，寫作成篇。

二、設計理念

「意象」就是「材料」，只不過意象是就鑑賞來說，材料是就寫作來說，此為一體之兩面。所謂的「意象」，就是以具體的事、景來傳達抽象的情、理，因此意象有別於其他物象、形象的地方，就在於它是含藏著情意的。而且人天生就有用意象傳情達意的能力，所以日常生活、藝術作品中，都存在著意象，舉例來說，紅綠燈只有矗立在十字路口上，才會傳達「綠燈前進、紅燈停止」的意義，此時的紅綠燈就不只是紅的燈、綠的燈而已，而是一個意象；又如白鴿在公園中啄食麵包屑時，就是一種鳥類而已，但是在慶祝國慶日時，人們把白鴿成群地施放出來，讓牠盡情翱翔在藍藍的天空中，那就代表了對和平的祈願，此時白鴿就變成了意象，象徵著和平。而且文學作品中就是因為運用了意象來傳情達意，才得以讓人領略、欣賞，並因此富於涵泳不盡的美感，而不會流於枯燥的理論陳述、或是氾濫的情感傾訴。

描寫某個人物是文學作品中常見的主題，而要使得一個人活起來，必須仰賴一些相關的「材料」（其實也就是「意象」），而材料的蒐集，要靠平日細膩的觀察；在觀察時往往是不經意的、不自覺的，可是要寫出來成為一篇作文，就必須刻意、自覺地搜尋平日觀察所得（也就是蒐集材料）。因此本題組的設計，就是在第一題中先請同學用填寫表格的方式，盡量蒐集有關這個人的各方面的資料，經過這樣的前置作業後，方才下筆為文，而不是未經佈置，一提筆就想到哪裡、寫到哪裡；而且在第二題中，刻意提醒同學所找的材料不須全用，也不須按照前面的次

序，也就是要同學有意識地篩選材料，然後才作適當的安排（即謀篇佈局），寫成一篇文章。

如果是傳統命題作文，從蒐集材料、篩選材料到安排材料，通常是「一步到位」，對於寫作能力強的同學來說，當然是暢所欲言、一氣呵成，可是對寫作能力弱的同學來說，就下筆困窘，但又不知如何改善。既然如此，以「分解動作」、設計題組的方式，引導同學寫作，就能有效改善情況，而且也在這種過程中，讓同學真正了解何謂蒐集材料、篩選材料與安排材料，並且期望這種認識能推擴至其他篇章的寫作，內化為同學的寫作能力。

三、同學寫作成果

第一、二小題：

我選的對象是：我的前紅粉知己

他的外貌	身材矮小，豐滿卻不顯臃腫，長馬尾，有雙大眼睛，飽滿的嘴唇，略顯嬰兒肥的大臉，陽光般的微笑。
他的性情	有點愚蠢卻很單純，善體人意，時而潑辣，時而溫柔，說話很直，個性率真不做作。
他值得記敘的特殊事情	某一年她生日，我買了一大束玫瑰花跑到她家樓下，叫她下來，她被這意想不到的舉動嚇到，躲在門後遲遲不肯出來。某一天，我生病住院，她和她的家人來醫院看我，她從下午陪我到晚上，我時常不發一語，而她也很有耐心地一直陪我。
他與自己的關聯	情如兄妹的朋友
其他	

我最想念的女孩

記得那年夏天，四年前那個熾熱的夏天，我從高中休學，那正是我高二的時候，本應該是我活躍的青春歲月，可是我卻不能如同我的同學一般，因為我打籃球而脊椎受傷了，我只能每天去做永無止境的復健，我的功課一落千丈，我也無心在此。後來我和我父母到了一間教會，或許人在自己無能為力的無助時刻，才會想到那過去自己遺忘的信仰。

在教會的團契裡，我認識了她，那時她是光仁中學音樂班的學生，她對我挺拔的身材感到印象深刻，而她那燦爛的笑容也一直讓我難忘。後來我家人和她家人認識而成為朋友，我也很自然地跟她成為好朋友。她常常關心我，讓我感覺到有她這個真誠的朋友真好。

她叫做 Kathy，她的個子很嬌小，身高還不到一百五十公分，身材很豐滿，臉上總是帶著陽光般的笑容，略帶嬰兒肥的臉龐更顯露出她的純真，頭上總綁著長長的馬尾。她主修的樂器是鋼琴，彈奏著鋼琴的她，更讓我覺得她是如此的美麗，深深地吸引我。後來我身體康復了回到學校，但是休學時的那段空白，卻讓我早就忘了如何唸書，過去在課業上的強悍早已成為過去，以往在父母和親友眼中的好學生，早已墮落成一個整天只會蹺課，幾乎每科都被當掉的不良少年。

但是她卻一直未放棄我，仍視我為可以把書念好的學生，當我跟她說我考上我心中第一志願的理想和抱負時，或許學校的師長當我是痴人造夢，但她卻一直相信我行的，一直很鼓勵我，我不知她真正心裡是如何看我，但是因為她的鼓勵，我一直努力讓

自己變好，希望讓她知道我不是只會把夢想說在嘴上的人。

　　在過去我的慘淡的求學生涯中，能認識她這位朋友真是我的幸運，我永遠都記得她對我說的那句──沒有行為的信心是死的！雖然時光飛逝地如此快，我們曾因一些誤會而斷了我們的友誼，但是在我心中一直都有一塊地留給她，好想對她說，我會在這等妳的，我最喜歡的妹妹。（劉庭碩）

我選的對象是：討厭的人

他的外貌	圓臉，短髮，身高才 150 公分多一點點，看過去會讓人誤會為國中生。
他的性情	喜歡聊天，活潑，愛笑
他值得記敘的特殊事情	牽手，相遇，離別
他與自己的關聯	高中三年的同班同學
其他	朋友的女朋友

我最討厭的人

　　人生第一次感覺到非常討厭、噁心的感覺，是在高中一年級時，看到坐在旁邊的她。升上高中時，心裡萬分期待，畢竟高中和國中是完全不同的世界，腦子內全都是對新世界的期待。然而我踏進新世界的第一天，便遇到令我落入地獄的她。

　　她是一只小小的惡魔，站起來只比我坐下時高一點點，還記得那討厭的第一天，她就是這樣跟我聊了一個小時的。當時我是如此的喜愛打籃球，但在高二那年她認識了她的男朋友，我也認識了我的好朋友時，我就再也沒有在她看我們打球的籃球場上出

現了，因為我討厭，討厭她看著他，更討厭她看著我。

　　民國九十年，我高中的最後一年，也是第三年的地獄開始，如同過去一樣的慘況，她在第一天坐在我的右手邊，而我的朋友則坐在我的左手邊，因此每天我都看左面，因為不想看到右面的地獄。但她卻又經常發出噁心的聲音，讓我感到失落。高中最後的聖誕是我人生中最糟的，有如惡鬼的她今天成了撒旦，深深危害到我的心，但此時卻又找不到任何天使來救我，連我的好友大天使也不在，與撒旦走在海邊連浪漫的海風也帶有腥味，海水看起來是紅色的，當我握住她的手時，我以為世界要結束了。幸運地，地獄沒有存在很久，很快地考試來臨了，各人為了能考入大學都努力念起書來，學校的課程也結束了，大家不是待在家裡，就是回校請教老師，因此我和惡鬼也沒有見過面，我高興的每天待在家裡，甚至高興的對著電話發呆，還不時拿起話筒聽那令人快樂的「嘟」的聲音，也會喜歡按電話，但卻因為想起天使而沒有按下最後一個鍵。六月考試結束了，地獄也在畢業典禮的歌聲中消失了。

　　討厭，討厭在舊生聚會中，和她相遇在狹小的小巷中，但我更討厭自己在那時對她說了一個「愛」字，但我很高興她沈默不語，並用眼淚來回答我，這令我輕鬆起來。最令我感到快樂的是她在第二天的電話裡傳來的那一句：「晚了。」（梁嘉榮）

我選的對象是：高中最好的朋友（真的很好喔！）

他的外貌	高高魁魁的，有點肉肉的，但對我而言，她是最可愛的。

他的性情	個性隨和，天真浪漫，十足樂天派的女孩，有點呆呆的。
他值得記敘的特殊事情	她的數學很差，不過在數學這科是最用心。 走路常跌倒 很怕蟑螂
他與自己的關聯	從普通高中同學→最好的朋友
其他	在高中時，共同認養三棵小樹，名字分別為「巧」、「克」、「力」，很妙吧！它們長得很茁壯喔！

天才與阿呆

　　我想我無法細數我與她的種種過往，可是儘管時間會沖淡一切，但終會留下些段回憶，我和她之間微妙的關係，就像「天才與天兵」……

　　她很呆，學了 12 年的數學，聯考的數學分數還是只輕輕地拂過低標下限。在一次次段考、複習考的侵略下，她總三不五時地蹲在我桌前，請求我的支援，將數線軍團、機率方程和複雜的三角關係一一地呈交上報，而我右手迅速揮劃、策略教學，總教她目瞪口呆。

　　她很呆，彷彿罹患了「感覺統合不協調症」，人高馬大的她，也不曉得為什麼，走著走著也會跌倒，跑起來好像是企鵝走路，又像沒有定時上潤滑劑的機器一樣，手腳又開始不平衡、行動又僵硬起來了。

　　她很呆，或許膽子從小就被蟑螂啃咬掉大半部，讓她膽小如鼠，每次只要聽到她大聲地尖叫著，十有八九是蟑螂先生又安排相親會，讓她臉一陣青一陣白地無力招架。在學機車時，我騎著

鐵馬也能快速地超越她，而在背後的她，兩腳仍放在地面上，還瘋狂地喊著「等一下、等一下」。

她很呆，而我很天才。不論在任何方面，成績、運動樣樣都比她行，在師長面前，大家總是先看到光彩奪目的我，可是這樣呆呆的她卻深深地影響了、擾亂了我的生活，因為她，我的高中生活被染得五光十色。總是面帶笑容的她，使原本都擺臭臉的我，開始懂得笑，不再是以前那冷酷的我；熱情的她，使自閉的我更能開朗的面對自己，我們曾在共同認養的三棵小樹前，互吐彼此最深的心事。

她就像一盞絢爛的燈，逐漸引導我走向樂觀開朗，她總處處替別人著想，為她的好朋友著想，使我也學會了替別人著想、替她著想。她就像個天才，而我是個阿呆，呆呆地被她引領著，呆呆地讓她擾亂我的生活，她是我心目中的天才。

天才與阿呆本來就是一體兩面的，我們倆也像是個互補個體，在交接線上取得平衡。就像雲因山峻而顯得靈異，山憑藉著雲展現它的崇巍。這造就了我們是互相的好朋友，互相的依存體。（劉佳茹）

四、檢討

前面所選的三篇文章都能詳實生動地記敘一個特別的人物，流露出真實感人的情感，也因為如此，別有一種溫馨的情味。

而且從第一小題與第二小題的比較中，可以看出同學確實可以先搜尋資料，然後加以剪裁，譬如劉庭碩在表格中寫道，他曾

經送了一束玫瑰花給那個女孩，可是在寫成文章時卻刪掉了這一事件，我曾經在上課檢討時，問他為什麼這麼做？劉庭碩遲疑了一下，只說覺得加上這件事好像不太協調；其實應該是因為玫瑰花代表的是愛情，但是這篇作文所描寫的主要是友情，如果放進去會混淆作者所欲傳達的情感，因此作者儘管不太清楚這其中的原由，但是就自動地刪除了。不只如此，同學還會針對所選取的材料細加經營，讓這些事件更為生動，譬如劉佳茹在填寫好友值得記敘的特殊事情時，寫了三件事：「她的數學很差，不過在數學這科是最用心」、「走路常跌倒」、「很怕蟑螂」，相當簡略，但是在作文中就描寫得生動鮮活，一個呆得可愛的女孩躍然紙上。而且頗值得欣慰的是同學能夠運用課堂所學，譬如梁嘉榮的文章通篇運用「倒反」修辭格，而這種修辭格正好是上課時教過，而且要求他們實作過的，可見得同學已經把「倒反」修辭格變成一種「帶著走的能力」了。

春天意象

一、題組

（一）翔翎〈春訊〉（節選）用了八個意象，傳達春天到來的訊息，請挑出你最喜歡的春之意象。

風　張眼

蛇　張眼

小草　張眼

索索地不再寂寞。

燕歸是春

花朝是春

偶而落雨是春

一個玩河小孩的面頰是春。

一天晚上

寒氣盡去

那株柳在矮牆邊迅速抽芽

把自己站成一個春。

（二）請用一兩節新詩，或簡短的文句續寫下去。

二、設計理念

　　設計本題組的目的，主要是希望同學能由「讀」到「寫」，領略到意象的作用。而且這個題組的難度不高，因為「春天」是大家都很熟悉的季節，所以春天來了的跡象也不難搜尋（譬如「春神來了」這首兒歌，還有其他描寫春天的古典、現代詩文，都是很好的例證），不過因為翔翎〈春訊〉的春天意象集中在視覺、聽覺，所以可以鼓勵同學多搜尋觸覺、味覺、嗅覺意象；此外翔翎〈春訊〉是新詩，可是同學不見得熟悉詩的語言，因此可以讓同學選擇以新詩或散文的形式續寫下去，字數不求多，主要是訓練同學自覺地搜尋意象的能力。

三、同學寫作成果

第一小題參考答案：「春訊」就是春天來到的訊息，「風」、「蛇」、「小草」都「張眼」了，彷彿從冬眠中復甦，發出「索索」的聲響，因此「不再寂寞」；不只如此，「燕歸」、「花朝」、「偶爾落雨」，這些具有代表性的春天景象都出現了，所以春天真的來了；還有呢！「一個玩河小孩的面頰是春」，河水溫暖了，小孩才可能去玩河，而且小孩那紅撲撲的面頰，彷彿就是一個最鮮嫩的春天；而且，還沒結束呢！你看你看：「一天晚上／寒氣盡去／那株柳在矮牆邊迅速抽芽／把自己站成一個春」，原來，這才是春天最動人心魄的壓軸演出呢！作者耳、目並用，總共選取了八個聽覺、視覺意象來傳達春訊，真可說是「聲色」動人。

第二小題：

暖暖的新茶
喚醒沈睡的味蕾是春（許穎燕）

一個週末
市中心的百貨公司裡
最低折扣的拍賣聲中
喊出了冬的結束
及春的開始

地球的某處
在一片白茫茫的大地上
折射出萬丈光芒
世界之脊的頂端
融化了原本凍結的一切
流出了春天喜悅的眼淚（黃婉琪）

鳥語是春，
花香是春，
綿綿綠地是春，
隨風翻飛的裙襬是春。

明日清晨，
朝陽初露，
這火焰在大地處處漫燒
讓世界暖出一個春。（劉勇辰）

湖面微漾
鴨兒早一步探到了春
湖面落葉
新芽預告了它的存在
暖風撲面
把霜從頰上帶走
春不願只待在花香裡

反將人們的臉都笑成了春。（洪碧伶）

風，它充斥在地球的每一個地方，因此它無所不知，無所不曉！

當風微彎著幼嫩的新芽時，我知道——春天來了！

當風帶來了新土的芳香時，我知道——春天來了！

當風以異於寒冬的微弱風聲吹來時，我知道——春天來了！

當風輕柔地膩在我身上時，我知道——春天來了！

當風透露出無限的生機時，我知道——春天來了！（何彥泓）

看到「冬衣兩折」的偌大招牌，啊，春天來了。（葉蔚青）

春天，除了是一個繪畫家，會替萬物帶來鮮嫩的顏色外，更是一個渾然天成的香水調配家，讓我們聞得到花香、葉香、青草香……這些世界上最高級的香水。（單貫綸）

燒仙草都變成仙草蜜了。（游佳翔）

四、檢討

第一個小題可以用口頭發表的方式，請同學說出自己最喜歡的意象，而且要說明為什麼，有些同學會因為自己喜歡的意象與老師、其他同學不同，而感到不安，這時也可以告訴同學：每個人的感受都是獨一無二的，並沒有優劣之別。

　　第二個小題的寫作如果碰到瓶頸，也可以請幾位同學先用口頭發表自己想到的意象，讓其他同學可以觸類旁通。在前面所錄的同學作品中，有同學注意到視、聽之外的其他知覺意象，譬如「茶香」、「花香」、「溫暖的春風」……等等；另外，有些同學注意到城市生活也時時透露出春來的訊息，譬如「換季拍賣」、「燒仙草變成仙草蜜」……等等，這些都成為相當鮮活的意象。

時間意象

一、題組

（一）李白〈將進酒（註1）〉（節選）：「君不見黃河之水天上來（註2），奔流到海不復回！君不見高堂明鏡悲白髮，朝如青絲暮成雪。人生得意須盡歡，莫使金樽空對月！天生我材必有用，千金散盡還復來。」出現了兩組代表時間流逝的意象，請舉出並略加說明。

註1：將是「請」的意思。將進酒意指請喝酒。

註2：黃河源自青海巴顏喀喇山東麓。天上來極言其發源之高遠。

（二）請舉出其他兩種可以代表時間流逝的意象。

（三）請運用這兩種意象作為寫作材料，以〈我想〉或〈珍惜〉為題，寫成一篇300字左右的短文。

二、設計理念

　　此題組之設計，就是從意象的領略開始，進而要求同學尋找

能夠代表時間流逝的其他意象，並且將之運用在自己的作文中，成為寫作材料。而且題目中以李白〈將進酒〉來引導同學，可以起著「讀寫結合」的效果。

三、同學寫作成果

第一小題參考答案：李白〈將進酒〉一開始就出現了兩個時間意象：河水奔流、青絲轉白，因為這兩者都是時間所帶來的不可逆的變化，因此能夠傳達出時間流逝之感。

第二、三小題：

時間意象：燃燒的蠟燭；絢麗的煙火

作文： 我想

從小我就是一個不起眼的小孩，過著平淡無奇的生活，我一直覺得，我的生命應該就像一根蠟燭吧！慢慢的，總有一天會燒完的，然後被遺忘，就這樣蒸發在空氣中，消失得無影無蹤，我從來沒想過要如何充實自己的生活，我的人生就過了十八年了。

就在我升高三那年，我面臨了人生的第一個抉擇，就是考大學，從來沒思考過未來的我，受到了不小的衝擊，我意識到我必須決定自己的未來，我那直線般的生活，出現了波動，而那時老師一直提醒我們，你現在所做的每個決定都將會影響你的一生；我想，現在是我對自己負責的時候了，我不想再過這樣平淡無味的生活了，於是，我選擇了化學系，因為化學的世界千變萬化，就拿美麗的煙火來說吧，幾種不同的金屬燃燒，就能產生天空中這麼多絢麗的圖案，我希望我的人生能像煙火一般，那樣美麗燦

爛，展現的總是最多采多姿的一面，我要期許自己有一個不一樣的人生！（吳欣倫）

時間意象：兒時戲水的海灘，現已成為了港口；教我游泳的外公視力已經很衰弱了

作文：我想

兒時，每年的夏天我最期待的就是回外婆家，在鄉村的四合院裡可以跟許多的人玩在一起，打棒球、丟彈珠、跳格子……等，且外公還會帶我們一起去海邊游泳，還可以堆城堡，因為外公以前是漁夫，所以游泳非常的屬害，可以沉在水裡好久，且穿梭在水裡像是一隻活跳跳的魚。

然而現在當我回到外婆家時，看到的卻是空蕩蕩的四合院，所有陪我渡過童年的玩伴，都已經為分散到四處去工作和讀書了。看到外公時，外公似乎也快認不出我是誰了，他已經不會衝出來抱著我到海邊去游泳了，當我還想去海邊時，它卻已經改變成了漁港。

現在我心目中最大的願望就是希望時間能倒流，再看到那活跳跳的魚。（翁嘉壕）

時間意象：月蝕；單行道

作文：珍惜

前幾天有一場世紀天文秀，月全蝕和雙彗星，這可是好幾十年才有的機會。所以我和我室友一起熬夜觀賞天文奇景，可惜沒看到星星，但是月蝕很清楚。那短短的幾個小時如果沒看到的

話，不知道要再等多久，所以我和我室友都很珍惜這個機會。

　　不只是這個機會，每件事情機會都要珍惜，因為每件事情機會發生的時間都很短，稍縱即逝。而且時間是條單行道，我們正走在上面，一旦我們錯過了某樣事物，我們就失去了。

　　也就因為時間有如單行道，無法回頭，所以我們要很珍惜我們在這條道路上遇到的人事物，否則當我們回憶過去時，只能空嘆息、「徒傷悲」吧！（許雅婷）

　　時間意象：泛黃的照片；消瘦不止的日曆
　　作文： 珍惜

　　某日的午後，閒來無事，便整理那紊亂不堪的相簿，發現一張全家福的照片，已然泛黃，是大約十幾年前　爺爺慶生所留下的，看著祖父母們健壯的身體，叔父伯母們精神奕奕的眼神，父母一頭烏亮的黑髮，和一群尚未成熟的堂、表兄弟姐妹們，如今，什麼都變了，祖父已在天國，祖母三餐有著吃不完的藥，父、母一頭不自然的黑髮，髮根都白了，已出社會的堂哥，和在外求學，已能自我照顧的我，大家各奔東西，難得聚在一起，相處的快樂時光不再常有，「家」成了一個月居住二天不到的旅舍，每次歸去，總覺得不再如此熟悉，壁上急速消瘦的日曆，我不願看到，多麼希望時光能回轉，讓我再一次享受，家人常在身邊的幸福。

　　明日，便是母親佳節，又可以回去那充滿溫暖的家，家人齊聚一堂，吃飯、互相關心問候，告訴自己，牢牢記住每一刻每一秒，珍惜任何一個畫面，期待著……。（劉韋志）

四、檢討

從以上的幾篇文章中，可以發現同學已經能夠純熟地運用意象（亦即材料）來傳情達意了。在以〈我想〉為題的兩篇作文裡，吳欣倫以蠟燭和煙火做個比較，兩者都是會燃燒殆盡的，就像生命會流逝一般，可是前者無聲無息，後者卻綻放美麗的姿采，因此作者也在心中做了決定，希望自己的人生也能美麗燦爛；至於翁嘉壕的作文，則是以家鄉海景的變化，以及爺爺身體由健朗轉為衰弱，來傳達時光不待人的無奈，因此流露出對童年的深深眷戀。

此外，以〈珍惜〉為題的兩篇文章，也各有特色。許雅婷用月蝕和單行道來代表時光稍縱即逝、永不回頭，以此帶出「掌握」與「珍惜」的心情；而劉韋志先以泛黃的照片中的家人，與現今作個對照，引起時光流逝的感嘆，再以消瘦不止的日曆加強這種感覺，所以讓作者驀然體會到親情需要好好地珍惜。

從這幾篇作文中，不僅看到了不同的時間意象，而且也看到了這幾位同學都善用時間意象來傳達不同的主旨。希望經過這個題組的寫作後，同學能有意識地運用意象，來增強作文感染人的力量。

✿ 修　辭 ✿

修辭美感的探求

一、題組

1. 修辭現象的辨析

修辭現象 （須列出作者、篇名）	
修辭格	

2. 修辭美感的探求

原型	
美感的探求	

3. 修辭現象的創造

請運用同樣手法另造出不同的修辭現象	

二、設計理念

　　修辭格的作用是修飾情、理、景、事，讓情、理、景、事的表出更鮮明、生動，因此如果要掌握修辭格，就不能僅止於辭格的辨析而已，必須進於美感的探求；而且如果由欣賞開始，更進一步讓同學實際演練一番，就更能收到「讀寫結合」──「讀」促進「寫」，「寫」反饋「讀」的強大效果。

　　不過，關於「美感的探求」，向來是修辭格教學中比較少、也比較難觸及的部分，但是它又非常重要，那麼該如何在不需解釋太深奧的理論、出現太艱澀的術語的情況下，讓同學領略修辭美感呢？「原型」與「變型」的比較是一個非常好用的方法。所謂「原型」就是未經修辭格修飾的狀態，「變型」就是經過修辭格修飾的狀態（也就是修辭現象），兩者並置在一起，則前者的質樸平白，就剛好襯出後者靈動鮮活，哪一個能讓人留下深刻的印象？馬上就可以凸顯出來了。

　　所以本題組的第一小題就是修辭現象的辨析，第二小題則是請同學將修辭現象還原到「原型」，然後和「變型」做一比較，那麼修辭美感就自然會浮現出來了；最後第三小題才是請同學用同一種修辭手段，來創造屬於自己的、不同的修辭現象。

三、同學寫作成果

　　第一、二、三小題：

修辭現象（須列出作者、篇名）	而思索是不需燈光的，我在幽光中坐著，像古代女子梳她們及地的烏絲，我梳理我內心的喜悅和惻痛。（張曉風〈我的幽光實驗〉）

修辭格	譬喻格
原型	我反覆思索著自己內心的喜悅和惻痛,想理出個頭緒。
美感的探求	「思索」這個詞是抽象且呆板的,無法給予讀者具體的感受。將它譬喻成「梳髮」這個動作時,浮現在腦海裡的,是一幅圖:一位古代女子疼惜、呵護又若有所愁地順理著秀髮,正如同作者思索著萬般情感時,那種難以言喻的複雜。
請運用同樣手法另造出不同的修辭現象	多年來的堅持和固執,像塵封已久的瓶,不願去碰觸,更別提去拂拭。直到遇見他,「啵」的一聲,竟然輕易地旋開了。

（管韻）

修辭現象（須列出作者、篇名）	她的世界總有一股浮動,那股浮動,唔,像足了廚房瀰漫的油煙蒸氣……只有「熱」這個字能概括她的風格。（莊裕安〈野獸派丈母娘〉）
修辭格	譬喻
原型	她的世界總有一股浮動……,只有「熱」這個字能概括她的風格。
美感的探求	作者描述對他丈母娘「行事風格」的感受,透過浮動、油煙蒸氣、熱來形容。
請運用同樣手法另造出不同的修辭現象	生病時的無力感,就像乾涸了的水彩,無論出多少力,就是擠不出半點色彩。

（陳俊宇）

修辭現象（須列出作者、篇名）	一碗高尚的牛肉麵簡直就像一種祈禱,它不僅讚美我們凡人的舌頭,也彰顯廚師的認真、誠懇和專業精神。（焦桐〈論牛肉麵〉）

修辭格	譬喻
原型	一碗好吃的牛肉麵，能讓凡人慶幸自己有舌頭可以品嚐，也能感受到廚師的認真、誠懇和專業精神。
美感的探求	形容一碗牛肉麵的好，作者以「祈禱」來做譬喻，十分特別。由「祈禱」的內容中感受到牛肉麵裡難以捕捉到的那些抽象成分。
請運用同樣手法另造出不同的修辭現象	一棟偉大的建築物就像一篇好文章，它不僅擁有完美的結構，也讓我們讀出建築師的夢想和認真的態度。

（買郁姍）

一修辭現象（須列出作者、篇名）	谷中亂石嶙峋，澗水跌撞而過。（陳列〈山中書〉）
修辭格	擬人
原型	谷中亂石嶙峋，澗水湍急。
美感的探求	使用擬人手法將溪水與石頭撞擊時的急速表現出來。
請運用同樣手法另造出不同的修辭現象	時間揪著母親的白髮，不斷的向前跑。

（蔡馨栴）

修辭現象（須列出作者、篇名）	近年來她漸漸感到身體有了秋意，肌膚呈現樹木的紋理，並散發苦楝樹的果實氣味，生命多麼甜蜜又多麼憂傷，她迎風而立，臉上展露神秘的笑容。（周芬伶〈汝身〉）
修辭格	擬物

原型	述寫一女子慢慢步入中年，外表、身心上的微妙變化。
美感的探求	不直接形容女子的外表，而以季節更換及樹木的紋理來形容更具張力。果實氣味，迎風而立，讓大家覺得步入中年並不全然是不好的，而是會有另一番新境界。
請運用同樣手法另造出不同的修辭現象	失戀後，她的心中的拼圖就少了一塊，排不出以前的美麗拼圖。

（洪欣怡）

修辭現象（須列出作者、篇名）	那麼，我的幸福是不是純由逃避式的懶散得來的呢？山居只是自己刻意經營的一種看似空靈其實奢侈的生活？心安理得會不會是虛幻而脆弱的？（陳列〈山中書〉）
修辭格	設問中的懸問
原型	那麼，我的幸福或許是純由逃避式的懶散得來的。山居只是自己刻意經營的一種看似空靈其實奢侈的生活。心安理得或許是虛幻而脆弱的。
美感的探求	經由疑問句，句子的語氣加強了許多，也給了讀者一個思考的空間。
請運用同樣手法另造出不同的修辭現象	既然這個社會是「會哭的孩子有糖吃」，那不擅於表現自己的人是不是就應該自甘黯淡？

（郭國評）

修辭現象（須列出作者、篇名）	路一直往西傾瀉，宛似一條小溪流，朝宗於海，不管怎樣的轉怎樣的幹，總是朝西瀉去。（陳冠學〈田園之秋·9月23日〉）

修辭格	譬喻、轉化
原型	路不斷的向西延伸而去
美感的探求	路本來是死板板灰撲撲的，平平直直躺在那裡，作者把它比喻成溪流，瞬間它就活了起來，彷彿真的浮動翻滾延展向西，綿遠的流向未知的遠方。
請運用同樣手法另造出不同的修辭現象	在寒冬中小酌，剔透的酒液如岩漿般燒灼過喉，一路跌落深深的胃袋中沈澱發酵。

（洪瑋婷）

修辭現象（須列出作者、篇名）	太陽在赤道這一邊時，它是暴烈的，就像人當青壯之時，血氣方剛，不免盛氣寡恩；反之，太陽到了赤道那邊時，它是和煦的，就像人當老大之時，血氣既衰，自然慈愛仁善。（陳冠學〈田園之秋・九月二十三日〉）
修辭格	明喻、映襯、擬人法
原型	太陽在赤道這一邊時，它是炎熱的。 太陽到了赤道那邊時，它是和暖的。
美感的探求	以上句子，用明喻、對比、擬人化，使太陽人格化，有脾氣的，而且對比使太陽反覆無常，一時暴烈，一時和煦，暗示了作者對太陽的不同感情，也突出了不同季節的太陽，感覺到太陽與自己是有所聯繫。
請運用同樣手法另造出不同的修辭現象	風，它是激烈的，就像用手掌摑著你的臉；風，它是溫柔的，就像用手輕撫著你的臉，所以，風是善變的。

（黃月華）

四、檢討

從同學的作品中，可以發現學生將「讀」與「寫」聯繫得很好，而且經過提醒之後，有些同學也注意到「兼格」的問題。

首先，譬喻格仍是最重要、最受到同學注意的修辭格，管韻、陳俊宇、買郁姍三人的作品，在辭格辨析、美感探求、創作佳句方面都表現得很好，而且管韻所選的修辭現象中，喻體是一個典故，而陳俊宇所選的修辭現象中，喻體是現代生活中的事物，所以分別表現了喻體選取的承繼與創新，至於買郁姍所選的修辭現象中，喻體則是抽象的「祈禱」，因此用抽象的祈禱來譬喻具象的牛肉麵，反而收到很好的效果，真是相當有趣的。其次，轉化格也是不容忽視的修辭格，轉化的方向有二：人性化或物性化，蔡馨栴鎖定的是人性化，洪欣怡鎖定的是物性化。又次，設問格也可以造成極佳的效果，郭國評所還原的「原型」，完全可以掌握到作者的原意，對照之下，作者的匠心自現。另外，洪瑋婷、黃月華都注意到「兼格」，即同一修辭現象兼用兩種以上的修辭格，而且兩位同學不僅可以辨析此種現象，甚至在創作時也是用兼格的方式來寫，表現相當地優異。

同學習作這個題組，不僅可以鍛鍊讀、寫的能力，最重要的是建立修辭學的基本觀念——從原型與變型的比較，進於美感的探求，真可說是一舉數得啊！

譬喻格之一

一、題組

（一）其下三個譬喻句都是同一本體，但是不同喻體、喻解，請你分辨出這三個譬喻句中的喻體與喻解，然後選擇一個最喜歡的，並且要說明為什麼（參考九十學年度大考中心「改寫」題目）。

　　1. 生命好比是一只箱子，這只箱子很小，裝不下太多東西。（王鼎鈞〈旅行箱〉）
　　2. 生命像個鐘擺，不得不開始，不得不在死亡與疲倦之間擺動，然後不得不停止。（簡媜〈陽光不到的國度〉）
　　3. 生命應該像鞭炮，劈哩叭啦一陣就完了，有聲勢、有壯烈、也有淒美。（張拓蕪〈老！吾老矣〉）

（二）請你以「朋友如金錢」為骨幹，加上「喻解」，造成一個完整的譬喻句（參考張春榮《作文新饗宴》）。
（三）請用「朋友如……」為骨幹，造一個譬喻句。

二、設計理念

　　一個完整的譬喻具備「本體」、「喻詞」、「喻體」、「喻解」四個要素，「喻體」之所以能形容、說明「本體」，那是因為彼此之間有「相似點」，而這相似點就是「喻解」；而且再往前溯源，則為什麼可以發現「本體」、「喻體」之間的相似點？

那是因為人們具有「相似聯想」的能力，所以相似聯想的能力越敏銳，就越能造出新穎鮮活的譬喻。就以「貌美如花」為例來說明，「（人之）貌」是「本體」、「如」是「喻詞」、「花」是「喻體」，而「美」是「（人之）貌」與「花」之間的相似點，也就是「喻解」。其他如「力大如牛」、「骨瘦如柴」、「心焦如焚」等等也是如此，其喻解分別是「大」、「瘦」、「焦」。一般譬喻格的教學，只注意到「本體」、「喻詞」、「喻體」，對於「喻解」較少著墨，但「喻解」可說是譬喻格的靈魂，實在不宜忽略。

這三個題目，都是環繞著譬喻能力來設計的，先從閱讀開始，然後進展到自己創造譬喻句。第一個題目是同一本體，但是不同喻體、喻解，這可以彰顯出不同作家對於生命不同的詮釋，而且從同學的選擇中，也可以看出同學對生命的看法。第二個題目則是要求同學造同一本體、同一喻體，但是不同喻解的譬喻句，這樣做一方面是從「讀」到「寫」，一方面也可以看出同學對朋友與金錢的定義。第三個題目則是要求同學造同一本體，但是不同喻體、不同喻解的譬喻句，因為發揮的空間更大了，所以可以更自由地展現同學的譬喻能力，也可以更鮮明地彰顯同學對朋友關係的體認。

三、同學寫作成果

第一小題參考答案：1.喻體：一只箱子；喻解：很小，裝不下太多東西。2.喻體：鐘擺；喻解：不得不開始，不得不在死亡與疲倦之間擺動，然後不得不停止。3.喻體：鞭炮；喻解：劈哩

叭啦一陣就完了，有聲勢、有壯烈、也有淒美。

第二小題：

喜歡第一例者：

因為很能贊同這句話，我們總是要學習如何取捨人生道路上的美景，總要有所得失，當我們想要有些什麼，就也必須同時想到有什麼是因此要捨棄的，所以箱子小但擇己所愛的放進來，在打開的同時，也能有滿滿的收穫與感動。（陳思諭）

喜歡第二例者：

鐘擺規律維持著的律動是種無可奈何的存在，伴隨滴答聲的運行裡擺盪著象徵疲憊、麻木、宿命的鐘擺，冷不防地當能量的源頭消耗完了提供的依據，又靜止於一種無可奈何的、被動的休止。生命中的無可奈何在如此意象中發揮得淋漓盡致，在無奈的窘境裡——創造、存在、延續、乃至停滯。（蔡林縉）

喜歡第三例者：

我最喜歡的是第三個。對於王鼎鈞的譬喻我無法感受，甚至無法認同；而簡媜的敘述又令我感到充滿了無奈。我想生命是要積極參與的、藏有許多希望的。鞭炮雖然劈哩叭啦一下子就結束，但過程中它和空氣充分的結合反應，它是悲壯的，但也熱烈的。（蘇芳儀）

第三小題：

朋友如金錢，許多人往往愛新鈔更勝於舊鈔。（詹俊傑）

朋友如金錢，你永遠不知道它什麼時候會貶值。（陳禹妙）

朋友如金錢，握在手裡就不想放掉。（蔡馨栴）

朋友如金錢，雖不是萬能的，可是沒有了卻萬萬不能。（蔡麗珠、何郡嫚、郭國評、黃之貝）

朋友如金錢，有面額一千元的，也有只值一元的。（康芷瑋）

朋友如金錢，保留幾張大鈔，總比滿口袋零錢來得有價值。（陳季盈）

朋友如金錢，適量就好，太多太少都有煩惱！（李佳蓉）

朋友如同金錢，儲蓄實在必要。（黃之貝）

朋友如金錢，但不是大鈔，而是一個個五十元銅板，雖然不能享受高級餐點，至少讓你飽足一個下午。（邱建鐘）

朋友如金錢，該怎麼賺該怎麼找，還得要靠自己。（方文展）

第四小題：

朋友如一條老街，越往裡走，越耐人尋味。（詹俊傑）

朋友如一塊塊拼圖，有天你會不經意拼出自己。（詹俊傑）

朋友如衣服，舊的穿起來舒服，新的穿起來有趣。（陳禹妙）

朋友如髮夾，夾多了不見得會好看。（曾偉婷）

朋友如玫瑰，觀賞它的美，小心它的刺！（黃之貝）

朋友如好車，定期維修，性能更佳！（黃之貝）

朋友像身上的衣服，穿得少了挨寒受凍，穿得多了臃腫難行。（郭國評）

朋友如鬧鐘，在該響的時候把你敲醒，但不一定靈光，因為按掉鬧鐘，倒頭繼續睡，是大部分的人的習慣。（蔡其穎）

朋友如第一女配角，在一部電影中，她不會是焦點，但卻不可或缺。（張如宜）

朋友如電影裡的警車，總在十萬火急時盼不到，往往是塵埃落定後才姍姍來遲！（楊玉卿）

四、檢討

　　大體上，同學都可以造出合格的譬喻句，但是其中畢竟有優劣之別。在第二個題目中，同學必須具備犀利的眼光，讓自己能

在「朋友」與「金錢」二者之間找到相似點，而且切入點越準確、越出人意料，這個譬喻句通常也越搶眼。至於第三個題目要寫得好，關鍵在於必須具備敏銳靈動的「相似聯想」能力，因此可以在天差地別的事物間，找到相似點，進而造成譬喻句。

而且，因為造句的第一個步驟是在本體中抓出特性，接著才能進行相似聯想、找到喻體、造成譬喻句，因此觀察同學所抓出的本體的特性，其實就可以看出同學對此本體的認識，所以，從這個角度來說，譬喻所展現的就是作者對本體的認識，因此有人說譬喻修辭是一種認識論，這種說法是相當有道理的。

譬喻格之二

一、題組

（一）請指出下列譬喻句中的「喻解」：

　　1.「他（註：指梁實秋）的筆鋒有如貓爪戲人而不傷人。」（余光中〈文章與前額並高〉）

　　2.「聽他們高亢的唱喊聲激盪著林間漸沉的暮色，如拍岸的潮湧，一波疊一波的。」（陳列〈老兵紀念〉）

　　3.「農民們就像土撥鼠般，永遠守著這一片野地。」（陳冠學〈田園之秋〉）

　　4.「我望著她們／我的心／似一碗端不穩的水／搖晃著」（節選自梅新〈少女〉）

（二）「喻解」有時並不在句子中出現，必須由讀者心領神會。請找出下列譬喻句中的「喻解」：

1.「藝術是照耀在他生活中的一顆大星。」（張秀亞〈生命的頌歌〉）

2.「當風的彩旗，／像一片被縛住的波浪」（汪曾祺〈彩旗——早春之一〉）

（三）底下的譬喻列出了「本體」、「喻詞」和「喻解」，請填上你認為最出色的「喻體」。

1. 愁，好像（　　　　　　　　　），少放一點，滋味無窮；多放了，就要倒盡胃口。（吳怡〈愁〉）

2. 窗卻像（　　　　　　　　　），每當我思緒難平，就悄悄來到眼前和我默默相對。（杜十三〈室內〉）

3. 深邃的溪澗兩旁，還留著鬱鬱的古竹，在山嵐裡，有的如（　　　　　　　　　），參天而拜；有的如（　　　　　　　　　），俯首垂聽一切眾生……。（簡媜〈只緣身在此山中〉）

4. 你是（　　　　　　　　　）／在綠野上照明了／一條走向花林的路徑（麗砂〈蝶〉）

（四）請以「青春」或「失敗的滋味」為題，寫一篇 400 字左右的文章，其中至少必須出現三個譬喻句，而且出現譬喻句時，請用（　）括起來，未括起來者不予計分。

二、設計理念

　　一般譬喻格的教學，只注意到「本體」、「喻詞」、「喻體」，對於「喻解」較少著墨，但「喻解」可說是譬喻格的靈魂，實在不宜忽略。因此本作業的第一題中的譬喻諸例，都是字

面上即「本體」、「喻詞」、「喻體」、「喻解」俱全者，因此可以訓練同學抓取喻解；但是喻解也可能不在字面上出現，而是必須由讀者自行意會，所以第二題就是請同學領略言外的喻解，當然，這一題的難度比第一題稍微高了一點；第三題則是出現「本體」、「喻詞」、「喻解」，然後請同學根據這些線索，填上恰當的「喻體」；第四題則是要求同學寫一篇完整的文章，其中至少必須出現三個譬喻句，這種做法等於是在訓練特殊能力的同時，也訓練了綜合能力。

三、同學寫作成果

第一小題參考答案：1. 戲人而不傷人。2. 一波疊一波的。3. 永遠守著這一片野地。4. 搖晃著。

第二小題參考答案：1. 明亮燦美。2. 波動的狀態。

第三小題作者原作：1 味精。2. 一張癡情的臉。3. 善男信女、觀世音菩薩。4. 春天的燈。

第四小題：

青春

青春，是每個人都擁有過的時光，（它就像一片只能燒錄一次的空白光碟片），不管你燒錄的東西多還是少，一旦燒錄的時間過去，就不能再來一次，所以，我們一定要好好把握這段美好的時光。

（有些人的青春，就如同一輛加滿油的跑車），活力十足，對每件事都有興趣，都要去嘗試看看才肯罷休！就算如此，他仍

是不覺得累人，善用自己青春的本錢，盡情揮灑淚水和汗水，不論最後是失敗或成功，最重要的是過程以及學到的技能、知識和教訓，正所謂「青春不留白！」

（有些人的青春則如同一輛年久失修的二手車），做起任何事都有氣無力，也不積極參與新事物，生活一成不變，就好像一卷一直倒帶的影帶一樣，不管如何，內容還是那些東西，了無新意，就只是在白白的浪費自己一生只有一次的青春，讓這些珍貴的時光白白流去，十分可惜！

不論是要當一輛跑車，又或者是一輛二手車，選擇權全都在自己的手上，別人是沒有辦法干涉你的，正因為如此，在未來，每個人也都要為自己的選擇負責任，你的青春是一塊充滿內容，又或者是空洞乏味的光碟片，就要由你自己決定了，只要把握住青春，相信創造未來也必定不是難事！（林雨澤）

青春

（被大雨滋潤過的土地所孕育出的嫩芽是青春）。充滿著期待與希望，受到眾人的注目與呵護。吸收著家鄉的養分，漸漸地成長茁壯。

（四方白淨的畫布是青春）。生活中的喜怒哀樂作為顏料，拿起時間的畫筆，細膩地豐富我們的青春，不留一絲空白。

（披著新生的翼急著想飛的鳥兒是青春）。懷著一股衝勁，不顧一切地往上飛。也許臂膀不夠沉穩，也許樹枝劃傷了翅膀，但卻無法停止一顆想飛的心。

（毫不止歇的沙漏是青春）。靜靜的流逝不欲人知。蜂擁而

至，急著落下的青春，靜靜地躺著，直到青春流逝而去。

（山頂上的巨岩是青春。轟隆地滾落，隨著時間的河流而去。）一路上，巨岩受著時間的刻蝕，在人生的起起落落飄蕩，日趨圓融。成為一顆顆的鵝卵石，在廣漠的海底裡變成一個個美麗的回憶。即使想回到青春的念頭不曾間斷，正如鵝卵石堅硬的心。然而最後卻只剩時間的河流不斷地流動著……（蔡佳年）

失敗的滋味

沒有人喜歡輸的感覺，失敗簡直是否定了我們的努力，甚至是自己的能力，雖然成功的喜悅如此美好，但失敗的滋味才是令人難以忘懷。

（失敗是從地獄來的撒旦），它會讓人以為這世上沒有所謂的甜美果實，將你封閉起來，使你孤立無援，下次遇到它時，不妨伸出雙手，拜託家人朋友的協助或許能逃出它的手掌心。（失敗是一場突如其來的大雨，走得越遠，淋得越濕），也許手中沒有那把傘，那件雨衣，那便暫時倚靠在屋簷下，欣賞這場雨吧，畢竟濕漉漉的衣裳只會令人不適，使你感冒。（失敗就像是寫文章時，不經意出現的錯字），手所描述的不是你想呈現的，那是常有的事，收拾好心情，以一顆謹慎的心，抹去傷痛，屆時一篇文章便呈現在你眼前了，不管是好是壞，終究是前無古人的作品。

失敗的原因是有很多，當抓住要點時，千萬別裹足不前，因為機會要靠自己營造，否則等在後頭的，不用說也知道是什麼了吧。（陳奕睿）

失敗的滋味

國小畢業後，父母怕我愛玩，所以把我送到私立學校，當時，到了一個陌生的環境，沒有朋友，所以下課只坐在書桌唸書，將老師派的作業一一完成，也養成今日事今日畢的習慣，就這樣到了三年級，成績在前三名之內，（一路如順水之舟）的我，將面臨人生的第一大考驗。

到了三年級，要面對升高中的基本學力測驗，考完後，成績雖還滿意，卻是在第一志願邊緣。分發當天，由於採現場分發，心知分數在一、二志願中間，也只能向老天請求庇祐。第一、二、三梯次完成分發，終於輪到我的第四梯次，卻發現第一志願已額滿，整個人已是痴呆狀況，唯一能做的只是對著冰冷的麥克風發出不甘願的心聲：第二志願——台南二中，說完這句，屆時，人生漫無目標，心中產生莫名的失落感，令我無法言喻，但一直持續到坐上車後，終於無法掩飾心中的痛，（淚水如水庫洩洪一般而來），直到回到家中。

人生不可能一帆風順，我就是從未遭過挫折，才會有如此大的反應，（人生就像一條道路，有崎嶇有坑洞，難免會跌倒會撞到），唯有時時警惕自己，汲取失敗的經驗，並學會做一個堅強的人，不被失敗擊倒。（王華偉）

四、檢討

前面兩個小題可以在課堂上請同學練習，第三個小題更可以請幾個同學在黑板上寫出自己的答案，再由老師公佈原作所用的

喻體，兩相對照之下，學習效果應該不錯。

　　至於第四小題是要求同學寫成一篇文章，從中可以看出同學寫文章時是否能將譬喻格運用自如，而且也因為要求同學必須用到譬喻格，所以寫成的文章自然而然因為譬喻格「形象化」的特點，而增色、生動不少；並且，除了常見的「明喻」、「隱喻」外，同學也會因為表情達意的需要，自然而然發展出「修飾喻」（即喻體成為修飾語的譬喻），如「猴子似的我」，還有「博喻」（即喻體不只一個的譬喻），如「青春如東昇的朝陽，如初生的嫩草」。不過，同學也偶有失手的時候，最常見的是將判斷句誤以為隱喻，譬如「失敗的滋味是苦的」，實為判斷句；還有喻體的情感色彩未能準確掌握，譬如「失敗的經驗多如天上繁星」就有語病，因為「失敗的經驗」是負面的，可是「天上繁星」是正面的，因此儘管掌握了相似點——「多」，但是這仍是一個不恰當的譬喻。

轉化格

一、題組

（一）請問下列劉大白〈淚痕之群〉（七十三）是如何運用「轉化」修辭格的？請加以分析。

　　　趁相思微微地睡去的時候，
　　　把她絞死了，
　　　深深地埋在九幽之下；
　　　但當春信重來的夜裡，

　　她又從紅豆枝頭復活了。

（二）請以「自由」或「希望」為主題，請用 150 字以內的篇
　　　幅，分別將它擬人化和擬物化。

二、設計理念

　　黃慶萱《修辭學》說道：「描述一件事物時，轉變其原來性
質，化成另一種本質截然不同的事物，而加以形容敘述的，叫作
『轉化』。」轉化的方向有「擬人化」與「擬物化」兩種，這兩
種轉化的方式在文學創作中都非常常見，也是學生應具備的能
力。

　　因此第一小題就以一首同時運用了擬人與擬物的詩篇，讓同
學從鑑賞中熟悉這兩種手法；第二小題才是請同學進行寫作。

三、同學寫作成果

　　第一小題參考答案：此詩一開始將相思予以「擬人化」的描
寫，所謂「微微地睡去」暗喻思念之情稍稍平靜，「絞死」則意
味著刻意排除思念的情緒，不只如此，還要「深深地埋在九幽之
下」，可見得作者倍受思念所苦，所以必欲去之而後快的心情
了。可是，微妙的是，最後收結的兩句：「但當春信重來的夜
裡，／她又從紅豆枝頭復活了」，所謂的「春信重來」一語，令
人想及春情的萌動，更何況又是深謐而適於醞釀幽情的「夜
裡」，因此在這種氛圍下，相思「又從紅豆枝頭復活了」，此處
轉化格的運用較為複雜，因為相思化為紅豆，這是將相思「擬物

化」，但是「復活」一語，又將紅豆「擬人化」了，由此表現出愛情不死，愛情自有其勃勃然的生命力，就算當事人（作者）的主觀意志，也是無能操控的。

第二小題：

自由

〔擬人化〕自由，是許多小孩共同的名字，這些名為自由的小孩，居住在各式各樣不同的地方。

在某些地方，自由得到無微不至的呵護、照顧，因此，他一天一天的長大，身強體壯。

但在某些地方，他卻飽受虐待，吃不飽穿不暖，永遠長不大，永遠是個孤單卻無助的小孩。

最可怕的是，某些地方的自由卻連長大的機會都沒有，就直接被殺了，非常可憐。

〔擬物化〕自由，也是小小的種子，被播種在世界的每一處，不論頭頂的土有多麼堅硬，它總是能努力地發出芽來。

有些地方的自由，經過適當的灌溉與施肥，最後順利地長成大樹，也結下了名為「自由」的甜美果實。

但有些地方的自由，辛苦發芽後，沒人照料，只能靠著雨水滋潤求生存，始終都還是一棵小小的樹苗。

另外，有的自由更可憐，不僅無人照料，還被噴灑農藥，連根拔起，最後這些地方都成了不毛之地了。（林雨澤）

自由

在共產世界的國家裡，自由被毫不留情地釘在十字架上，而他的鮮血也染紅了那塊土地，成了犧牲品；也像是皮影戲裡的木偶，被上了線，完全被操控著。（林忠翰）

希望

〔擬人化〕許多人都有失意的時候，而當他們在痛苦的泥沼中掙扎時，希望總是會伸出他厚實的雙手，拉人一把，並用他最熱情的擁抱溫暖每顆冰冷的心。他告訴大家，只要堅持下去，他會一直在身旁陪伴著我們，而成功就在這條坎坷路的盡頭等著。

不管處境再艱困，人們也都得以站起來重新出發。

〔擬物化〕當我在球場上面對強大的對手而束手無策時，有如身陷一片黑暗中，但總有一道溫暖明亮的光芒在黑暗的彼端閃耀著，在黑暗中形成的一條彷彿是綠野仙蹤的道路，而我就像夸父一樣追逐著，不管光芒是強是弱，它總是標示出我該走的方向，而讓我有力量繼續在球場上奔跑。（蘇弘軒）

希望

〔擬人化〕當潘朵拉禁不住好奇打開寶盒，所有的邪惡事物都飛奔出去，唯有希望仍靜靜地躺在盒底，支持處在黑暗的人們。

〔擬物化〕縱使只是一根稻草，對落水者來說，那就是他們的希望。（莊曜宇）

四、檢討

此題的設計，原本是希望同學將擬人與擬物分開來，各寫一段，可是有頗多同學寫成一篇同時運用擬人與擬物手法的文章（如同前面林忠翰一文），之所以會如此，除了做為範例的新詩的影響外，題目格式設計不良，應該也有關係，所以可以考慮用表格的方式，標誌出擬人與擬物兩欄，請同學填寫，這樣應該就不會出錯了。

「自由」與「希望」都是抽象的概念，但是運用了轉化格後，抽象的概念就被具象化了，顯得鮮明而可感，這就是轉化格的美感所在。經過這樣的練習，同學應該可以培養出對轉化格的明確認識。

倒反格

一、題組

（一）請比較下列金聖嘆「不亦快哉」（三十三則錄三），和梁實秋〈不亦快哉〉（十一則錄三），然後指出梁實秋〈不亦快哉〉的寫作有何特點。

金聖嘆「不亦快哉」（三十三則錄三）：

其一：夏七月，赤日停天，亦無風，亦無雲；前後庭赫然如洪爐，無一鳥敢來飛。汗出遍身，縱橫成渠。置飯於前，不可得喫。呼簟欲臥地上，則地濕如膏，蒼蠅又來緣頸附鼻，驅之不去，正莫可如何，忽然大黑車軸，疾澍

澎湃之聲，如數百萬金鼓。簷溜浩於瀑布。身汗頓收，地
燥如掃，蒼蠅盡去，飯便得吃。不亦快哉！

　　其一：夏日於朱紅盤中，自拔快刀，切綠沉西瓜。不
亦快哉！

　　其一：朝眠初覺，似聞家人嘆息之聲，言某人夜來已
死。疾呼而訊之，正是一城中第一絕有心計人。不亦快
哉！

梁實秋〈不亦快哉〉（十一則錄三）：

　　其一、烈日下彳亍道上，口燥舌乾，忽見路邊有賣甘
蔗者，急忙買得兩根，一手揮舞，一手持就口邊，才咬一
口即入佳境，隨走隨嚼，旁若無人，蔗滓隨嚼隨吐。人生
貴適意，兼可為「你丟我撿」者製造工作機會，瀟灑自
如，不亦快哉！

　　其一、放學回家，精神愉快，一路上和夥伴們打打鬧
鬧，說說笑笑，尚不足以暢敘幽情，忽見左右住宅門前都
裝有電鈴，鈴雖設而常不響，豈不形同虛設，於是舉臂舒
腕，伸出食指，在每個鈕上按戳一下。隨後，就有人倉皇
應門，有人倒屣而出，有人厲聲叱問，有人伸頸探問而瞠
目結舌。躲在暗處把這些現象盡收眼底，略施小技，無傷
大雅，不亦快哉！

　　其一、通衢大道，十字路口，不許人行。行人必須上
天橋，下地道，豈有此理！豪傑之士不理會這一套，直入

虎口，左躲右閃，居然波羅蜜多達彼岸，回頭一看天橋上
黑壓壓的人群猶在蠕動，路邊的警察戟指大罵，暴跳如
雷，而無可奈我何。這時節領首示意，報以微笑，揚長而
去，不亦快哉！

（二）請模仿梁實秋〈不亦快哉〉筆法，寫二至三則「不亦快
哉」之事，每則字數在 150 左右；需運用「倒反」
格，但不宜流於苛薄、殘忍。

二、設計理念

「倒反」就是言辭表面的意義和作者內心真意相反的修辭
法，可以分為兩種：表面讚賞，其實責罵；表面責罵，其實讚
賞。這種修辭格如果運用得好，會產生妙趣橫生的效果，相當能
吸引學生。

金聖嘆「不亦快哉」和梁實秋〈不亦快哉〉，雖然都是寫不
亦快哉之事，但是前者是真的不亦快哉，後者是假的不亦快哉，
因此相較之下，很容易了解梁實秋〈不亦快哉〉是運用了倒反格
中，「表面讚賞，其實責罵」的一種，因此造成反諷的特殊效
果，顯得妙趣橫生。這就是「原型」與「變型」的比較，辭格美
感就自然而然地被凸顯出來了。

因此本題組的第一小題其實就是倒反格「原型」與「變型」
的比較，第二小題就接著請同學運用此一修辭格來寫成一段文
字，但是正如黃慶萱《修辭學》（增訂三版）所言：「倒反不可
流於尖刻。」因此特別在題目中註明，提醒同學注意。

三、同學寫作成果

第一小題參考答案：梁實秋〈不亦快哉〉用了倒反格，而且是表面讚賞，其實責罵，因此造成反諷的效果。

第二小題：

高中時，學校的午餐並不好吃，所以中午常常就翻過圍牆買飯回來，一方面使附近店家生意興隆，也可訓練體能，將來服役時的五項戰技便可迎刃而解，而教官從監視器看到，便從教官室跑過來，上演你追我跑的戲碼，讓平時缺乏運動的教官，跑步鍛鍊心肺功能，而不讓教官捉到，認出我來，更是實踐為善不欲人知的道理，種種好處正是咱們俠義中人所為，不亦快哉啊！（蔣安迪）

深夜時分，和一二室友高談闊論，聲音迴盪在整樓層，如此不但可以使彼此學問交流得更順暢，也可以叫醒那些想上廁所的人，一來有助於文學探討，二來幫助他人正常排泄，不亦快哉！（胡翰威）

平時騎車，保持高速，追逐風、追逐太陽，恣意奔騰在大都會中，遇到紅燈時更能毫不考慮穿越過去，一馬當先，拔得頭籌，有一夫當關，萬夫莫敵之氣勢，不亦快哉。（沈力洋）

普物考卷一發下來，眼看只有七題，完全和課本雷同，一提起筆，準備開始揮毫，卻又下不了手，腦中一片空白。索性早早

交卷,不浪費油墨,並以自信之姿滅他人志氣,不亦快哉!(林玉娘)

於大眾面前說人是非,實則以眾人之力,令其改正,歸於正途,乃為善事,不亦快哉。(楊智凱)

吃完自助餐,看到有如小山的免洗筷,當然就隨手拿了一把啦!反正免洗筷很便宜,老闆又不會計較,自己要用也方便,利己而不損人!不亦快哉!(劉韋志)

見騎樓下一片空盪盪,好不浪費,現今人口暴增,寸土寸金,大好資源,怎可不利用,你停車,我擺攤,省錢又方便,不亦快哉!(余青峰)

把垃圾丟進海裡,不但可以減少家裡的垃圾,又可以填海,說不定可使台灣面積變大,真是不亦快哉。(鄭凱鳴)

某天心情鬱悶,騎著機車到處晃時,看到路旁有人在遛狗,於是趨車向前往狗身上踹一腳,再加速離開,不僅出一口悶氣,也讓狗主人能藉叫罵之便發洩心中壓力,更為街道添加生氣──人、狗齊叫,不亦快哉。(古盈敏)

一大清早,鳥兒鳴叫,太陽公公神氣活現的照耀大地,可我卻全身痠痛,還得參加那可惡的考試。頭昏腦脹神智有點不清,

小覷一下隔壁同學的答案，有了漂亮的分數，不只自己心情愉快，老師也樂得開心，更幫同學積了好功德，不亦快哉！（劉佳茹）

逛夜市，吃東西，繞了幾圈後，手裡突然多了一些麻煩的垃圾，走著走著，前方正有幾輛亂停的機車、腳踏車，此時便將那些麻煩往籃子一投，進了！兩手空空，又練了投籃，不亦快哉！（楊宛珊）

見洗衣機使用者付費，突靈機一動，略施小計，免費使用，且常損毀之，可替維修人員增加工作機會，有利彼此，不亦快哉。（劉益良）

四、檢討

整體說來，同學的表現不錯，批改時就常常被逗得忍不住擲筆大笑，等到上課共同檢討時更是笑聲連連，這讓我想到：有時候訓練同學運用倒反修辭格，說不定可以培養同學的幽默感。不過有幾個需要提醒同學注意的地方：

（一）此處倒反格之使用應為「負面」之事，用「正面」筆調來寫，所以原為正面之事，就不宜拿來倒反。譬如這個例子：「高三生活，愁雲慘霧，拚死拚活地讀書，最後金榜題名，不亦快哉！」就犯了這個錯誤。

（二）倒反格切不可流於殘忍、苛刻。譬如這段文字：「失業率

漸高，玩高樓的高空彈跳的人也漸多，看了現場過程，壓力紓解很多，不亦快哉！」將跳樓自殺之事拿來倒反，就令人覺得不忍。

（三）最好不要用文言寫作。因為同學文言寫作能力普遍不佳，所以最好純用白話行文，譬如這個例子：「樹下田牛，吃草午休。置爆竹於其尾上，以廟香點燃，使其飯後運動，不亦快哉！」就用了文言句法，但是不太通順。

（四）因為倒反格是要將反面之事用正面語氣來敘述，以造成反諷之效果，所以自然不宜出現批判之語。譬如這個句子：「來到觀光旅遊勝地，拍照留念是少不了的，每個人都想讓自己的生活更增添幾分色彩，但拍照仍不能滿足，還是拿起立可白揮毫吧！或者掏出小刀，在樹上比畫比畫吧！如此才能證明我真的走過呀！更何況這樣也能讓我聲名大噪，名揚四海呀！難怪公德心三個字在台灣人身上難以找到！」最後一句出現了批判語，就形不成倒反格了。

移覺格

一、題組

（一）以下的詩句都運用了「通感」的原理，造成移覺格，請指出它們分別是以哪一種知覺來形容原本的知覺。

1. 麥堅利堡　鳥都不叫了　樹葉也怕動
   凡是聲音都會使這裡的靜默受擊出血（羅門〈麥堅利

堡〉）

以（　　　　）形容（　　　　　　　）。

2. 七原色的哄笑，

滴落著

閃耀……

漩渦著

放散……（錦連〈嬰兒〉）

以（　　　　）形容（　　　　　　　）。

好一團波濤洶湧大合唱的紫色（周夢蝶〈牽牛花〉

以（　　　　）形容（　　　　　　　）。

（二）請你在下面的五種事物中選擇兩種，造出運用移覺格的句
　　子。

原本的事物	以移覺格造句
笑聲 （聽覺）	
彩虹 （視覺）	
冰塊的冷 （觸覺）	
甜 （味覺）	
玫瑰花香 （嗅覺）	

二、設計理念

　　人有五種知覺：視覺、聽覺、嗅覺、味覺、膚覺（含觸壓覺和溫度覺），這五種知覺之間能夠互相轉化、移借、溝通，這種原理就是「通感」，所形成的修辭格稱作「移覺格」。錢鍾書〈通感〉即說：「在日常經驗裡，視覺、聽覺、觸覺、嗅覺、味覺往往可以彼此打通或交通，眼、耳、舌、鼻、身，各個官能的領域可以不分界限。顏色似乎會有溫度，聲音似乎會有形象，冷暖似乎會有重量，氣味似乎會有鋒芒。」我們在日常生活中常用的語彙，如「目擊」就是將原本視覺所見，改用觸覺加以摹寫，「熱鬧」就是將聽覺所得，用觸覺中的溫度覺來加強，「清香」就是把嗅覺所捕捉到的香味，用視覺的「清」來形容……等，這些都體現了通感的道理。而且在文學作品中，通感更有特別的意義，正如曹常青、謝文利《詩的技巧》所言：隨著心理學的發展，人們越來越認識到，感官只能單一的感受事物較低的功能，而通感則具有昇華性的精神意義，能在刺激人的多種感官時體現藝術的更大力量。所以讓同學認識這種現象，並且更進一步來創造，是相當有意義的。

　　因為移覺格是同學較不熟悉的辭格，所以在第一小題中，先引領同學認識移覺格，第二小題才開始寫作，而且並非寫一篇作文，只是造一個句子而已，這樣比較切合同學的程度，也容易看出同學是否能夠掌握移覺格。

三、同學寫作成果

第一小題參考答案：1. 以觸覺、視覺形容聽覺。2. 以視覺形容聽覺。3. 以聽覺形容視覺。

第二小題：

笑聲（聽覺）

好一陣爽朗的笑聲，如陽光般照進了心坎裡。（張秀雯）

風吹過，散落的笑聲被捲起，再次飛翔。（李皇毅）

課堂上的笑聲就像海浪般一波波襲來。（許睿玄）

像高空煙火般此起彼落的笑聲擴散著。（蘇健寧）

彩虹（視覺）

Do、Re、Mi、Fa、Sol、La、Si、Do 在雨後天空為人們帶來清新的樂聲。（陳炳宏）

雨停了，雲散了，七彩音符在藍色的畫布上跳躍。（翁嘉豪）

雨過天晴，天空乍現由笑聲堆疊起的彩虹。（高銘良）

大雨過後，彩虹以叮叮咚咚的步伐，輕巧地掛上天際。（劉

佳茹）

冰塊的冷（觸覺）

冰塊刺鼻的冷撲面而來，沁涼如薄荷味一般。（陳展翔）

如深沉的藍，漸漸的在我手中化開。（張肇罡）

像海一般深藍的冷，從那冰塊中滲透出來。（梁永炎）

極冷的冰塊，正在高聲尖叫。（曾勝煊）

甜（味覺）

這塊蛋糕甜似情侶的熱吻。（黃川桐）

有如一首曼妙的舞曲，在舌尖舞動著。（張肇罡）

那五彩繽紛的甜，融在嘴裡，滴在心裡。（劉佳茹）

甜就如百花盛開的花園感動我的眼睛般，浸潤著我的舌頭。
（林肯迪）

玫瑰花香（嗅覺）

火紅色的飄香，原來是傳給有情人的禮物。（邱彥晟）

那輕柔如羽毛拂身般的玫瑰花香自庭園中飄來。（古盈敏）

如針棘般的香，刺激著我的腦。（張哲瑋）

玫瑰花香陣陣襲來，好似一首優美的曲子。（楊宛珊）

眼前一片火紅的玫瑰花田，自己彷彿撞上玫瑰花香的牆。
（鍾孝武）

四、檢討

　　雖然移覺格是同學幾乎沒有接觸過的修辭格，而且乍看之下好像寫作難度頗高，但是事實證明：只要指引得夠清楚，同學就能夠了解，並進而創作。不過，下列幾點是同學比較常犯的錯誤：

（一）詞語使用不夠精確是常見的錯誤。譬如這個例子：「暖暖的甜，由舌尖散開，穿透了全身每一個細胞。」「甜」用「暖暖的」來形容，可謂相當靈活，但是「穿透」一詞就太重了，改成「浸潤」會好得多。

（二）詞語缺漏也是很常見的。譬如這個例子：「那種淡淡的甜，好似置身在草原上吹著微微的風的享受。」在這個句子中，「淡淡的甜」變成主語，但是和其後的謂語不能搭配，因為「淡淡的甜」不能作出吹風的動作，因此這個句

子可以修改成「讓字句」，即「那種淡淡的甜，讓我好似置身在草原上吹著微微的風的享受。」這樣方才通順。

（三）未寫成句子，與題目要求不合。譬如「樂曲似的彩虹」、「雪白的冷」、「甜蜜蜜的彩虹」、「全身發燙的香」、「晶瑩剔透的甜」、「柔軟的玫瑰花香」等都很不錯，可是沒有成句，可惜了。

（四）有的句子仍是用同一種知覺來譬喻、形容，並未形成通感。譬如這個例子：「冰塊的冷如急速的電流由指尖傳到全身。」冰塊的冷是以觸覺來感受，被電電到的感覺，也是由觸覺來捕捉的，因此這個句子並不能說是運用了移覺格。

（五）有的句子並非針對某種知覺來寫，而是寫自己對此種知覺的感受，並不符合題目要求。譬如這個例子：「那種甜讓我的眉頭整個皺了起來，膩得我頭皮發麻。」只寫了甜味讓人發膩，但是對甜味本身卻並未著墨，也沒有用到移覺格。

๛ 構詞與組句 ๛

句子的簡單化與複雜化

一、題組

（一）請將下列例句還原為最簡單的原型。

1. 曙光從天邊雲縫綻裂出一道道火紅朝霞。（廖鴻基〈鐵魚〉）

2. 原住民看到曠野上盛開的野生欒樹由黃轉紅。（王家祥〈秋日的聲音〉）

3. 數百隻小燕鷗，發出切擦磨牙般的脆叫聲。（洪素麗〈苕之華〉）

4. 不遠處，佛寺朱紅的飛簷映著青山，在斜飄的雨絲裡。（陳列〈山中書〉）

5. 曾在庫倫的深宅大院裡度過童年的母親，曾吃著一盒一盒包裝精美的俄國巧克力、和友伴們在迴廊上嬉戲的母親，恐怕是並不會喜歡我這樣浪漫的心思的。（席慕蓉〈飄蓬〉）

（二）請你將下列簡單的句子，修飾得豐富美麗（四選二），並請將句子寫在背面空白處，而且要標出題號。

1. 這是一朵花。
2. 天空飄著雲。
3. 我心動了。
4. 她的眼睛很美。

二、設計理念

　　這個題組包含兩個子題。寫作第一小題前，需讓學生對句子的組成有基本的認識。一般說來，一個句子是由主語和謂語構成，譬如「花美」、「鳥飛」、「我吃飯」都是一個句子，其中「花」、「鳥」、「我」都是主語，「美」、「飛」、「吃飯」都是謂語，如果想要將句子的意思傳達得更精確、更細緻，可以加上一些修飾語，句子就會變得複雜，譬如「鳥飛」可以變成「一隻鳥慢慢地飛」、「一隻鳥鼓著雙翼慢慢地飛翔在藍藍的天空中」、「一隻巨大的鳥鼓著有力的雙翼，慢慢地飛翔在龐闊蔚藍的天空中」……，從上述這些句子中，可以看出句子是如何從「原型」向「變型」轉化，而且最後一個變型句，儘管為了閱讀的方便，在語氣停頓處，加上一個逗號，但是這仍然只是一個句子。如前所述，句子的發展是從「原型」向「變型」轉化，也就是由簡單到複雜；但是反過來說，也可以從「變型」向「原型」轉化，使得一個原本頗複雜的句子，呈現出它最簡單、原始的風貌，做法是將一個複雜句子的修飾語摘掉，只保留最重要的部分。因此第一小題的設計，就是挑選名家散文中的一個句子，請學生刪掉修飾語，找出它的原型，這樣可以讓學生對句子有更自

覺的認識。

　第二小題則是承接第一小題而來的，因為第一小題是要求學生從「變型」句中找出「原型」，第二小題則是要求學生將「原型」句加上修飾語，轉化成「變型」，而且可以適度地運用倒裝的技巧，將句子變得更靈活優美。

三、學生寫作成果

第一小題參考答案：

1. 曙光綻裂朝霞。

2. 原住民看到野生欒樹。（此句是倒裝句，還原後應為「原住民看到曠野上盛開的由黃轉紅的野生欒樹」，其中「曠野上盛開的由黃轉紅的」全是用來修飾「野生欒樹」，因此可以刪掉。）

3. 小燕鷗發出脆叫聲。（此句中間雖然由一逗號分開，但是這只是標誌語氣停頓而已，整體仍是一個句子。而且以修辭的觀點來看待此句，則「切擦磨牙般的脆叫聲」屬修飾喻，如改以原來明喻的型態呈現，則為「脆叫聲如切擦磨牙」，不過在修飾喻中，「切擦磨牙般的」是修飾語，所以可以刪掉。）

4. 飛簷映著青山。（此句也是倒裝句，還原後應為「佛寺朱紅的飛簷在不遠處、在斜飄的雨絲裡映著青山」，「佛寺朱紅的」用來修飾「飛簷」，「在不遠處、在斜飄的雨絲裡」用來修飾「映著青山」，因此都可以刪掉。）

5. 母親不會喜歡我的心思。（此句複雜處在於主語——母親，用了許多修飾語來修飾，即「曾在庫倫的深宅大院裡度過童年的」、「曾吃著一盒一盒包裝精美的俄國巧克力、和友伴們在迴廊上嬉戲的」等詞語，都是用來修飾「母親」的，因此可以全部刪掉，句子就清晰許多。）

第二小題：

1. 這是一朵花。

這是一朵開在幽靜山谷裡，孤芳自賞的花。（張云瀚）

這是一朵在春天盛開的群花中脫穎而出的美麗的花。（許睿玄）

這是一朵在柔和陽光下綻放著微笑的花兒。（張肇罡）

這是從斷垣殘壁中克服一切困難而生長的一朵生命之花。（梁家榮）

2. 天空飄著雲。

湛藍的天空像水波一樣推動著漫無目的地飄著的雲。（梁嘉榮）

無垠無涯、沒有邊界的天空飄著一朵朵正在長途旅行的白雲。（劉圍維）

深海般的天空飄著一片孤傲不馴的雲。（洪榮崇）

沒有一絲污濁的天空靜靜地飄著承載夢想的雲。（古盈敏）

3. 我心動了。

我的心似鷹叫劃破山谷的寧靜般浮動了起來。（周育民）

我沉靜已久的心，現今又已如波濤洶湧般在心中怒嚎不止。（賴泓瑞）

我那像彈力球的心開始不自主地跳動起來了。（劉凱鴻）

我的心總因為你的一舉一動，而產生不規則的律動，或快或慢，時急時緩。（黃偉庭）

4. 她的眼睛很美。

她那雙燦若朗星的雙眸，美到讓我無法、也不想自拔。（許閔豪）

在我的眼中，她那大大的眼睛帶點柔和、帶點哀怨，很美。（吳保錡）

四、檢討

第一個子題的寫作，是採用課堂活動的方式來進行。每一小題都隨機抽五名同學上台寫出自己的答案，並根據黑板上的答

案，和同學一起討論出最恰當的原型，而且同學的表現通常還不錯，有蠻多同學都可以抓住要領，寫出頗為相近的答案。

在寫作第二個子題時，最常見的錯誤就是詞語搭配不當，譬如：「我的心在聽完另一頭的他對我訴說的排版語言之後怦然動了」，「排版語言」應是用「看」的，所以用「聽」就不適合；又如：「萬里晴日蔚藍而清澈的天空，點綴著一絲一絲的白匹布，儼然是大地的外衣」，「點綴」與「一絲一絲的白匹布」是不相配的，因此可以將「點綴」改成「橫陳」。

此外，同學能巧妙地運用倒裝的技巧，使得句子雖然複雜，但是並不難懂，則是值得讚許的，譬如：「在風中搖曳，在春天綻放，這是一朵花，我在尋覓的花」，還原後應為：「這是一朵在風中搖曳、在春天綻放、我在尋覓的花」，又如：「我的心總因為你的一舉一動，而產生不規則的律動，或快或慢，時急時緩」，還原後應為：「我的心總因為你的一舉一動，而產生不規則的、或快或慢、時急時緩的律動」。

句子的改正

一、題組

（一）成分搭配不當

1. 每所中學都應該積極參加環境保護的活動。
2. 運動場上，班旗不停的揮動著。
3. 這種錯誤的做法必須得到改善。
4. 我將來一定要實現自己所訂下的事情和目標。

5. 因為一年級的老師很好，因此我得到很好的基礎。

6. 我曾經虛心的幫助過那位同學。

（二）成分殘缺

1. 在高分的引誘下，使小明自私的本性暴露無遺。

2. 在香港，經過不到一百年的時間，已由一個小小的漁村，變成一個現代化的大都會了。

3. 我的爸爸善於人與人之間的關係，受到同事和朋友的敬重。

4. 我們必須注重清潔，不隨地丟垃圾的習慣。

5. 我們稍微動腦筋分析一下，就能識破那些騙子。

6. 我訂下了爭取優勝，並下決心去實踐。

（三）成分多餘

1. 我度過了一個開心又愉快的暑假。

2. 那冷冷的寒風吹得我直發抖。

3. 那如雷貫耳的雷聲，讓我害怕極了。

4. 「天下無難事，只怕有心人」這句話，有時也會在媽媽口中聽到這句話。

5. 星期日，我們幾個人一起合起來到麥當勞去。

6. 這隻小貓有美麗的毛，還有一對圓圓的貓眼睛。

二、設計理念

造成病句的原因頗多，本題組鎖定常見的三個原因：「成分

搭配不當」、「成分殘缺」、「成分多餘」來設計題目，希望藉
此讓學生對句子有更清楚的認識，以後造句時能進行自覺的監
控、檢查。

三、同學寫作成果

第一小題參考答案：

1. 每所中學（的師生）都應該積極參加環境保護的活動。

　〔說明〕：此句的錯誤為主語和謂語搭配不當。原句中
　「每所中學」為主語，但是「每所中學」是教育機構，並
　非人物，因此不可能參加活動，所以應改為「每所中學的
　師生」。

2. 運動場上，班旗不停的（飄動）著。

　〔說明〕：此句的錯誤為主語和謂語搭配不當。主語為
　「班旗」，可是「班旗」不可能自己揮動著，因此應改為
　飄動。

3. 這種錯誤的做法必須得到（改進）。

　〔說明〕：此句的錯誤為主語和謂語搭配不當。主語為
　「這種錯誤的做法」，但是動詞不應為「改善」，可寫作
　「改進」。

4. 我將來一定要實現自己所訂下的（目標）。

　〔說明〕：此句的錯誤為動詞和賓語搭配不當。因為「訂
　下」可以搭配「目標」，但是不能搭配「事情」，所以把
　「事情」刪去就沒問題了。

5. 因為一年級的老師很好，因此我（打下）很好的基礎。

〔說明〕：此句的錯誤為動詞和賓語搭配不當。因為「基礎」是「打下」的，不可以說是「得到很好的基礎」。

6. 我曾經（熱心地）幫助過那位同學。

〔說明〕：此句的錯誤為修飾語和中心詞搭配不當。「虛心的幫助」不通，應改為「熱心地幫助」。

第二小題參考答案：

1. 在高分的引誘下，（小明）自私的本性暴露無遺。

〔說明〕：此句的錯誤為主語殘缺。因為「在高分的引誘下」為全句修飾語，「使小明自私的本性暴露無遺」欠缺了主語。改正的方式有二：「在高分的引誘下，小明自私的本性暴露無遺。」使「小明」成為主語；或是「高分的引誘使小明自私的本性暴露無遺。」則「高分的引誘」成為主語。

2. （香港）經過不到一百年的時間，已由一個小小的漁村，變成一個現代化的大都會了。

〔說明〕：此句的錯誤為主語殘缺。因此把全句修飾語——「在香港」，改成主語，句子就通順了。

3. 我的爸爸善於（處理）人與人之間的關係。

〔說明〕：此句的錯誤為謂語中的動詞殘缺。「人與人之間的關係」所搭配的動詞是「處理」，因此補上去之後，句子就完整了。

4. 我們必須注重清潔，（養成）不隨地丟垃圾的習慣。

〔說明〕：此句的錯誤為謂語中的動詞殘缺。這是兩個句

子所組成的複句，第二個句子是省略句，補上主語後應為
「我們不隨地丟垃圾的習慣」，其中很明顯地可以看出缺
了動詞——「養成」，補上之後方才完整。

5. 我們稍微動腦筋分析一下，就能識破那些騙子（的伎
   倆）。

   〔說明〕：此句的錯誤為謂語中的賓語殘缺。「識破」應
   該搭配「騙子的伎倆」。

6. 我訂下了爭取優勝（的目標），並下決心去實踐。

   〔說明〕：此句的錯誤為謂語中的賓語殘缺。「訂下」應
   該搭配「爭取優勝的目標」。

第三小題參考答案：

1. 我度過了一個（開心）的暑假。

   〔說明〕：此句的錯誤為前後重複。因為「開心」和「愉
   快」在此看不出明顯的意義上的差別，所以只要保留一個
   就可以了。

2. 那（冷冷）的風吹得我直發抖。

   〔說明〕：此句的錯誤為前後重複。「冷冷」和「寒」意
   思重複，所以只要保留其中一個就好了。

3. 那（貫耳）的雷聲，讓我害怕極了。

   〔說明〕：此句的錯誤為前後重複，而且就譬喻而言，本
   體與喻體同一也是說不通的，因此把「如雷」刪去方為合
   理。

4.「天下無難事，只怕有心人」這句話，有時也會在媽媽口

中聽到。

〔說明〕：此句的錯誤為前後重複。此句原為「有時也會在媽媽口中聽到『天下無難事，只怕有心人』這句話」，倒裝之後應為「『天下無難事，只怕有心人』這句話，有時也會在媽媽口中聽到」，所以「這句話」不應重複出現。

5. 星期日，我們幾個人（一起）到麥當勞去。

〔說明〕：此句的錯誤為出現冗贅語。「一起」、「合起來」是無意義的重複，因此只要保留一個就好了。

6. 這隻小貓有美麗的毛，還有一對圓圓的（眼睛）。

〔說明〕：此句的錯誤為出現冗贅語。這是兩個句子構成的複句，後一句是省略主語的省略句，還原之後應為「這隻小貓還有一對圓圓的貓眼睛」，但是主語既然是「這隻小貓」，那麼牠的眼睛當然是貓眼睛，因此「貓」字是冗贅語，應該刪掉。

四、檢討

在講解過基本的文法知識後，就可以請同學一起來練習找出句子的錯誤，並且加以改正。許多同學乍看這些句子，完全看不出錯誤所在，但是在老師指導下一一指出、改正之後，通常會有恍然大悟之感；如果這樣的練習可以多幾次，那麼不僅可以幫助學生從基礎的造句開始，提升自己的寫作能力，還有助於邏輯思維的訓練，可說是一舉兩得啊！

❧ 運材與佈局 ❧

空間章法

一、題組

（一）請以「春天的原野」為主題，分別依據「由近而遠」、「由低而高」的順序蒐集材料、羅列出來。

請羅列出由近而遠出現的景物	
請羅列由低而高出現的景物	

（二）請將這些材料組織成兩篇文章（所找到的材料不須全部用上）。

二、設計理念

　　空間是「長」、「寬」、「高」三維架構起來的，屬於「長」的那一維的章法有遠近法、內外法、前後法，屬於「寬」的那一維的章法有左右法，屬於「高」的那一維的章法有高低法，而長和寬二維構成一個「面」，面有大有小，因此有大小

法，此外空間可能會轉換，所以有空間轉換法，而且空間有真有假（知覺所能感知到的為真，知覺所不能感知到、設想出來的為假），因此有空間虛實法。這些都屬於空間類章法。

空間知覺是每個人都有的，因此空間章法也是相當容易了解、運用的章法；本題組鎖定空間章法中最常見的兩種──遠近法和高低法，讓同學練習寫作。題目分兩部分：第一小題請同學先依序蒐集材料，至於為何要依照順序？那是為了避免遺漏，因為順序式的觀察是最基本有效的觀察方式；接著第二小題才是請他們根據所找到的材料，經過篩選之後，寫入文中，成為一篇文章。

三、同學寫作成果

第一、二小題：

請羅列出由近而遠出現的景物	蝶、花朵、太陽花海、草原、太陽、山林
請羅列由低而高出現的景物	瓢蟲、蒲公英、土撥鼠、溪流、燕子

一個毛蟲的蛹蛻變成蝶，她抖擻濕濡的雙翅緩慢拍動，終於慢慢離開了葉端，她不穩的低低振翅，落在一朵黃色的圓形大花的蕊裡，循著甜蜜氣息伸出觸角，吸食新生後的第一餐。

飽足了，薄翅也習慣了鼓動，蝶奮力一拍──隨著微風搖擺，盤旋上去那是一大片黃澄澄太陽花海，她欣喜望著這美好世界，愈飛愈高，看見了包圍著豔黃的油亮嫩綠，柔軟的草群迎風

搖曳。一抬頭，燦爛的陽光照得快要睜不開眼、照得全身暖烘烘的；蝶聽見風兒帶來的外地歌謠，陶醉在那優美的旋律中，看著出生的花海，心中有一絲不捨，卻又被音符所迷惑……停了好久，最後她說：

「我想去旅行，想去看看這寬闊的世界。」

於是，蝶追著徐徐吹向山的那一邊的和風翩翩遠去，那雙紋著絢爛色彩的翅膀飛越了青翠山林、飛向暮色漸沈的遙遠地平線。

穿著紅底黑點小外套的頑童戴著一頂黑色瓜皮帽，悠哉穿梭在毛茸茸的小球裡鑽啊鑽啊，讓球絮都散落了，露珠沾濕了衣裳。不遠處，土撥鼠從地底探出腦袋張望著，卻還是裹足不前，旋即迅速地消失在地平面。

從遠處高聳土丘順流來的一條藍錦帶閃閃發著白光，那是潺湲的清澈小溪緩緩低吟著，彎彎曲曲向前爬行，水中的魚兒嬉戲比賽要跳躍彩虹。

蒲公英聚集在溪邊，一株株隨意地手牽手；和煦的風溫柔撲來，偷偷摘走一顆顆黃茸茸飄上天空，顏色淡得彷彿融在雲朵裡，淡淡的黃，淡淡的藍。歸來的燕子遇到了漂浮的種子，大家寒暄了一陣子，風變強了，要帶著種子邁向另一個旅途。燕子紳士祝福他們早日落地歸根，他伸展雙翅迴旋數圈，掠過一片春暖花開的大地。（李華盈）

請羅列出由近而遠出現的景物	野兔、蝴蝶、融化了的溪流、綠草、熊、零星的帳棚、游牧民族、羊群

請羅列由低而高出現的景物	螞蟻、抽芽的植物、殘雪、花苞、蛇、歸來的候鳥、狼、蒼黃轉綠的梯田

從帳棚出來，風拂著我的面頰——冷冽地。「是所謂的料峭春風吧！」我想。前面的洞穴裡，有隻野兔在窩邊探頭探腦，嘿，跳出來了！在草叢中嗅嗅聞聞。不仔細看你是不會發現這小東西的蹤影，因為春天黃黃綠綠的草成了牠的保護色。放眼望去只見幾塊浮冰徐徐的移動，山上融化的雪水把草地切成了兩半。

對岸有隻熊，一副想下水又不敢，怕冷的樣子，實在好笑，不過牠終究是噗通下去，且敏捷地抓了一條魚。畢竟是整個冬天都沒吃東西了。游牧民族的帳棚零星地散落在整片新綠的草上，他們趕著成群結隊的羊從上坡下來。如今才真正看見什麼叫地理課上的「逐水草而居」了。我看著山坡上那一整片灰撲撲會移動的毛毯，想到那一身蓬蓬鬆鬆的毛陪了牠們整個冬天，不久一隻隻的羊兒又要變成光禿禿的模樣了。

地表的溫度不再酷寒，像個信號使第一隻工蟻推開穴前去年的土堆及落葉，緊跟在後十幾萬隻弟兄蜂擁而出，分頭去尋找食物。地面上還有些許的殘雪呢！可是一根根抽出的綠芽，已等不及從融化的積雪下冒出來，吸取早春的陽光和空氣。為盛夏原野上的茂密做準備。

出去過冬的候鳥回來了，收著翅，那細長的腳正優雅地來回踱步展示自己的年輕。一頭冒失的狼卻在這時走過來，隨即破壞了這片寧靜。鳥兒紛飛的身影往山那邊移動，一層黃、一層褐、

一層綠相間的梯田隨即充滿了我的視野。還有那延綿在最高最高處，鑲著一條金邊的皚皚白雪，正緩緩融化成河水滋潤初醒的大地。（林陽）

請羅列出由近而遠出現的景物	老人與孩子、驢、草原、樹林、陽光、山、天
請羅列由低而高出現的景物	泥土、草、露水、花、鳥、杉木、月亮、星星、天際

　　在我的印象中，曾經有過這麼一段記憶——似乎模糊而遙遠、不具特別意義，只是，每每那幅景象又浮現腦海，總有一種說不上來的奇異。

　　曾經走到海的那邊、山的過去，在那片廣闊的新疆、那嚮往已久的天池山下。我下了遊覽車，打算用腳來認識這片地理課本上遙不可及的草原。在馬路的對岸，我看見一個哈薩克的老人和小女孩。小女孩端坐在一塊石頭上，風吹著她褐黃的髮搔著她粉紅花瓣似的臉，那雙棕褐、靈氣的眼睛，對我眨呀眨的微笑。老人站在女娃的背後，一會兒回頭吆喝他那隻馱了貨物、不安於此的驢，一會兒又面著我們直看直笑（憨厚的笑），對他們來說，我們可能是稀奇的，但是他們看我們的眼神，沒有靠海的人看我們那樣的奇異，我以為，在他們的眼睛裡，我們像是久而未見的朋友。

　　廣大的青綠草原在我們前方不斷延展，空氣又清又靜的，連

遠方小市集的喧擾傳來都只像耳語。陽光灑落在疏零草原邊的小樹林，樹林之後青黝的山接連著澄藍的晴空，萬里無雲。

　　回家後，有時我又想起這個老人和女孩，常常懷疑，他們住在哪裡？住在那一望無際的草原嗎？不知道為什麼想到他們，我總有一點點的憂傷。

　　高三聯考前三個月，我們這一群不知死活的準考生，背起背包，拿著星象盤，跟著地理、地科老師一屁股坐上車，一路顛簸上南投。那天近晚，我們打著幾支手電筒，又興奮又緊張的摸出了房門，走進了入夜的草原。

　　我們貼著泥土的草，躺在大地母親之上。草上的清露沾濕了手和臉，我們因此興奮得像孩子。心裡跳躍著，卻刻意保持一種沈默，直到心跳漸漸平靜，與自然合拍。淡淡的花草的清香輕輕抖落在我們身旁，偶爾又傳來幾聲鳥的幽鳴，我們靜靜等待著。直到看見周圍的杉木漸漸罩上一件銀紗，一輪皓月高掛，四周滿是灑落的碎銀，我們再也忍不住的驚呼。

　　在望遠鏡裡，老師告訴我們，月亮裡面住的不是兔子，是螃蟹（我們真看到了它的兩隻大螯），又順著手電筒，我們在天際裡走過希臘。

　　回想起來，這一段真美，我記憶中最大的草原，還有我令人懷念，那段不怕死的高三歲月。（鄒涓涓）

四、檢討

前面所選的三位同學的作品，經過分析之後，可以清楚地看出空間是如何安排的。首先是李華盈作文（由近而遠）的結構分析表如下：

```
┌ 近：「一個毛蟲……第一餐」
├ 中：「飽足了……寬闊的世界」
└ 遠：「於是……遙遠地平線」
```

其次是李華盈作文（由低而高）的結構分析表如下：

```
┌ 低（地面）┌ 動物：「穿著紅底……地平面」
│          └ 河流：「從遠處……跳躍彩虹」
└ 高（天空）：「蒲公英……大地」
```

再次是林陽作文（由近而遠）的結構分析表如下：

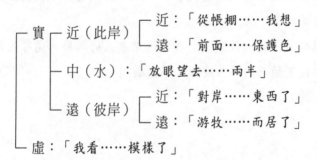

```
┌ 實 ┌ 近（此岸）┌ 近：「從帳棚……我想」
│    │          └ 遠：「前面……保護色」
│    ├ 中（水）：「放眼望去……兩半」
│    └ 遠（彼岸）┌ 近：「對岸……東西了」
│                └ 遠：「游牧……而居了」
└ 虛：「我看……模樣了」
```

再次是林陽作文（由低而高）的結構分析表如下：

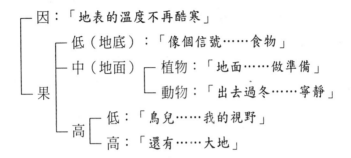

再次是鄒涓涓作文（由近而遠）的結構分析表如下：

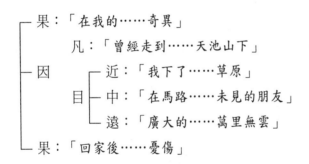

再次是鄒涓涓作文（由低而高）的結構分析表如下：

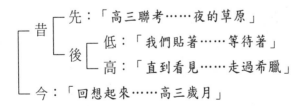

從結構分析表中可以很清楚地看出，三位同學都是依照「由

近而遠」、「由低而高」的次序來安排景物，這樣做的優點是清晰有序，但是也可能有缺乏變化的弊病。至於為什麼會不約而同地如此組織景物呢？大概是因為第一小題有暗示作用，所以讓同學就依照同樣的次序來安排了；因此如果希望學生的作品能有更多結構上的變化，最好在題目中或引導說明時告訴學生，可以有其他諸如「由遠而近」、「近遠近」、「遠近遠」、「由高而低」、「高低高」、「低高低」的結構方式。

今昔法

一、題組

（一）請閱讀下列朱自清〈背影〉，並指出其「今昔今」結構是如何形成的。

我與父親不相見已二年餘了，我最不能忘記的是他的背影。

那年冬天，祖母死了，父親的差使也交卸了，正是禍不單行的日子！喪事完畢，父親要到南京謀事，我也要回北京念書，我們便同行。

到南京時，有朋友約去遊逛，勾留了一日；第二日上午，便須渡江到浦口，下午上車北去。父親因為事忙，本已說定不送我，叫旅館裡一個熟識的茶房陪我同去。他再三囑咐茶房，甚是仔細。但他終於不放心，怕茶房不妥帖；頗躊躇了一會。其實，我那年已二十歲，北京已來往

　　過兩三次，是沒有什麼要緊的了。他躊躇了一會，終於決定還是自己送我去。我兩三回勸他不必去，他只說：「不要緊，他們去不好！」

　　我們過了江，進了車站，我買票，他忙著照看行李。行李太多了，得向腳夫行些小費才可過去，他便又忙著和他們講價錢。我那時真是聰明過分，總覺他說話不大漂亮，非自己插嘴不可。但他終於講定了價錢，就送我上車。他給我揀定了靠車門的一張椅子，我將他給我做的紫毛大衣鋪好坐位。他囑我路上小心，夜裡要警醒些，不要受涼；又囑託茶房好好照應我。我心裡暗笑他的迂，他們只認得錢，託他們直是白託；而且我這樣大年紀的人，難道還不能料理自己麼？唉！我現在想想，那時真是太聰明了！

　　我說道：「爸爸，您走吧！」他望車外看了一看，說：「我買幾個橘子去，你就在此地不要走動。」我看那邊月臺的柵欄外有幾個賣東西的等著顧客。走到那邊月臺，須穿過鐵道，須跳下去又爬上去。父親是一個胖子，走過去自然要費事些。我本來要去的，他不肯，只好讓他去。我看見他戴著黑布小帽，穿著黑布大馬褂，深青布棉袍，蹣跚地走到鐵道邊，慢慢探身下去，尚不大難。可是他穿過鐵道，要爬上那邊月臺，就不容易了。他用兩手攀著上面，兩腳再向上縮；他肥胖的身子向左微傾，顯出努力的樣子。這時我看見他的背影，我的眼淚很快地流下來了。我趕緊拭乾了淚，怕他看見，也怕別人看見。我再向

外看時，他已抱了朱紅的橘子望回走了。過鐵道時，他先將橘子散放在地上，自己慢慢爬下，再抱起橘子走。到這邊時，我趕緊去攙他。他和我走到車上，將橘子一股腦兒放在我的皮大衣上，於是撲撲衣上的泥土，心裡很輕鬆似的。過一會說：「我走了，到那邊來信！」我望著他走出去。他走了幾步，回過頭看見我，說：「進去吧，裡邊沒人！」等他的背影混入來來往往的人叢裡，再找不著了。我便進來坐下，我的眼淚又來了。

近幾年來，父親和我都是東奔西走，家中光景，一日不如一日。我北來後，他寫了一封信給我，信中說道：「我身體平安，惟膀子疼痛得厲害，舉箸提筆，諸多不便，大約大去之期不遠矣！」我讀到此處，在晶瑩的淚光中，又看見那肥胖的青布棉袍、黑布馬褂的背影。唉！我不知何時再能與他相見！

（二）下列文章為《山海經·夸父逐日》，這篇文章原本是用順敘法寫成（其結構請參見其下的結構分析表），請將它改寫成白話散文，而且要以「今昔今」結構來敘事，可適度地增加細節，文長不限。

　　夸父與日逐走，入日。
　　渴，欲得飲，飲於河、渭；河、渭不足，北飲大澤。
　　未至，道渴而死。棄其杖，化為鄧林。

其結構分析表如下：

```
┌─ 先：「夸父與日逐走」二句
├─ 中：「渴……北飲大澤」
└─ 後：「未至……化為鄧林」
```

二、設計理念

對於時間的流逝有所感受，是一種非常重要的時間知覺，孔子就曾經慨嘆過：「逝者如斯夫，不舍晝夜」，因此「時間先後」就成了一種非常重要的邏輯，章法當中的「今昔」法，就是在此基礎上產生的。

所謂的今昔法，就是將時間中的「今」（現在）與「昔」（過去），依篇章需求作適當安排的章法，可能形成的結構有四：「由昔而今」（如果時間不長，可以稱為「由先而後」）、「由今而昔」、「今昔今」、「昔今昔」四種。其中「由昔而今」結構又稱順敘法，是最為常見、而且也相當有效的一種敘述結構，其次是「今昔今」結構，在這種結構中，「今」與「昔」會造成兩次呼應，而且時間最後會拉回到現在，所以美感非常強烈，因此許多名篇就是以這種結構寫成的（譬如前述朱自清〈背影〉，以及琦君〈一對金手鐲〉、鄭愁予〈錯誤〉等）。

一般說來，同學最常採用的是「由昔而今」結構（亦即順敘），甚至很多同學只會採用這種結構，因此本題組希望能訓練學生掌握「今昔今」結構的能力。第一小題先由閱讀入手，讓同學了解何謂「今昔今」結構？第二小題才是要求同學將一則簡略

的敘述文，改寫成「今昔今」結構，並加以潤飾。如果同學能完成這兩階段的題目，相信對於同學佈局、敘事能力的提升，有一定的幫助。

三、同學寫作成果

第一小題參考答案。其結構分析表如下：

> 今：「我與父親不相見」二句
> 昔 ┬ 送行前：「那年冬天……他們去不好」
>   └ 送行時 ┬ 先：「我們過了江……太聰明了」
>   └ 後：「我說道……我的眼淚又來了」
> 今：「近幾年來……何時再能與他相見」

第二小題：

　　枝葉向天空延展，貪婪地汲取每一滴雨水；根蜿蜒不斷向下，緊緊攫住由指縫間逃走的甘霖；用我的血肉灌溉的森林啊！你還忘不了嗎？拋不掉的愚蠢與執念。

　　我已忘了從何而來，為何而生，只依稀記得當初的凌雲壯志。握著我的手杖，睥睨萬物，何等風光！但，高處不勝寒，勝利的滋味沾黏住我的心，吐也吐不掉，不知何時也令人厭惡反胃。我定是發了狂，瞧那亮晃晃的就是不順眼，不對味，竟妄想與它競速。或許是我潛意識裡也希望輸個一回，即使賭上我的一切。提氣狂奔，一步就越過五個山頭，風在耳邊呼嘯而過。漸漸，氣息變得粗重，汗濕重衣，想歇歇腳，它卻在前頭，離我越

來越遠。怎麼能停！世界只剩我和它，扛著手杖，溫度越來越高，蒸乾了我的血液，也喚回少許理智。渴啊！水！水！水呢？在哪？在……那裡！我大口大口地吞，想像可以流入我的血管，滋潤我的唇齒，但我什麼都喝不到，什麼都感覺不到，幻影！幻影！我只能痛苦地嘶喊著。視界慢慢變黑，在閉上雙眼前，彷彿看到我的手杖，扭曲著纏繞住我的指尖。

　　枝葉向天空伸展，似乎想抓住那夢想好久的它，也是徒勞。用我的血肉灌溉的桃林啊！你選擇重蹈覆轍嗎？（謝夢慈）

　　一直到現在，夸父的故事還一直流傳在這片土地上……

　　他看不慣太陽，看不慣它的高高在上、囂張跋扈；更看不慣它愛來就來、要走就走，走的時候留了一片漆黑給崇敬它的人們。黑夜，對人類來說是和危險畫上等號的，因為在黑暗中，視覺失去了作用，靠的全是其他的感官，偏偏其他感官的敏銳度，人類是大不如絕大多數的動物啊！所以在那一片黑暗中，人們成了絕對的弱者。

　　夸父看不下去了，他想追上太陽，質問太陽為何不多留些光明給人類？為何不待久些再走？他不想再看到無辜弱小的人類被黑暗吞噬。而夸父，也真的這麼做了。在那久遠的某一天，夸父收拾了簡單的行囊，備齊了糧食和飲水，等待著太陽從東邊升起。當第一束曙光映入眼簾，他起跑了，朝天邊那火球般的渾圓邁步。他堅信，只要他一直跑，定能追上太陽的。就這樣，夸父一路由清晨跑到中午，又由中午奔波到了黃昏，他帶的飲水早喝完了，偏偏傍晚的烈日晒得他口乾舌燥，急切地想要一些水分滋

潤。他跑到了黃河渭水畔，飲盡了它們，但仍然不夠。於是，他想要向北而去，去到那海一般的大湖，那裡的水，應該足夠解除他的乾渴吧！夸父一邊這麼想著，一邊朝北奔去。但是，畢竟太高估自己的體力了，他來不及跑到那大湖，就在半路上不支倒地了，像一尾離水的魚被太陽曬乾了……

聽說現在的那片鄧林，就是由夸父棄置的手杖化成的。（吳欣恬）

就差十餘步了，眼見大澤近在咫尺，夸父卻是連一步也跨不出去了。此刻，烈陽高照依舊，恰似在調侃著他：「你不是要來追我嗎？怎地不跑啦？」夸父牙一咬，又邁進了兩步，倏地兩膝一軟，跪了下來。思緒裡濛濛的，竟泛起一句雄渾的壯語：「太陽很高嗎？很遠嗎？我這就去把它抓下來給你們當球踢。」……

「太陽很高嗎？很遠嗎？我這就去把它抓下來給你們當球踢。」夸父說完這句話之後，便得意洋洋的坐了下來。此刻，大廣場前擠滿了人，忽地全部跪了下去，口徑一致的高呼著：「英雄。」夸父就這麼受著族人的稱頌，大嘴笑得合不攏了。

偏生這時就有一個少年，「哼」的一聲，表情盡是不屑。夸父轉頭向他一看，卻只聽得他說道：「不過就是說說嘛，誰不會？這年頭，大伙的英雄憑的都是一張嘴嗎？」

夸父聽了這話，止住了笑，默然。的確，適才所說的逐日之事，確是誇大了些，但想當初，他也是何等英雄了得，移山石，改河道，替族人謀利之事確實幹了不少，方可得了「英雄」這個稱號。

　　可是此刻，他老了，他確實是老了。除了說說當年的英雄事蹟，和胡謅一些族人愛聽的言語外，他還能做什麼呢？

　　太陽不知怎地愈來愈接近地面，地面上的生物大都熱死了。夸父為了安慰族人，於是便編了個謊言來哄哄他們，讓他們都相信，在他們最最苦難的時刻，英雄就會出現。

　　然而，少年的出現，卻一語道破了他的用心。的確，他也知道，這樣下去只會讓太陽更加的踰矩，族人受難更多。而等待英雄，倒不如自己創造英雄。

　　如此想著，夸父便告別了族人，向著太陽的方向行去。行得數日，隻身來到了黃河河岸，見大水奔騰，煞是壯觀，心想：「太陽反正是追不到的，盡個意思便了。」

　　忽地，太陽的輪廓漸明，一張似笑非笑的眼看著他，直瞧的他渾身的不自在。夸父一怒，將黃河的水喝個精光，回頭又喝乾了渭水，折了根千年巨木以為枝，準備與太陽做長期的抗戰。

　　又追得數日，與太陽是愈來愈近了。夸父他又累又渴，不一日，行到了北方的大澤，乾了，又繼續的追。太陽瞧得怕了，也漸漸的退回了他本該在的地方。

　　思緒依舊濛濛，身體不自覺的向前倒下，只吐了吐幾口大氣，再爬不起來了。那根千年巨木也跟著落了地，化作一片鄧林，往後行經此道的旅人，再不必受烈日烤照之苦了。

　　那位引得夸父去追日的少年，不久後便成了族人的新的英雄，他每年的冬天，都會隻身來到鄧林，向這位「老英雄」灑上一杯酒。畢竟，英雄不當老死，當年，他成就了一位英雄。（陳韋哲）

四、檢討

　　關於第一個小題，老師可以在課堂上指導學生寫作，然後才延伸到第二個小題。前面的三篇學生作品，都是頗為嚴謹地依照題目要求來進行寫作，一方面符合「今昔今」結構，一方面也都能適度地潤飾情節，讓整個故事更動人。其結構分析表分別如下：

第一篇：

```
┌ 今：第一段
├ 昔：第二段
└ 今：第三段
```

第二篇：

```
┌ 今：第一段
├ 昔：第二、三段
└ 今：第四段
```

第三篇：

```
┌ 今：第一段
├ 昔：第二至十段
└ 今：最後一段
```

　　不過整體說來，常見的缺失有如下兩點：

（一）敘事的部分並沒有改成「今昔今」結構，譬如下列作文，就仍是依照時間先後來寫。

　　太陽總是東升西落，好像就在眼前，但靠近卻摸不著。以前傳說有一個夸父，想要追到太陽，不停的跑啊跑，後來他感到口渴，喝光了河、渭仍不滿足，想要往更北的大澤去喝，沒想到還沒到達就渴死了，臨死之前他用盡剩下的力量，丟出手中的木杖，那木杖化為一片樹林，現在所看到的鄧林，也許就是傳說中的夸父所留下來的木杖所變成的呢！

（二）形成的是「論敘論」結構，敘事的部分也沒有改成「今昔今」結構，譬如下列作文的第一、三段是議論，第二段依照時間先後來敘述，並不符合題目要求。

　　追求目標是每個人的心願，古語云：「人生有夢，逐夢踏實」，但現代人往往好高騖遠、不切實際。就也因為如此，通病即就在此漸漸萌發──不知道自己的定位在哪，一味地只是追求自己的理想，卻只是無謂的⋯⋯。

　　就好比古代夸父追日一般，夸父──是個相當自負的人，有天他突發奇想，竟天真地想與太陽爭相競走，認為自己有把握贏得這場比賽，以展現自以為是的非凡能力。日當正午，他口渴了想要喝水，便停留在黃河、渭河附近一帶飲水，沒想到不敷他解渴，於是就隻身前往北方的大湖澤以滿足自己極為乾涸的喉嚨，頓時竟不慎倒地，他渴死了⋯⋯，手拄的那隻枴杖倒了，此地仍時也成了一片大鄧林⋯⋯。

　　就是如此，忘了考量現實面、忘了考量自己的能力，換來的⋯⋯只有失敗，沒有成功！

情景法

一、題組

（一）陶淵明〈飲酒〉之五運用情景法，形成了「情景情」結構，請分析此詩中「情」與「景」的關聯。

> 結廬在人境，而無車馬喧。問君何能爾？心遠地自偏。
> 采菊東籬下，悠然見南山；山氣日夕佳，飛鳥相與還。
> 此中有真意，欲辨已忘言。

```
    ┌ 情 ┌ 因：「結廬在人境」二句
    │    └ 果：「問君何能爾」二句
    ┤ 景 ┌ 先（白晝）：「采菊東籬下」二句
    │    └ 後（傍晚）：「山氣日夕佳」二句
    └ 情：「此中有真意」二句
```

（二）請你改寫此詩，改寫的要求如下：

1. 請改成白話散文。
2. 請改成「先景後情」結構。
3. 你覺得還有哪些景象可以傳達陶淵明悠然的心境呢？請將「景」抽換成自己選取的景象。

二、設計理念

所謂的情景法，是借助具體的景物，來傳達抽象的情意，以增強詩文的情味力量的一種章法。在主客關係中，主體佔了主導

的位置，主體依據其特殊的情意，選擇適合的景象，因此景與情的關係是相應相生的，所以可以產生一種「調和」的美感，它所給予人的是欣賞而不是推理，是領悟而不是說教。情景法可能形成的結構有四：「先景後情」、「先情後景」、「景情景」、「情景情」，其中「先景後情」結構是最為常見的。

在古典詩詞中，情景法是被普遍運用的章法，因此第一小題就以同學耳熟能詳的陶淵明〈飲酒〉之五做為範例，並提供結構分析表，顯示此詩形成的是「情景情」結構，請同學就此角度切入欣賞；第二小題則是請同學在此基礎上，改用較為簡單的「先景後情」結構來寫作。

三、同學寫作成果

第一小題：

此詩的主旨應放在「情」的部分——即「心隱」。

因此，其景的選擇應與其要表達的情相關，即主體對於象（景）有抉擇和詮釋的能力。又因景和情相融合，所以我們看到菊花和南山扣緊了「隱居」。古人食菊、喝菊花酒本來就是神仙意象，而神仙是不同於凡俗的，因此「隱」就呼之欲出。而南山是盧山，從《詩經》開始就被用來象徵不同俗世，且因為「此中有真意」之「真」，所以悠然「見」南山，特別強調「見」的自然感（不同於「看」），可見情景之間是自然而然的欣賞與領悟，而不是說教與推理。（陳惠慈）

第二小題：

在東籬下採摘菊花，偶爾抬頭望望，常常會有意外的驚喜：有時是鄉間稚子的童言嬉笑，有時是遠親近鄰的親切問候，有時是莊稼人田罷賦歸的歌聲。還有姿態萬千的白雲，絢麗奪目的晚霞、整隊回巢的倦鳥，都讓人感到欣悅而可愛。大自然所給予我的太豐富了。這樣的悠然讓我不願再回想官場中的是是非非與現實界的你爭我鬥，只願踏實地作此羲皇天地中的一份子，與大自然共生共息。其他的，都不重要了。（邱婉琪）

一個天氣晴朗的黃昏，遠處的檳榔樹向我招手。才幾天不見，剛種下的秧苗又長大許多，這得感謝辛苦的水牛，就讓小溪的歡唱為你祛勞。這初夏的微涼中，我和我的影子漫步在悠閒的幸福中。沒有紅綠燈，只有鄉間小路；沒有檳榔汁，只有檳榔樹；沒有人群的喧囂，只有陣陣的天籟。

有一種滿足，只能感受，不能言說。至於不遠處的車水馬龍，干我何事？（林昭毅）

四、檢討

在第二小題的寫作中，比較常出現的狀況是不合題目的第三個要求：「你覺得還有哪些景象可以傳達陶淵明悠然的心境呢？請將『景』抽換成自己選取的景象」。因為有些同學會在文章中重複出現與陶淵明〈飲酒〉之五同樣的景（譬如邱婉琪的文

章），或者是出現出現紅綠燈、檳榔汁等不合陶淵明當時情境的景象（譬如林昭毅的文章）。關於這些，可以用改變題目條件、設定得更清楚，或在題目中特別提醒的方式，來減少同學出錯的機率。

前面陳惠慈、林昭毅兩位同學的文章，其結構分析表分別如下：

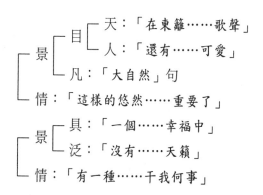

其中可見「景」與「情」相呼相應，造成了協調優美的美感。

正反法

一、題組

（一）請說明下列形成「先反後正」結構的新詩，是怎樣造成對比的？有什麼效果？

　　魯藜〈泥土〉原詩如下：

老是把自己當珍珠
就時時有怕被埋沒的痛苦

把自己當作泥土吧
讓眾人把你踩成一條道路

（二）請你就「善意、善行讓人間更溫暖」，或是「放下自我的執著，一切海闊天空」尋找正面、反面的事例。

「善意、善行讓人間更溫暖」，或是「放下自我的執著，一切海闊天空」	
正面事例	反面事例

（三）請你依據上面的材料，也運用正反法來寫成一篇文章（500字以內）。

二、設計理念

所謂的正反法就是將相反的兩種材料並列起來，作成強烈的對比，藉反面的材料襯托出正面的意思，以增強主旨的說服力與感染力的一種章法，正反法所形成的結構，有「先正後反」、「先反後正」、「正反正」、「反正反」四種。而且追溯正反法的源頭，是從「相反聯想」出發，由此尋找到正、反面的材料，然後再安排在篇章之中，形成正、反對照的章法現象。這種章法相當常見，運用在篇章中，可以藉著正、反面的對照，呈現事情

的真相，並且會因為強烈的反差，而造成鮮明搶眼、痛快淋漓的美感。

　　因為在正反法的四種結構中，「先反後正」是最普遍、最容易寫作的一種，所以本題組的設計，就是藉著一首簡短的詩篇，讓同學辨識並認識「先反後正」結構，然後再讓同學藉著填寫正面與反面事例的表格，自然而然地進行相反聯想，並蒐集寫作材料，第三步驟才是將蒐集到的材料寫成篇章。期望經由這樣的引導，同學就能突破不知如何謀篇的瓶頸，順利完成寫作。

三、同學寫作成果

　　第一小題參考答案：此詩的反面材料是珍珠怕被埋沒，正面材料是泥土捨身成路，作者藉著這種對比，凸顯出奉獻精神的珍貴。

　　第二、三小題：

善意、善行讓人間更溫暖

「善意、善行讓人間更溫暖」，或是「放下自我的執著，一切海闊天空」	
正面事例	反面事例
關心獨居老人，讓老人感受到社會的溫暖。	遭受家庭暴力卻無人伸出援手。
遇到有人發生意外時，立即給予幫助。	火災發生的時候，一群人圍在旁邊看熱鬧而不幫忙。

　　在台灣早期社會，女人就像「油麻菜籽」，落在哪，長在

哪。嫁到好丈夫,就可以過得很好;如果嫁到遊手好閒,又會打老婆的人,只能自嘆命苦。而這些遭受家暴的婦女因為受到傳統思想的束縛,往往生活在恐懼裡卻不願離開家。知道這些婦女正遭受暴力,例如他們的鄰居,常常以「清官難斷家務事」或「自掃門前雪」的心態而不伸出援手,使得這些婦女更加無助。

幸好現在的社會比以前溫暖了,現在有許多的社服團體會主動關心社會裡需要幫助的人,像是獨居老人或遊民。有許多的團體會每天送食物給獨居老人或遊民。也有許多的大學生會利用寒暑假去偏遠地區關心獨居老人並教導他們一些衛生教育,都會讓他們感受到社會的溫暖。

只要我們花一點點時間和精力,就可以讓人間變溫暖。如果沒有人願意付出,即使太陽已經高掛在空中,我們還是會覺得寒冷。(許雅婷)

放下自我的執著,一切海闊天空

「善意、善行讓人間更溫暖」,或是「放下自我的執著,一切海闊天空」

正面事例	反面事例
選擇當一片落葉	在枝椏上的一片葉子
自由自在盪鞦韆	一個人玩蹺蹺板

你一個人靜靜地坐在蹺翹板上,臉上還帶著一絲淡淡的哀愁。你在等待,等待那個人回來,陪你玩兩個人才能玩的蹺蹺板。雖然那人已經離開,不會再回來了,不過你執著的心,就像是枷鎖,把你禁錮在蹺翹板上,痴痴地等……

　　你沒看到旁邊的鞦韆嗎？何不起身，去享受一個人自由自在搖盪的樂趣。就像是生附在枝椏上的一片葉子，要學著放手當一片落葉，才能看到樹的全貌，看到不一樣的天空。對於愛，不也是這樣嗎？（沈圓婷）

放下自我的執著，一切海闊天空

「善意、善行讓人間更溫暖」，或是「放下自我的執著，一切海闊天空」	
正面事例	反面事例
在平安夜那天收到宿委親自送上的溫馨小禮物，因而受到感動。	抱著強硬的態度，對學校提出不滿意見。

　　還記得前些日子，大家因為學校不合理的調漲宿舍費用，而把學校批評的無一是處，大家都認為宿舍這麼破爛，沒設備又那麼舊，隔音效果也不好，還要調漲到和外面的房租相當的價錢，真的相當的不合理。

　　我認為學生宿舍的功用，不就是為了方便學生，提供學生一個安全又舒適，價格又低廉的生活環境嗎？看到學校如此惡劣的行為，使我在公聽會持著氣憤的態度去反抗、去抱怨。

　　然而在十二月二十四日那天，我收到了從宿舍委員送來的一份聖誕禮物，那包裝精緻，讓人感到充滿喜悅的氣氛。那時內心的我，感到相當的貼心，覺得學校好用心喔！而後幾天也漸漸的發現，校方雇用了外面的廠商，來打掃我們的環境，每天一早見到的是乾淨的地面和整齊排列有序的腳踏車，那樣的感動，讓我開始反省……。

也許學校真的有意要替學生提高生活品質，校方也舉辦公聽會讓我們去了解校方的目的，或許身為學生的我應該放下自己的成見，先仔細觀察校方的改變再去做適當的回應，才是理性的。（林玉娘）

四、檢討

第一小題要求辨識出「先反後正」結構，同學大多都能做到，至於是否能掌握到最重要的訊息（亦即主旨），則有些同學還需要進一步的訓練。

其次，第二小題要求同學運用相反聯想尋找正、反面的材料，同學的發展方向有兩種，第一種是根據同一件事，寫出正、反兩種處理方式，第二種是純粹只根據主題找正面與反面的事例，當然這兩種做法都是可以的。

第三小題則是需要運用前面所找到的材料寫作成篇，同學在這個子題中的表現也相當不錯，顯示邏輯思維尚稱清晰，而且形成的結構也以「先反後正」為最大宗，可見得第一子題中詩篇的示範作用不可小覷，也間接印證了讀寫結合的優越性，為了證明此點，在此將前三篇例文的結構分析如下，首先是許雅婷作文的結構分析表：

```
        ┌ 反：「在台灣早期社會……更加無助」
   ┌ 目 ┤
   ┤    └ 正：「幸好現在……社會的溫暖」
   └ 凡：「只要我們……覺得寒冷」
```

其次是沈圓婷作文的結構分析表：

```
┌─ 反：「你一個人……痴痴地等」
│          ┌─ 事例一：「你沒看到……搖盪的樂趣」
│   ┌─ 敘 ─┤
└─ 正 ─┤      └─ 事例二：「就像是生附……不一樣的天空」
        └─ 論：「對於愛，不也是這樣嗎」
```

再次是林玉娘作文的結構分析表：

```
┌─ 敘 ┌─ 反：「還記得……去抱怨」
│     └─ 正：「然而在……讓我開始反省」
└─ 論：「也許學校……才是理性的」
```

　　從事本題組的寫作，不僅可以訓練學生相反聯想的能力，還可以指導學生跳脫以往不自覺的謀篇習慣，有意識地運用正反法謀篇，可說是一舉兩得，訓練成效相當的好。

立破法

一、題組

（一）對於一件事情可以有多種看法，有時大家習以為常的認知，卻不見得絕對正確；因此請你以一句格言或是俗諺為對象，找出其中的漏洞，將它寫下來，注意不要超過 30 字。

（二）請以「先立後破」的結構，針對上面的格言（諺語）寫成一篇翻案文章，段落不拘。

二、設計理念

同學在中學求學過程中，大多學習過運用立破法佈局的文章，譬如王安石〈讀孟嘗君傳〉、〈答司馬諫議書〉，以及歐陽修〈縱囚論〉、劉大櫆〈騾說〉（參見拙著《章法新視野》）等，都是箇中名篇，因此對立破法應該並不陌生。

立破法是根據對比的原理而產生的，其中的「立」是「立案」，「破」是針對此案的漏洞來破解，所以「立」與「破」之間是針鋒相對的，因此使得所欲探討的主題更加是非分明；而且「立」通常是積非成是的成見，也就是「心理的惰性」，當它被「破」推翻時，自然會促成讀者理解上的飛躍，效果極為突出（參見拙著《篇章結構類型論》）。

就因為立破法是極為有效的章法，因此就以上述的題組訓練同學運用這種章法。在第一小題中，請同學先挑選一個需要商榷的格言，並將其中的漏洞用簡短的文字略作敘述（亦即作文中「破」的部分的簡述）；接著才在這樣的基礎上，以「先立後破」的結構寫成一篇文章。之所以要分成這樣的兩個階段，是希望同學能先進行深度思索，然後再從容佈局、一擊中的，寫成一篇讓人眼睛一亮的翻案文章。

三、同學寫作成果

第一小題：

「破釜沉舟」。沒有後路，壓力一定很大，而壓力一大常會使人表現失常，就如聯考前要放鬆心情一樣。

第二小題：

　　古人常說：「破釜沉舟」，是指古代一次戰爭，軍隊搭船到進攻地點後，就將船完全破壞掉，使他們沒有船可以回去，每個人就抱著必勝的決心，所以攻無不克、戰無不勝。

　　這樣說固然有一點道理。但我認為軍隊的表現還是取決於平常的訓練，破釜沉舟不一定有效，而且當沒有後路時，訓練不足的人很容易壓力過大而表現失常，就如聯考前要放鬆心情一樣。所以我覺得「破釜沉舟」的說法有漏洞，只能說是花招，談不上什麼大道理。難道平時訓練不足的軍隊，給他們壓力就會獲勝嗎？（邱彥晟）

第一小題：

　　「歹竹出好筍」。以優生學來說，基因會將不好的影響帶給下一代。

第二小題：

　　小時候，常常聽到家裡老大人在茶餘飯後，操著台語，談論著生活周遭的人事物，因此讓我第一次認識了「歹竹出好筍」這句俗諺。它常被用來評論人物，比喻著兩代間的人的評價相差很大，兼具諷刺與讚賞，其中隱含了一些激勵的意思。雖然我並沒有辛酸的家庭故事，但是聽說過這種種的例子，我也開始相信，我也能創造一個屬於自己的藍天白雲。

　　但長大後仔細一想，「歹竹出好筍」卻是一點也不「科學」

的句子。從生物學的觀點來看，就完完全全是個錯誤，壞的基因會遺傳下去，影響後代不可說不大；而且人最重要的個性養成階段是在幼童時期，而父母是那時期影響我們最深的人，如果父母的教養方式是錯誤的，小孩大概也很難走上正軌。

所以「歹竹出好筍」只是盡量從正面來詮釋，我們仍應該自我期勉、自我充實，才能使自己更加地好。也許有一天，我們聽到別人也以這句俗諺讚揚我們時，我們能夠驕傲地說：「我們使自己像自己。」（周育民）

第一小題：

「未知生，焉知死」。唯有真正了解死亡，明白「死」所帶來的影響、悲傷，才能坦然面對死這件事，也才能更珍惜生命。

第二小題：

孔子說：「未知生，焉知死」，這句教訓子路的話流傳了千古，聖人要我們先能好好地了解活著時做人的道理、處世的原則，至於「死」這件事情則不要妄加猜想，杞人憂天，畢竟死後的世界是沒有人知道的，而每個人的死期也是沒有人可以預測的，與其在那煩惱擔心害怕，還不如好好的活在當下。而人生在世，若對於做人處事都不了解，而不肯花時間去學習、去實踐自己的理想，那我們就更沒有理由浪費時間去空想一些虛無玄奇的事。也因此孔子要我們先能成功、有修養的活在這世上，而先不要去揣測死這件事。

然而，往往當人們在接觸死亡這件事時，卻又不知所措、害

怕莫名，例如一個重病的病人，在他病危時，卻一直擔心害怕，甚至情緒失控而不肯接受治療，這樣的對死的恐懼在他的人生過程中，卻沒有機會去學習、了解如何去面對死亡。又例如當我們的親人還是朋友去世後，我們對於他們的死可能無法接受，或一直活在失去親友的悲愴中而不能自拔。這也是因為我們沒去了解死亡的意義和真相。也因此，在每一個宗教中，其實對於死亡，他們是有相當多的研究和經典的，而人們對於宗教的信仰，也能幫助我們去學習有關死的一切，而孔子所說的「未知生，焉知死」的道理，其實是不完全正確的，唯有真正了解死亡，明白「死」所帶來的影響、悲傷，以及如何去調適、看透，才能真正坦然地去接受死這件事，也才能夠更坦然地活在世上，珍惜自己的生命。

當我們了解死亡的意義，而能珍惜生命活在這世上時，我們就更可以了解活在當下的重要，利用時光去努力、奮鬥，我想「又知生，又知死」的人，才是最能把握生命的人。（沈力洋）

四、檢討

前面選的幾篇作文，都運用了立破法，其下即一一畫出結構分析表，以利察考。首先如邱彥晟作文的結構分析表如下：

```
┌ 立：「古人常說……戰無不勝」
└ 破：「這樣說……就會獲勝嗎」
```

次如周育民作文的結構分析表如下：

```
┌ 立：「小時候……藍天白雲」
│   ┌ 淺：「但長大後……走上正軌」
└ 破 ┤
    └ 深：「所以……自己像自己」
```

又如沈力洋作文的結構分析表如下：

```
┌ 立：「孔子說……揣測死這件事」
│   ┌ 淺：「然而……意義和真相」
├ 破 ┤
│   └ 深：「也因此……自己的生命」
└ 立：「當我們……把握生命的人」
```

　　前面的作文都能從某一點切入而能自圓其說，就學生而言可說是難能可貴了；不過同學思慮未周，立論上常有再發展的空間，譬如周育民一篇如能說明那些「歹竹出好筍」的真人實事只是特例而非通例，會更具有說服力。而且題目雖規定要用「先立後破」的結構來寫作，但是也有同學自然而然地形成了「立破立」的結構，等於是破了一個陳說之後，自己再立一個更為周延的新說，這當然是很好的，因此題目可以考慮更改為「以『先立後破』或是『立破立』結構進行寫作」。

　　此外，同學在這次寫作中常出現的毛病不外下列幾點：一是對俗諺或成語的理解有誤；二是立多破少，重心錯置；三是「破」的切入點不佳，難以說服人；四是直接破此說，而未依照題目規定形成「先立後破」的結構。

　　整體來說，這個題組的寫作不僅可以訓練同學運用立破法的

能力,而且在落筆之前,同學就已經以洞察力觀照這些流傳久遠的成語、俗諺,尋出其中的缺失處,再進行更深刻的思索。因此這個題組非常有助於同學思辨能力的提升,而且很能夠從同學的寫作中,看出他們的生命的刻痕,而這些,常常是相當動人的。

凡目法

一、題組

(一)抽象的「意」可以借助於具體的「象」來傳達。李煜〈清平樂〉是以「先凡後目」(亦即「先總括後條分」)的寫法,將離別意象組織在篇章中,請你指出這闋詞中用了哪些意象來傳達離愁?

> 別來春半,觸目愁腸斷。砌下落梅如雪亂,拂了一身還滿。　雁來音信無憑,路遙歸夢難成。離恨恰如春草,更行更遠還生。

(二)請你也以「離愁」為主要情意,想想看,有沒有什麼具體的「景(物)」或「事」可以象徵這種情感?並請你條列出來。

情感		景(物)、事
離愁	1	
	2	
	3	
	4	

（三）請你以「想家」為題，也用「先凡後目」（亦即「先總括後條分」）的寫法（所搜尋到的意象不需全部用上），寫成一篇300字以內的短文。

二、設計理念

在運用形象思維時，是將抽象的「意」，藉著具體的「材料」（亦即「象」）傳達出來，使欣賞者得以領略，因此這個「材料（象）」就非普通的物象、事象，而是承載著作者的「意」（即思想、情感等），所以我們特稱為「意象」。而且值得注意的是，「材料（象）」的範圍不僅限於客觀景物而已，人間萬事也可以寄託情理，成為「意象」。譬如我們常以玫瑰花象徵愛情，以油麻菜籽象徵傳統女人的命運，以老馬拉破車象徵人們在世間苦苦掙扎，其中「玫瑰花」、「油麻菜籽」是「景」，「老馬拉破車」是「事」，它們都是意象。所以從前面的論述中可以知道，想要表現自己心中抽象的情或理，就非得借助於具象的景或事了。

而且所蒐集來的意象須靠邏輯思維來組織，這種邏輯思維就是章法。章法中的凡目法（「凡」是總括、「目」是條分），基本上是運用了歸納、演繹的邏輯思考；也就是說歸納式的思考會形成「先目後凡」的結構，演繹式的思考會形成「先凡後目」的結構，而「凡目凡」、「目凡目」的結構，則是綜合運用了歸納、演繹的推理方式而形成的。其中「凡」是總括，具有統括的力量；「目」則是條分，條分的項目是並列的，因而有一種整齊美。而「先凡後目」就是「先總括後條分」的結構方式。

　　在教學時，注意到同學大多是第一次離家，來到外地就讀，所以在開學的一、兩個月裡，想家的情緒非常濃厚，於是動念讓他們寫一篇關於「離愁」的文章，因此設計了這一題組。本題組的設計是先從閱讀李煜〈清平樂〉開始，這個小題由師生一同共作的，這首詞用以表現離愁，老師可以指導同學思索作者是如何以具體的景（事）來傳達抽象的情（理），而且這首詞是用「先凡後目」的方式來組織全篇，也同時指出讓同學學習；接著第二小題，就請同學著眼自己的生活經驗，寫出觸發他們離愁的景或事；最後一個小題，才是請同學將搜尋到的材料，以「先凡後目」的結構組織成篇，這就是安排材料，而且特別提醒所搜尋到的材料不需全部用上，用意是讓他們可以自覺地選擇最精當的材料。

三、同學成果呈現

　　第一小題參考答案：李煜將梅、雁、夢、草寫入詞中，這些都是可以傳達離愁的意象，陳滿銘《詞林散步──唐宋詞結構分析》認為：作者用「觸目」來領出其後所見之各種令人「愁腸斷」之景物，先以「砌下落梅如雪亂」二句，寫落花之多與佇立之久，表示無限之離恨，接著以「雁來音信無憑」二句，再將離恨推深一層，然後以結二句寫觸目所見，並拈出「離恨」以收拾全詞。其結構分析表如下：

```
      ┌ 凡:「別來春半」二句
      │         ┌ 目一:「砌下落梅如雪亂」二句
      │ 目 ┤ 目二:「雁來音信無憑」二句
      └         └ 目三:「離恨恰如春草」二句
```

第二、三小題:

情感		景(物)、事
離愁	1	家裡鑰匙
	2	宿舍飯菜
	3	火車一班班駛去
	4	迷失的螞蟻

　　過了個炎熱又充實的夏天,沒想到現在已經是個大學生。也不知怎麼地,迷迷糊糊地上了成大,到了台南。在這人生地不熟的地方,第一次有想家的感覺。

　　開學沒幾天,也沒什麼課業壓力,因為身處異地,只能一個人寂寞地待在宿舍裡,看著未能上網的電腦發呆。不知不覺地中午了,鎖了門到宿舍下面吃飯,看到桌上的菜,就想到媽媽做的美味佳餚,就算飯後有免費的冰淇淋,也沒胃口吃。搭了電梯走到房間門口,無意間從口袋中拿出了家中的鑰匙,心裡突然有股衝動,好想回家。看著火車一班班地駛去,心裡的感覺就越來越失落,像有千萬隻蟲在心裡爬,一點也不快樂。

　　注視著一隻在牆壁上的螞蟻,左顧右盼的,就好像我一樣,迷失在一個未知的世界中。(林子傑)

情感		景（物）、事
離愁	1	站在二號月台，拿著台中到台南的車票
	2	看到高速公路上北上的車潮
	3	期待手機鈴聲的響起，那句問候的聲音
	4	衣櫥中的一個行李袋

　　隨著開學的日子來到，形單影隻到了人生地不熟的台南。距離越來越遠的家鄉，漸漸地孕育我思念的種子，在內心的深處發芽、生刺。每當想家的情懷升起，它便快速茁壯生長，帶著刺的它已完全佔滿了我的心房，無時無刻的刺痛了我。

　　民國 92 年的 9 月 14 日，第一次到了校園，面對著生疏的臉孔，陌生的環境，這時便感到一股孤單、寂寞湧上心頭。趴在宿舍的窗戶，望著高速公路北上的車潮，心中真的是非常希望能化身為那一輛輛的車子，然後飛奔到思念的家中。

　　在台南的生活中，每次打開衣櫥，看到那一個行李袋，我心中就會無法克制的想到當時離開家的情景啊！我在這想家的日子，我最期待的便是手機鈴聲的響起，聽到電話那頭熟悉、關懷的聲音，溫暖了我的心房，紓解了內心想家的情感。但隨著電話的掛斷，想家的心情依舊環繞在心中，不能散去。（賴泓瑞）

四、檢討

　　這次的作品真的充滿「生活的味道」，同學以生活中的瑣事為材料，帶出想家的心情，細膩且真實，而且主旨都在篇首點

出，譬如林子傑在第一段就點出「想家的感覺」，賴泓瑞也是在
篇首就描摹「想家的情懷」。林子傑作文結構分析表如下：

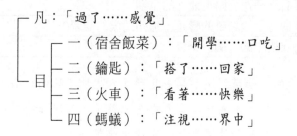

賴泓瑞作文結構分析表如下：

```
      凡：「隨著……了我」
     ┌ 一（車潮）：「民國……家中」
  目 ┼ 二（行李袋）：「在台……景啊」
     └ 三（手機）：「我在……散去」
```

不過，也有幾下幾點是需要注意的：

（一）有些作品所形成的並非「先總括後條分」結構。譬如下列
　　　第一篇短文就是以「順敘」的結構寫成的，第二篇是「凡
　　　目凡」（先總括後條分再總括）結構，儘管這些也是構篇
　　　的方式，寫出來的成果也不錯，但是不合題目要求；而且
　　　可以藉此向學生說明說明，自覺地用某種結構構篇，可以
　　　跳脫以往的慣性，讓自己的邏輯思維得到更多的鍛鍊。

　　　假日很快的過了，我又回到了學校宿舍，宿舍裡沒人，使我
突然的感受到孤單，不禁拿起全家福的照片發呆。看看照片，心

裡突然冒出了想回家的念頭，真想不顧一切拿起包包坐上回家的火車，但是我仍然克制住了。此時，室友一個接一個地回來了，而且每個人都正高興地和自己的媽媽講電話，這種舉動又加深了我的孤寂。不過，正當我沮喪時，我的手機響了，而且來電顯示出現了我想看到的字——「家」。於是我便拿起電話跟媽媽一直聊天，這終於讓我的心情恢復了，讓我準備好過我的大學生活啦！

　　其結構分析表如下：

```
┌─ 先：「假日……克制住了」
├─ 中：「此時……我的孤寂」
└─ 後：「不過……大學生活啦」
```

　　下來台南已經有兩個多禮拜，看著異鄉的景色不免會勾起對於家的思念。走在街上看著餐廳中那和樂融融的一家人，看著姊妹親密地牽著手……，一切景象擾動我的心湖，造成一陣波濤洶湧……

　　記得以前在台北時，和家人偶爾會跑去北海岸的行動咖啡館坐著談心、吹海風，有時會坐很久，但卻感覺不到時間的流逝，在台北的每一天都過得很快，不像在台南……

　　也記得在下來之前，家人常常一起吃飯，最大的希望就是讓我載著滿滿的溫暖離開台北，也因此每當看見餐廳裡那一家人和樂的樣子，就會想起在台北的家。

　　不曾和姊姊逛街的我，也在離開的前一天和她逛了一整晚的

西門町，我們始終牽著手，沒有放開過……，我忘不了姊姊手上留給我的餘溫，那種感覺始終印留在我心裡，每當看見姊妹牽手時，那種溫暖卻又想家的情感就會浮現。

　　和家人在一起的感覺真好，不論何時心中總是有滿滿的關懷和溫暖，我真的很想家……

　　其結構分析表如下：

```
  ┌ 凡：「下來台南……波濤洶湧」
  │      ┌ 一：「記得以前……在台南」
  ├ 目 ┤ 二：「也記得……台北的家」
  │      └ 三：「不曾……就會浮現」
  └ 凡：「和家人……很想家」
```

（二）有的作品未能妥善經營意象。譬如下列這篇短文，在蒐集材料時表現得很好，可是寫入短文中時，意象的經營明顯不足，使得感人的情味減少很多，相當可惜。因此找到好的意象只是第一步，妥善經營讓意象，讓它更能傳情達意，也是非常重要的。

情感		景（物）、事
離 愁	1	手機（因為常用手機和家人聯絡）
	2	棉被（從家裡帶來的棉被，有家的感覺，那感覺讓我安心溫暖，伴我安然入睡）
	3	7-11（跟家樓下 7-11 一樣，讓人有熟悉感）
	4	客運站（看到就想回家，每次搭車時，都是一個人孤獨地上車）

　　離家出外求學已經一年多了，也漸漸習慣在外生活，不再每個週末搭車回家，更有一種想多學習外面事物的心情。可是手機、棉被、7-11，都勾起了對家的回憶。

正反法與賓主法

一、題組

（一）請分辨下列兩首詩篇是如何運材與佈局的？

　　徐志摩〈偶然〉：

> 我是天空裡的一片雲，
> 偶爾投影在你的波心——
> 你不必訝異，
> 更無須歡喜——
> 在轉瞬間消滅了蹤影。
>
> 你我相逢在黑夜的海上，
> 你有你的，我有我的方向，
> 你記得也好，
> 最好你忘掉，
> 在這交會時互放的光亮。

　　魯藜〈泥土〉：

　　　　老是把自己當珍珠

　　　　就時時有怕被埋沒的痛苦

　　　　把自己當作泥土吧

　　　　讓眾人把你踩成一條道路

（二）請你將運用賓主法者改成正反法、運用正反法者改成賓主法（二選一），並且可以利用下列表格先蒐集材料。

偶然	相反聯想	
奉獻	相似聯想	

（三）請運用蒐集到的材料（不須全用），將上述詩篇改寫成白話散文。

二、設計理念

　　正反法與賓主法的相同點在於「襯托」，相異點在於前者從反面襯、後者從正面襯；也就是因為如此，所以前者造成對比陽剛的美感、後者造成調和陰柔的美感。因為正反法與賓主法就好像一對同出一源，但是面貌、個性迥異的兄弟，所以兩者之間的轉換就非常有趣了。

　　因此本題組就是著眼在正反法與賓主法的轉換上而設計的。

此題組的第一小題先請同學審辨徐志摩〈偶然〉運用賓主法來運材佈局，造成了偏於陰柔的風格，魯藜〈泥土〉則運用正反法，造成了偏於陽剛的風格。第二小題則是希望同學思考如何用相反的材料襯托出「偶然」，用相似的材料襯托出「奉獻」，並運用這些材料，在第三小題中書寫成篇，如此一來，章法風格就剛好轉變了，表現「偶然」的會偏於陽剛，表現「奉獻」的會偏於陰柔。

三、學生寫作成果

第一小題參考答案：徐志摩〈偶然〉運用賓主法，以自然界的偶然襯托人事界的偶然，形成了「先賓後主」結構，其結構分析表如下：

> ┌ 賓：「我是天空裡的一片雲」五行
> └ 主：「你我相逢在黑夜的海上」五行

魯藜〈泥土〉運用正反法，以怕被埋沒的珍珠陪襯捨身成路的泥土，凸顯出奉獻的可貴，形成了「先反後正」結構，其結構分析表如下：

> ┌ 反：「老是把自己當珍珠」二行
> └ 正：「把自己當作泥土吧」二行

第二、三小題：

偶然	相反聯想	浪花滾滾不盡
		月亮、浪濤永不止息
		誓言、承諾

　　黑夜的晚上，朵朵浪花，在海面上纏綿不盡。在最深的藍與白之間，起伏著一輩子的承諾，一朵朵永不凋謝的愛情的花。

　　可是在這樣的夜裡相逢，一切的永恆彷彿與我們無關。就像兩隻棲息的候鳥，我們選擇了不同的棲息地，無法到彼此心裡過冬，相逢是為了道別，道別在比黑還深的夜裡，如果眼裡有什麼依戀，夜是不會發現的。（許玉玲）

偶然	相反聯想	月球永遠繞著地球轉動
		北極星永恆地守在北方的天際
		磁鐵永遠會去找尋異極的另一端相吸

　　你說想把自己化作天上的月，無論我身處地球的那裡，你都能將銀白色的光芒輕灑在我身上，使我因感受到你的存在而歡喜。

　　然而我卻寧可我倆相逢在充滿著神秘難解色彩的黑夜之海上，彼此都有著屬於自己前進的方向。你可以選擇記得我們交會時互放的光亮，可我更期盼你忘掉，將那光亮留在相逢的那刻，讓它就停留在那閃耀的時刻吧！（吳文菱）

奉獻	相似聯想	絲線織成衣
		雨降而後得滋潤大地
		黑夜等待黎明

　　夜靜默的提著月守候白晝，毫不理會眾人的抱怨，就像雲甘心還俗成為雨，去觸摸這大千世界。

　　所以，把自己當作泥土吧！不會被埋沒的，只因眾人已將你

踩成一條平穩寬敞的道路。（趙元貞）

奉獻	相似聯想	粉筆
		葉子
		光亮

在教室裡，應該專注的聽著老師賣力的講課。

我卻出神的凝視著她手中那支逐漸變短的粉筆，在那短短一節課裡化作灰，卻成全了所有人的智慧。

下課後走在校園，身邊充斥著一棵棵大樹，這景緻是多麼的壯觀，我的眼神卻不經意的瞥到了樹下滿地的落葉，突然間興起了一股莫名感動的情緒，葉子不惜犧牲生命化為養分來滋養大樹，一棵棵樹木在這些落葉的奉獻下，屹立不搖，雄偉的佇立著。

走出校園，眾人急急忙忙的戴起帽子，撐起傘，甚至走向騎樓，都是為了躲避那炙熱的陽光，但在忙著躲避之餘，我不禁為這豔陽感到悲哀，太陽日復一日，年復一年的出現，從不懈怠，只是單純的想讓大家知道陽光意味著希望，有陽光的地方，就充滿著無限希望，但大家卻對它嗤之以鼻，避而遠之，就這樣看著希望在我們眼前消逝，而不上前緊握住它。

在回家的路途中，看著腳下的泥土，不由得對它產生厭惡，認為泥土是弄髒鞋子的罪魁禍首，急於想要結束這段路途，但走著走著，卻對自己剛才的念頭感到羞愧，因為泥土是這般的偉大，任由成千上萬的人將它踐踏為一條條又長又直的道路。（張惠惠）

四、檢討

　　因為之前即教導過正反法與賓主法，所以同學寫作第一小題時，大致上是沒有問題的。至於第二、三小題，則需要多一點引導，同學才比較知道如何搜尋材料、著筆寫作，在選出來的四篇文章中，許玉玲、吳文菱都用「永恆」反襯「偶然」，形成了鮮明的對照，章法風格是偏於陽剛的，其結構分析表如下：

```
┌ 反（海浪）：「黑夜……愛情的花」
└ 正（偶遇）：「可是……發現的」
┌ 反（月）：「你說……歡喜」
└ 正（偶遇）：「然而……時刻吧」
```

　　趙元貞、張惠惠都是用「奉獻」陪襯「奉獻」，而且趙元貞是以二賓襯一主，張惠惠則是以三賓襯一主，相同的是都有著調和的美感，章法風格是偏於陰柔的，其結構分析表如下：

```
┌ 賓 ┌ 夜：「夜靜默」二句
│    └ 雲：「就像雲」二句
└ 主（泥土）：「所以……寬敞的道路」

┌ 賓 ┌ 粉筆：「在教室裡……智慧」
│    ├ 落葉：「下課後……佇立著」
│    └ 陽光：「走出校園……緊握住它」
└ 主（泥土）：「在回家……的道路」
```

　　將改寫過的作品與原作來比較，感受更是不同，而且從這種

比較中，更能體會到何謂「戲法人人會變，巧妙各有不同」，就是這一點點不同，造成了文學多樣的美感。不過，因為本題的難度偏高，所以如果要配合學生程度，那麼一次只練習一種——正反法變成賓主法，或是賓主法變成正反法，應該是比較適合的。

選擇文體

記敘文

一、題組

（一）朱自清〈背影〉細膩地描繪父親為自己買橘子的背影，藉此傳達出父親濃濃的愛（共 461 個字）。請你針對此段文字略作分析，並寫出感想。

　　我說道：「爸爸，您走吧！」他望車外看了一看，說：「我買幾個橘子去，你就在此地不要走動。」我看那邊月臺的柵欄外有幾個賣東西的等著顧客。走到那邊月臺，須穿過鐵道，須跳下去又爬上去。父親是一個胖子，走過去自然要費事些。我本來要去的，他不肯，只好讓他去。我看見他戴著黑布小帽，穿著黑布大馬褂，深青布棉袍，蹣跚地走到鐵道邊，慢慢探身下去，尚不大難。可是他穿過鐵道，要爬上那邊月臺，就不容易了。他用兩手攀著上面，兩腳再向上縮；他肥胖的身子向左微傾，顯出努力的樣子。這時我看見他的背影，我的眼淚很快地流下來了。我趕緊拭乾了淚，怕他看見，也怕別人看見。我再向外看時，他已抱了朱紅的橘子望回走了。過鐵道時，他先將橘子散放在地上，自己慢慢爬下，再抱起橘子走。到這

邊時，我趕緊去攙他。他和我走到車上，將橘子一股腦兒放在我的皮大衣上，於是撲撲衣上的泥土，心裡很輕鬆似的。過一會說：「我走了，到那邊來信！」我望著他走出去。他走了幾步，回過頭看見我，說：「進去吧，裡邊沒人！」等他的背影混入來來往往的人叢裡，再找不著了。我便進來坐下，我的眼淚又來了。

（二）請你也選取一位非常疼愛自己的長輩（譬如父親、母親、祖父、祖母、老師……等），搜尋他的某次行為舉措，然後以簡短的字句填寫下列表格。

某次的行為舉措	
值得注意的某些細節	

（三）請根據上述表格，詳細地描寫他的某次行為舉措，以表現出他對自己的關愛，寫成一篇首尾完足的文章，字數約在500左右。

二、設計理念

記敘文是一種用途極廣的文體，既可敘事、記人，也可寫景、狀物，因而其內容也十分豐富。廣義的記敘文，泛指一切以記敘描寫為主要表達方式的言語作品，如人物傳記、回憶錄、通訊、特寫、專訪……等各種實用文體，還包括報告文學、抒情散文、敘事詩、小說、寓言、神話傳說，甚或戲劇等文學作品，可謂包容多多。不過在中學階段所稱的記敘文，通常是狹義的，即

專指以敘述、描寫為主要表達方式來反映生活的文體。

本題組的第一小題以朱自清的名作〈背影〉中的一段,作為敘事的範本,為了希望同學能仔細體會,因此要求同學寫下感想;第二小題則請同學針對一位非常疼愛自己的長輩,來蒐集他疼愛自己的資料,而且寫出足堪注意的重點,以為寫成文章預作準備;第三小題就請同學聚焦在此事件上,作細膩的描寫。這個題組也可以看作是訓練同學「選擇意象」的能力,也就是請同學選取適切的「事件」為意象,並加以適當的經營、描寫,以傳達出長輩濃濃的關愛。

三、同學寫作成果

第一小題:

父親對兒子遠行的關愛,不好意思直接從口說出,在他去幫作者買橘子時,作者也流下了眼淚,卻也怕被父親看見,父子的個性相仿不言而喻。描寫父親買橘子的那段著墨很多,令人感覺時間突然變得很慢似的,上車時,父親故作輕鬆狀的言語,無疑是不想表露出離別的心酸,但卻更顯得父子間感情的深厚。(游佳翔)

這篇文章在國中的時候就讀過了,但現在看的感覺和以前很不一樣,以前並沒有坐火車的經驗,上了大學以後,才有坐火車被父母親送行的經驗,因此現在來讀這篇文章,發現自己也產生了感動,這是國中時所沒感受到的,沒想到同一篇文章在不同時

間看，也能產生這種奇妙的變化。我覺得作者用那些橘子表達了父愛，看著父親的背影，再從父親手上接過橘子，那些橘子確實充滿了父愛，也利用這大家都有的類似經驗，深深地打動了讀者。（陳冠安）

第二、三小題：

某次的行為舉措	生病時，媽媽帶去看病，之後去便利商店買東西
值得注意的某些細節	叫我坐在摩托車上等，多買了我愛吃的糖果

　　那時候，我還是個國小生。平時，媽媽不准我吃糖的，但可能就是因為她的限制，讓我非常愛吃糖，會偷吃，還被罵了好幾次……。

　　有一次感冒，出奇的嚴重，手腳發軟，連走路都十分無力。我應該已經很重了，媽媽還是背著我，走下四層樓的階梯，在摩托車上，叫我抓緊，攬著她的腰，載我去看病。

　　看完病，醫生開了我很討厭的藥水，使我覺得病好像更重了，媽大概也看在眼裡。「媽媽去 7-11 買一下寶礦力水得。」「走不動了？就在摩托車上等媽媽吧！」我整個人癱在摩托車上，只聽到門口「叮咚」的聲音。

　　「奇怪了，媽去了好久，沒有寶礦力水得嗎？」抬起頭，看到媽媽好像在店裡尋找什麼……。她買了比我想像中還要多的東西，半透明的塑膠袋，模糊地透著五顏六色的包裝。打開，是各種我最愛的糖果，伴著媽有點皺紋的微笑和我驚愕的表情，她可

能不知道我會喜歡哪種，所以買了很多。

　　靠在媽媽溫暖的背上，病好像已經好了大半。（葉蔚青）

| 某次的行為舉措 | 九二一發生時，爸爸對我們的保護 |
| 值得注意的某些細節 | 他脫下衣服為我們取暖，自己卻不斷地打噴嚏 |

　　九二一地震發生時，我身旁的吉他倒下，嚇醒了我，生死關頭似乎隨時就要來臨，心在慌，地在搖，所有的人都逃到外面的公園，無不驚慌失措……。此時的爸爸，內心一定也是如此，但他卻表現出一副「從容」的樣子，要我們「慢慢」走出去，不斷哄騙我們「沒事、沒事」，當然我內心還是怕得要命。但到了公園才發現，其他人不是衣衫不整，就是有許多皮肉傷，「心急害的吧！」我想，也許如果沒有爸爸強壓自己的驚慌，我們大概像他們一樣吧！接著，餘震不斷，所以也不敢回去，就留在公園，夜深了，真的很冷，而且風很大，我們躲在小牆下，因為我們擔心「巨塔」會倒下，所以我們全身都縮得又低又小，窩在爸爸身邊，我抬頭看看爸爸，他竟坐得比誰都高都挺，他要幫我們擋「巨塔」吧！後來，風吹久了，真受不了，沒想到爸爸見狀就脫下他的衣服，只剩汗衫，將它蓋在我身上，我問他不冷嗎？他邊打噴嚏邊說：「不會呀！」我真傻，雖半信半疑，卻接受了，就這樣我在安心的情況下，睡著了……

　　到了第二天，看來餘震還是構成很大的威脅，我們還必須這樣下去個幾天，當作出這個決定的同時，爸爸隨即做了一件事，那就是「衝回家拿大衣」，我見狀，眼眶都紅了……（羅方韋）

某次的行為舉措	我外公在我們離去時，一定會出來
值得注意的某些細節	外公當時中風，行動很不方便，甚至舉步維艱，卻還是要出來，而且會一直看著我們的車燈，消失在彼端，然後才回去

　　前幾年外公中風，所以搬到舅舅家住。舅舅家住在堤防邊，四周沒有幾戶人家，算是在荒野中吧！我們全家常常在晚上開車去看外公，在那裡閒聊的時候，外公總是坐在一旁，一語不發，靜靜地聽著他兒女孫子們的談話，有時候說到舅舅小時後常常被外公打得很慘，還說外公以前很兇，當我們說完，笑眼注視著他，他仍然不為所動。

　　但是每當我們要回去的時候，外公總是要跟著出來。儘管我們怕荒野的風太大，怕他行動不便，可能會著涼或跌倒，可是不管我們說什麼，他都一定要出來。但是出來也是站在那看我們跟他說再見，他也只是點點頭，真是不知道為什麼外公一定要冒著冷風出來。

　　原因是我後來聽舅舅提起才知道的。他說外公總是在我們走後一直佇立在風中，看著我們的車燈越來越遠，越來越小，直到消失在堤防的彼端後，他才賣力的、蹣跚的走回去。

　　聽完，我心中感到一陣溫暖，卻也為外公感到悽涼，而久久無法回答舅舅的話。（蘇弘軒）

四、檢討

　　朱自清的〈背影〉全篇敘事，作者以樸實的文字細膩地刻劃

父親的背影，也等於細膩地刻劃了父愛，數十年來不知感動了多少讀者。可見得材料不需貪多，只要找到適合的材料，予以適切的描寫，就可以成為一篇優秀的記敘文。

第一小題中，同學多能針對朱自清的〈背影〉寫出自己的感想，接著以第二小題蒐集材料，並鎖定描寫的焦點，最後在第三小題中才寫作成篇。在批閱全班近五十位同學的作文時，好幾次停下筆來，因為覺得自己的鼻頭有點發酸、眼眶也有點泛紅了，作文中所描寫的長輩的關愛固然綿密動人，但是同學細膩的體察也體貼溫馨；而且令人稍感意外的是，描寫男性長輩的文章相當多，且多能窺得他們嚴肅外表下那顆溫柔的心。前面所選的三篇文章都真摯而溫潤，所謂人間至情，大體如是吧！

論說文

一、題組

（一）請你仔細閱讀下列短文（二選一），並寫下你的看法，字數不要超過150字。

1. 看過馬戲團表演的人，大多會對動物表演的各種動作著迷讚嘆。其實大部分的表演動作都是經由一次又一次制約式的訓練完成的，所以動物逐漸養成固定順序的習慣，一旦中途道具或訊號改變，牠們往往不知所措；因此，知道如何變通是另一種較高層次的認知與學習。美國某位海洋世界的訓練師，訓練海豚撿拾被風刮入池中的垃圾，每次只要海豚銜一塊垃圾到池邊，即可獲得一條魚。有一天他發

現有頭海豚居然事先窩藏垃圾在浮台角落，然後等待時機獲得獎賞。

2. 在《西遊記》裡面，豬八戒怎會有一付豬相呢？原來牠在投胎轉世的途中，來到分歧的地方，不知走哪一條路才好；後來看見其中一條路足跡稀少，另一條路上卻絡繹成群，就決定朝人多的地方走，不料誤入豬群，轉世成豬。

（節選自王鼎鈞〈變豬〉）

（二）請你將你的心得與這篇短文結合起來，讓它成為一篇「先敘後論」或「論敘論」結構的論說文；並可視情況調整短文和心得，讓這篇文章更完整、更深入（字數不限）。

二、設計理念

論說文就是以議論為主要表達方式，用論據和論證的方法來闡明事物規律、道理或某種觀念的文章。許多同學害怕寫論說文，而論說文的寫作訓練，也常常讓許多老師覺得棘手。但是如果具備論敘章法的觀念，並配合著「限制式寫作」題組，這個難題就可以迎刃而解了。

一般說來，抽象的道理讓人難以理解，因此常會用具體的事例作為佐證，使人獲得深刻的印象；而且從具體的事例中，提煉出抽象的道理，也會闡發出此事例的精神，論敘章法就是根據這個原理而產生的。所以論敘法就是將抽象的道理和具體的事件結合起來，使之相輔相成的一種章法，可能形成的結構有四種：「先敘後論」、「先論後敘」、「論敘論」、「敘論敘」；運用論敘法，「論」會因「敘」而具體化，道理更明白易懂，「敘」

也會因「論」而抽象化，對事物得以有更深一層的觸發。因為論敘法具有前述的優點，因此經常出現在議論性的文章中。

　　所以本題組的第一個小題就提供了兩則發人深省的短文，讓同學從中二選一，針對事件寫出感想；接著第二個小題，才是要求以「先敘後論」或「論敘論」結構，將事件與議論熔於一爐，寫作成篇。至於為何限定在此二種結構？那是因為「先敘後論」結構是最簡單，但是非常有效的結構，王安石的〈傷仲永〉就是顯例；而「論敘論」結構則稍富變化，可以滿足同學不喜拘束的心理。這種題組設計的好處在於，同學在寫作第一階段題目時，等於一方面蒐集材料，一方面默思佈局，所以等到寫第二個子題時，可說是成竹在胸，一篇議論文輕輕鬆鬆地就完成了。

三、同學寫作成果

第一小題：

　　不知變通的人往往會被社會淘汰，如果能從中了解變通的方法，就可以得到更多的機會和成功，相反的，遇到事情不知變通，一旦和平常不一樣就不知所措，那就很難在社會上求生存。人類之所以比其他物種高等，就是因為人有智慧，如果好好運用，就能開創出更多的創新和驚奇，一成不變的生活和方法是無法長久的，就如易經所說的：「窮則變，變則通，通則久。」那就再也沒有什麼事是不能解決的了。

第二小題：

　　看過馬戲團表演的人，大多會對動物表演的各種動作著迷讚

嘆。其實大部分的表演動作都是經由一次又一次制約式的訓練完成的，所以動物逐漸養成固定順序的習慣，一旦中途道具或訊號改變，牠們往往不知所措；因此，知道如何變通是另一種較高層次的認知與學習。美國某位海洋世界的訓練師，訓練海豚撿拾被風刮入池中的垃圾，每次只要海豚銜一塊垃圾到池邊，即可獲得一條魚。有一天他發現有頭海豚居然事先窩藏垃圾在浮台角落，然後等待時機獲得獎賞。

不知變通的人往往會被社會淘汰，如果能從中了解變通的方法，就可以得到更多的機會和成功，相反的，遇到事情不知變通，一旦和平常不一樣就不知所措，那就很難在社會上求生存。人類之所以比其他物種高等，就是因為人有智慧，如果好好運用，就能開創出更多的創新和驚奇，一成不變的生活和方法是無法長久的，就如易經所說的：「窮則變，變則通，通則久。」那就再也沒有什麼事是不能解決的了。（鄭如涵）

第一小題：

一般動物在制約式的訓練下習得動作，訓練師以責罰及獎勵之方式誘發其學習動機並修正其準確度，長期以此模式作互動，逐漸形成有效的刺激與反應，這也是馬戲團所以能成功地導演出預設好的腳本，此模式為訓練師所倚賴（特定刺激下引導出一個個步驟）。可想見自以為高一等的人（訓練師）亦被制約化了。而一隻海豚卻打破嚴密的反應步驟，此事一出，當為訓練師所不悅，而為動物行為研究者所驚奇並深深反思。

第二小題：

學習成效如何，一面繫於教育方式，一面繫於操演次數及操演時達到的精準度；然而智慧的累積不僅要求高標的學習成效，還需在已知的操演步驟中尋求可精簡、變化或增加的方法，不斷試驗而得到最有效率的執行步驟及最理想的成果。

熟悉動物行為，於是人類得以選擇某些動物來施加訓練，以一個主導者的身分左右其動作，並在反覆操演下使其能聽令、見機行事，馬戲團便是擅於操縱動物行為者，當動物依其所預料地作出動作，訓練師便在心中竊喜著他的勝利，主從地位分明，因此也無需改變現狀。出乎意料地，一直摸透了訓練師行為的海豚偷偷地作了些改變，牠發現只要牠銜來垃圾就能輕易獲得一條魚，既然如此，牠不等訓練者來到才去尋找垃圾來討賞，垃圾可以換取食物，於是海豚像個精明的的主婦般偷偷攢私房錢：垃圾。

海豚這出人意表的行為撥亂了訓練者的如意算盤，因牠不按部就班行意料中之事，但，這豈不正是人類所追求之智慧的展現。人類先入為主地以為熟悉動物行為而與動物同陷進了制約的模式，殊不知動物也在不斷與人類的接觸中熟悉人類的行為模式。人類的確握有先天的變通能力，但若不去使用而墨守成規，一樣是只能有學習成效而無智慧之累積，這隻不按牌理出牌的海豚給人們好好上了一課。（陳慧娟）

第一小題：

只知道盲目跟隨群眾而不思考的人，最後都只能淪為被少數人操縱的傀儡，而現在的媒體就好比那些操縱者，不思考者只能被人牽著鼻子走。

第二小題：

　　現今社會上充斥著許多媒體，他們運用大眾盲從的特質，自以為是的扮演起造物主的角色，任意的耍弄著花招，而大部分的人往往看不見事實的真相，所以只能形同傀儡的受人操控，就像王鼎鈞在〈變豬〉一文中提到，《西遊記》中的豬八戒之所以會變成豬，是因為在投胎時出現叉路，他盲目跟從人多的地方走，最後就轉世成豬。火災現場的人們也常常犯下這種錯誤，跟著許多人亂跑，卻沒思考過哪個方向才是逃生方向，會在瞬間失去判斷力，最後就葬生火窟。這樣的人通常很少去思考到自己這樣做的目的，以為只要多數人所認同的答案就是真理，這樣的人只能成為被無形的線綁住的傀儡，一再陷在別人的圈套中，被少數狡猾的人所操控住，動彈不得。（王郁燕）

四、檢討

　　「因事生議」是相當常見的思考方式，但是要讓學生自覺地轉化為論說文的寫作，則需要一些引導的技巧，本題組的兩個子題，就等於是將此思維的過程「分解動作」，因此就有循序漸進的好處。就此三篇同學的作文來看，第一篇鄭如涵用的是最簡單的方式，也就是寫出感想，然後將事件與感想接合在一起，就成了一篇「先敘後論」的文章了；可是寫法儘管簡單，寫作成果卻相當不錯，可見得以章法觀念融入寫作謀篇教學，效果實在是相當好。第一篇之結構分析表如下：

```
┌─ 敘：「看過馬戲團……獲得獎賞」
└─ 論：「不知變通……解決的了」
```

第二篇陳慧娟採取了較為複雜的謀篇方式，也就是「論敘論」結構，而且重新敘述故事時，字句改動的幅度也比較大。根據作者表示：先從事第一步驟的寫作，確實有澄清思慮的效果，讓自己更能掌握第二步驟的寫作。第二篇之結構分析表如下：

```
┌─ 論：「學習成效……理想的成果」
├─ 敘：「熟悉動物……垃圾」
└─ 論：「海豚……上了一課」
```

第三篇王郁燕也是以「論敘論」結構謀篇，但是不同於第二篇的地方，在於作者多增加了一個事例，因此與其說是因此事而生此議，還不如說是以兩個例證來證明自己的論點，相當符合論說文多舉例證以增強說服力的通則，因此篇幅雖小，卻頗具說服力。第三篇之結構分析表如下：

```
┌─ 論：「現今社會……受人操控」
│       ┌─ 並列一：「就像王鼎鈞……轉世成豬」
├─ 敘 ─┤
│       └─ 並列二：「火災現場……葬生火窟」
└─ 論：「這樣的人……動彈不得」
```

由這次的寫作練習，應可證明章法觀念對於組織材料、謀篇佈局的巨大功用了。

確立風格

詼諧幽默

一、題組

（一）在下面所引的這則散文中，莊裕安以詼諧幽默的筆觸描寫他的丈母娘，請你以簡短的字句寫下你對這種寫作風格的感想。

莊裕安〈野獸派丈母娘〉（節選）：

雖然我沒有陪她上過市場，但我想像她買菜的樣子，一定不亞於一隻尊貴的孟加拉虎。她一定有最靈敏的嗅覺，最挑剔的脾胃，而且對我們，她的女兒和女婿，充滿慈悲。我們其實不像她所想像的那麼可憐蟲，吃三個月前的遠洋雪藏鱈魚鮭魚、等而下之的冷凍水餃、冷凍青豆、冷凍胡蘿蔔。我們樂於逛「萬客隆」，四個禮拜的生鮮一口氣買成，對開罐器、微波爐、冷凍庫，充滿敬意與謝意。可是這一對貪圖便利的小崽子，在她眼中看來，是營養不良又毫無品味的。她上菜市場，面對猩紅嫩白的排骨海鮮，一定充滿「叼」的快意，才四月天就渾身大汗。

我沒見過丈母娘在菜市場的虎虎生風，但碰上她在廚房耍刀弄鉞。她習慣將冰毛巾繫於額前或頸間，看來真像

日本料理店吆三喝四的大廚。但不同於指揮的領班，誰也不要來當幫手，以免礙著她的腕肘肩臀。她炒菜的時候，一定希望廚房有半個操場那麼大。有時候索性關了穿堂的門，以便一個人在裡頭大顯身手。如果杜甫再世，說不定也會贈她那首〈觀公孫大娘弟子舞劍器行〉的名句，燿如羿射九日落，矯如群帝驂龍翔；來如雷霆收震怒，罷如江海凝清光。總之，她的熱力不亞於指揮一整個交響樂團。

（二）請你也以詼諧幽默的筆觸某個人物的言行，字數約在 400 左右。

二、設計理念

就寫作來說，風格就是筆調。在批改同學作文時，有時會發現同學不能選擇合適的筆調來寫作，譬如原本應該嚴謹深刻的論說文，卻寫成閒話家常般的隨筆。之所以會如此，原因可能出在同學根本沒有自覺地意識到「筆調」這個問題，順手寫來，真的成了「我手寫我口」，可是並不見得適當。

因此設計本題組的目的就在於喚起同學對「筆調」的自覺，並鎖定「詼諧幽默」這種雅俗共賞的筆調來訓練，先以第一小題讓同學認識何謂「詼諧幽默」的筆調，第二小題才請同學仿寫。並且希望此題組只是個開始而已，往後同學面對不同的題目，都能選擇適合的筆調進行寫作，這才是最理想的。

三、同學寫作成果

第一小題：

　　我一向很喜歡這種描寫人物的筆法，謔而不虐，誇張卻又出奇的貼切，令人會心一笑而不流於苛刻。將丈母娘喻為「孟加拉虎」，表現對挑選食材的敏銳和對冷凍微波食品的嗤之以鼻和敬謝不敏，恐怕是每位母親心疼子女不懂得照顧自己的心聲吧！作者所用的形容令人易於想到其丈母娘的廚房時那股「一女當關，萬夫莫敵」的氣勢與幹勁，寫來活靈活現，生動有趣。（涂惠姍）

　　我覺得這種寫作風格會讓寫作主題變得更加鮮明而突出，在閱讀的時候會給人躍然紙上之感。同時，這種筆調所呈現出的節奏也較為輕快活潑，用的詞語也常讓人莞爾，是一種令人感到愉悅的可愛的寫作手法。（高德衡）

第二小題：

　　「吼！你看，那女的那麼壯，還敢穿無袖喔！根本就是金剛芭比嘛！」

　　「真噁心！這麼肥還敢穿這麼鮮豔喔！」

　　「那女的那麼三八還有男朋友喔！」

　　「機車騎這麼慢要死喔！用牽的不是更快……」

　　沒錯，雖然我很不想承認，但她就是我朋友，逛街是她最忙

碌的休閒活動，她是一位「嚴格的路人」，凡是在她視力範圍所及的領域內，所有會移動的生物或非生物皆會被她毫不留情的品頭論足一番，無論是高短胖瘦、造型裝扮，從整體配色到局部混搭，還是髮質、膚質或氣質，外八暴牙或駝背，都可是她的主題，甚至是情侶登不登對、母子長得像不像，哪種人適合養哪種狗，還是什麼人不該出現在什麼地方……等，皆是她的「學術領域」，她常常信誓旦旦的說幾年後要出一本「國人百大醜態」，看到她眼裡射出的光芒，我不禁開始為國人感到擔憂。雖然她如此「嚴以律人」，但卻「寬以待己」，對於我們這些醜態畢露的自己人，總是有菩薩「渡化眾生」的寬厚心腸。或許那天，政府心血來潮聘她當「外貌研究協會」會長，我們的社會有希望能夠賞心悅目點。（許玉玲）

　　你一定沒見過有人是這樣騎車的！

　　她可以假裝在騎越野車，不管上下坡或是平地，都習慣性的拚命，不停的踩著快斷命的踏板，直線般的往前衝，經由物理定律的推演，不斷加速，直達目的地。

　　但你一定猜不到，她接觸腳踏車不到半年！當她急急忙忙的趕去上課，會因不熟練的騎法，而硬生生的撞上路障！更誇張的是，她卻在下一秒毫髮無傷的大笑，開始取笑自己！甚至還擔心路障會比她命短。

　　你也一定猜不到，當她要經過馬路，卻爬不上突然凸起的路面時，咬牙切齒的表情，如同吃到酸檸檬的皺，五官全擠在一起，然而那台鐵馬，卻在原地漫步，享受悠閒的時光，美好的風

和日麗。

　　最恐怖的在後頭，當她認為自己的騎術已臻完美，可以再度挑戰不可能時，她找到了下一個目標──載人！可憐無辜的同學，就只好一個個的成為實驗品。她踏下第一步後，是一連串的扭動，車身快速的往人行道靠近！正當你恐懼不已時，忽然停住在一秒間！「竟然沒事！」這時你慶幸自己很幸運，而她又踏了第二步……。（許穎燕）

　　從沒想過原來一個身上綜合各種矛盾的人也可以活過十八個年頭。身為同學的我，除了為其父母師長親戚朋友掬一把同情淚之外，真的是自嘆弗如啊。看似無害，實則深藏不露──她應該有偷偷修練黃飛鴻的「無影腳」吧？不然，誰能在睡夢中一腳踢破寢室牆上的玻璃窗，毫髮無傷，而且還渾然未覺？在眾人一片傻眼的驚呼中，大姊她還逕自好眠，絲毫未察覺自己已在假寐中洩漏偷練黃氏絕招的秘密，好個怪力女俠。

　　不過，這也提供了她能量宣洩的合理解釋，否則，以她如牛的食量，到底都消耗在哪了？女俠果真不是浪得虛名，其在動筷前眼中凝聚的殺氣往往殺人於無形，一記「秋風掃落葉」，輔以出神入化之姿的「飛天探雲手」，拆解入腹的「九陰白骨爪」，直叫人嘆為觀止。其間還不忘來個中場休息，再接再厲與食物廝殺個三百回合，頗有「食不飽人死不休」、「不勝飯鍋終不還」的英雄悲壯氣魄。女俠的嗜好也不同凡響，令人絕倒。此人生平無大志，偏愛研究各大家超市量販店的特價單，就愛貨比三家，樂此不疲。目前女俠高唱從軍樂，不負一身絕技的投筆從戎報效

國家去了。是否身手依舊？知否，知否，應是我肥她瘦吧！（涂惠姍）

四、檢討

　　從莊裕安〈野獸派丈母娘〉（節選）一文可知，詼諧幽默的筆調常來自於誇張，如就修辭格來分析，就是多用誇飾格，而且誇飾的背後隱藏著情感，需要細心體會。從第一小題的答案中，可以看出同學大體上都能體察到這一點，而且也感受到文章的節奏因此變得輕快活潑。

　　在第二小題的寫作中，可看出同學善用誇飾格，造成了文章詼諧幽默的風格。不過稍有不同的是：許玉玲的幽默中帶有淡淡的嘲諷，因此比較犀利，但是其他兩位同學就純粹只是有趣，顯得溫柔多了。

含蓄與熱烈

一、題組

（一）請你分辨陳淑娟〈寄龍希哲書〉的書寫風格，是偏於「細膩委婉」，還是「奔放熱烈」？並且簡單地說明為什麼？

（二）女生、男生分別寫作，以白話文行文，字數多寡不拘：

　　1. 女生題：請妳將自己當作陳淑娟，以「奔放熱烈」的筆調來寫這封信。

　　2. 男生題：請你將自己當作龍希哲，寫一封回信，內容不拘，但請自覺地選擇「溫柔深情」或是「嚴肅凝重」的筆調進行寫作（也可以是其他筆調，請在一開始就註明所選取的是何種筆調）。

二、設計理念

　　陳淑娟〈寄龍希哲書〉是上課時講授的範本，因此本題組的第一小題，是請同學在閱讀後，仔細地思辨文章風格的問題。雖然同學不可能全盤掌握文章的主題、詞彙、意象、修辭、文法、章法之後，再予審辨、確定，但是因為在講讀文章的過程中，就已經提示了許多訊息，所以同學應該可以掌握一定的線索來判讀。接著第二小題就請同學自覺地選擇某種筆調來進行寫作。

三、同學寫作成果

第一小題：

　　細膩委婉。因為信中不提自己對希哲的深情，只提她認定希哲能成大業，這麼寫是顧及到他的自尊心，因為在那個年代，男子無不希冀功成名就。而嫂嫂的惡言，也只是委婉表達想儘快嫁人的藉口。（許穎燕）

　　細膩委婉。字裡行間，表露深情，但卻未豪放露骨地表達己意，只側寫目前在家中處境不利，以及回憶當年定情時，其中隱含著對希哲無限的冀盼，細膩且感人。（曲員蒂）

第二小題

1. 女生題

致希哲：

　　為什麼你就這樣杳無音信？為什麼你忍心捨得我日日坐立難安，夜夜睡不寧？難道以往我倆在梅嶺的定情盟約，那份堅貞不渝的情感，以及你我心心相印的愛，轉瞬間就如此灰飛湮滅？

　　整日心神不寧，蹙著眉頭，目鎖著淚水，在凶惡的嫂嫂面前，忍住一切恥辱，只因你的愛源源不絕的從我心坎流出。昔日你對我的深情款款，我一一將它編織成綿密的情

網，千條萬縷的情絲，任憑再艱困的處境，也割不斷的。但是隨著歲月消逝，嫂嫂們對我更加惡言厲色，又嘲諷地說我早就被你拋棄，我傷心欲絕，原欲輕生，又念及老母安在，且欲縱樓時，以前你教我讀詩的朗朗誦聲，耳畔猛然響起，在在勾起曩昔恩愛種種場景，不禁涕淚四流，悲從中來……。

希哲啊！你一定不曾忘了我吧？想你一定還在為了事業打拚，或者是被臨時的要務纏身。不會的，你不會忘了我對你的愛；愛你、想你、念你、思你，你心裡可還有我？眷戀思慕，讓我焦急，閒不下一刻來等待，受不了一直未見你那具有英氣的臉龐，盼你早早歸來，我會守候著你，痴痴地等你，只願早日共結連理。
P.S.若你是那愛漂泊的雲，我願是那伴著你的清風……我深愛著你！

淑娟　書（曲員蒂）

多久以前的哪一年哪一天，我是何其有幸同你相遇，我自知出身微寒，但與你同侍奉姑母之際，仍不自覺深深愛上你的才華。在高高的樓臺上，從你嘴裡吐出的每一字句都是最美麗的誓言，深深重重敲擊在我心頭，頃刻成言是你的誓言，可我不希望掉頭便忘的也是你的誓言。

你解釋過的詩句，我日日掛在嘴邊，早已編成一首我們的歌，每回二位嫂嫂嘲弄我之際，哼起這首歌，更又不知是痛是酸是苦是甜。你忍心拋我一人在此受苦，可我卻衷心期

待你金榜題名，等了又等，淚流乾了難道會流出血，你的臉我仍畫在藍天白雲之中，我的臉難道在你心中已模糊似雲？

天冷了，梅花會盛開，你卻錯過這股幽香兩年，你說過的話已經似冷冽的北風刺傷了我，我真不知我心中的這顆琉璃能忍受多少次損傷，時間拖得愈來愈久，生命也似乎愈來愈沒有了期待，你是我現在唯一僅存的希望。夜深之際，我常不自覺走到墓地，躺下來，或許就什麼也不需要去煩心，可是尚有老母在，心中這一牽掛，只能數著月圓月缺算日子。

我不忍苛責你，可抉擇都在你，你一個字便能左右我，把命都託給你，你真無情也罷，曾經，或許曾經你是真心待我好，如果你忘掉，我便守在這直到你記起。（蘇媛焙）

2. 男生題

溫柔深情

淑娟：

讀完妳的信，我哭了！想著妳守著梅花的香味，心中，卻有無數守不住的苦，我哭了！自責的眼淚，竟也混著梅花香，流進我的嘴角，一點一滴的提醒著我：一年前的諾言，怎能說忘就忘？是吧？怎能說忘就忘？

此刻的我，雖然不敢奢求擁有天使般的心，卻渴望能長出一對天使的翅膀，就這樣飛到妳身旁，就這樣抱著妳，就這樣讓我倆將要冰冷的心，又開始跳動……

但是，此刻的我，能回到妳身邊嗎？不能。不僅僅是因

為我缺少那翅膀；更重要的是，當妳收到這封信時，我已經在前往東北邊疆的路上了……淑娟！我知道妳很難接受這個事實，當我幾個月前收到徵兵令時，我也不知所措！但是又能怎麼辦呢？唯一讓我欣慰的是，往東北的路途很長，這樣，我就會有很多很多個夜晚，好好回憶和妳相處的那段日子。記得嗎？我好希望能有小孩，但是一個好像又太孤單了，那時妳笑我傻，妳說：那我們就生兩個寶寶啊！一男一女，女生是姊姊，男生是弟弟，這樣姊姊就可以照顧弟弟，弟弟也可以保護姊姊呀！我笑妳更傻，怎麼可能決定生男生女呢？但是每當我想到當時，笑得好開心的妳，心裡就覺得好甜……

　　淑娟啊！我比誰都清楚，這些夢想，離我們是有點遠了！妳知道嗎？其實我多希望妳能等我，但叫妳等一個不知道有沒有明天的人是很自私的。所以，我祈求妳，為了妳，也為了妳母親，別再耽誤青春了。去找一個愛妳，而妳也愛他的男人吧！記住，那個人，不一定要聰明，不一定要有錢，不一定要英俊，更不一定要有功名，但一定要是善良的，因為，只有善良的人，才是真正懂得「愛」的……等妳有一天找到這麼一個人時，寫封信給我，讓我安心，好嗎？

　　淑娟啊！其實我一直很猶豫要不要寫這封信，要不要告訴妳真相，因為真相總是令人不開心的，而我不希望妳不開心啊！還記得那句話嗎？「愛上一個人，一定要讓她相信，這世界多麼美好」。所以，請原諒我當初選擇隱瞞，選擇失去聯絡，好嗎？

淑娟啊！最後請答應我，往後的日子裡，試著慢慢將我遺忘，只要偶爾，看看那些在梅花叢裡玩耍的孩子們，聽聽他們天真的笑聲，我也將在那裡，對著妳微笑……

希哲（王天寬）

慷慨激昂

朝綱大亂，奸佞當道。尤以逆閹為甚。念我黎民百姓，生計困苦、三餐不繼。長此日久，則民必積怨。怨積則反，世道動盪，災禍兵燹，生靈塗炭。

希哲不才，但仍以天下家國為念，願報七尺之軀，略盡棉薄，以期以一己之力，盡其在我。天下有道之士和吾與共，匡正法紀、行篤倫常，為天下之福、黔首之福、汝我之福。姐情深意切，惹人惜憐。怎奈希哲萬不敢置身度外，縱有兒女情長，也難敵苦難蒼生百千性命。姐之溫婉希哲銘感五內，永生莫忘，一世非姐不婚，盼姐勿再以弟於懷，希哲頓首。（蕭宇勝）

四、檢討

關於第一小題，有的同學認為陳淑娟〈寄龍希哲書〉的風格應屬於熱烈奔放類，所持理由大多為：以當時而言，能夠做出這種告白舉動的女子，心中必然奔騰著極為熱烈的情感；但是細究起來，其情感儘管熱烈，但是表達方式仍是委婉曲折、旁敲側擊的，因此風格應該是偏向於細膩委婉。

　　第二小題是由女生、男生分開寫作。女生等於是將自己置身於陳淑娟的處境，重寫一封告白信，而且要採取與陳淑娟不同的傾訴方式，直接、熱烈地傾吐自己心中的滿懷愛意，所以批改時的重點有二：信中所用到的材料必須符合原文，筆調必須熱烈奔放；然而，在批改時可以感覺到，同學雖是自覺地要求自己如此寫作，但是可能因為十八、九歲的女學生仍然頗為矜持、羞澀，所以有些作品的情感熾烈程度還有待「加溫」，不過前面所錄的兩篇文章，大體上都可直抒情感。至於男生部分，選擇「溫柔深情」筆調者最多，表現也較好，選擇「嚴肅凝重」筆調者，則多半未能表現出此種風格，細究原因，大概是因為此種內容不容易用嚴肅凝重的筆調來寫，所以這應是出題時的失誤；此外，蕭宇勝並未按規定用白話文寫作，所以得分不高，但他的文章很有特色，所以也錄出來以供欣賞。

　　附錄：陳淑娟〈寄龍希哲書〉[1]

　　姊不幸生長蓬門，家復多故。所幸令姑母愷悌慈祥，視同己出，故常得依依膝下。而令姑母又愛吾弟聰明好學，且善伺人意，以是相處一家，舉室歡欣。承吾弟以骨肉視姊，故姊亦以骨肉待吾弟，即老母亦愛逾恆焉。猶記誓言鳳尾，[2]待詠樓頭，頃刻成言，才思敏捷，誠使姊敬慕無已。當時並為姊解釋詩意，諄

---

[1]　本文選自《三餘齋雜記》，是明代一位出身寒門，自主意識頗為強烈的女子陳淑娟，寫給舊日情人龍希哲的一封情書（參考國立成功大學中文系編《大學文選》）。

[2]　誓言鳳尾：鳳尾，竹之一種，屬筊竹之類。此謂在鳳尾竹下發下誓言。

諄不倦。此情此景，若在目前。乃流光如矢，忽忽已越三年。爾時姊即默念吾弟絕非池中物，他日定當貴顯。竊欲以蒲柳之質[3]為托，蓋父既早亡，母年漸老，長兄則書寫公門，次兄則陷身吏役，二嫂並皆悍惡。此吾弟之所深知。但得遠離凶獷，獲托絲蘿，則吾弟縱無官，亦不失為士君子妻耳。否則，萬一流落俗子手中，有死而已。姊自審志若此，諒不為吾弟所竊笑。故於梅花香裡，即面達吾弟，吾弟曾云：「拳拳於懷，未嘗或忘。即堂上亦久蓄此心，惟以嫂氏凶悍，姑母未敢竭意慫恿，致使堂上未免猶豫耳。返家之後，定當秉明堂上，早為玉成，決不使姊悵惘也。」一語既諾，兩情共矢。姊之歡慰，為何如乎！

然自與吾弟別後，又將期年。梅開嶺上，竟無消息之傳；竹翠園中，未得平安之報。言猶在耳，人豈忘情！惟念弟本信人，得無姊真薄命歟？前塵回首，淚下沾襟矣！想吾弟此時，正猛攻學業，他日飛黃騰達，姊未識能分得餘榮否也。私忖今日似不當再以瑣事瀆吾弟，然事有烏得不為吾弟告者：蓋前因老母留住戚家，二嫂時以屬色疾言，向姊尋釁，終日洶洶，刻無寧晷，姊雖心中忿忿，奈莫敢出言，惟有執巾搵淚，依几含顰，日常處荊棘叢中，雖老母歸來，亦難左袒。[4]嗟乎！姊之死所，故安在耶？每擬月明人靜，趨赴夜台。[5]第一念老母，輒懼與姊俱盡，以是

---

3 蒲柳之質：蒲柳，即水柳，一種植物。女性常用作體弱即身分低微之謙詞。

4 左袒：本為露出左臂，據《史記・呂太后本紀》載，漢朝大將周勃，欲除呂氏，維護劉家天下，在軍中宣令說，擁護呂氏的右袒，擁護劉氏的左袒，結果眾軍皆左袒。後稱偏護一方為左袒。

5 夜台：墳墓。

殘喘苟延。而吾弟婚姻，因循未決，不將為姊所誤，亦非計也。歲月遷延，徒看猙獰面目。姊寸心已亂，五內如焚，萬念皆休，一籌莫展。輾轉思維，除老母外，惟吾弟差堪告語。想弟多情人也，定能披荊斬棘，拯姊而登諸坦途。臨書迫切，不知所云，惟吾弟念之圖之。

歷屆升大學考試「新型作文」 考題分析

　　「新型作文」命題出現在大學升學考試中，是從民國 83 學年度推薦甄選，以及民國 86 學年度大學聯合招生考試開始，到現在的學科能力測驗、指定科目考試也都沿用。

　　不過，如同「導論」中所言：以往「引導式寫作」與「限制式寫作」混而不分，所以近十餘年間所出現的這些「新型作文」題目，有些屬於「引導式寫作」、有些屬於「限制式寫作」，甚至有些是融合了「引導式寫作」與「限制式寫作」兩者的特點。但是，在寫作測驗理論日益發展、日趨精微的今天，如欲命出更為理想的寫作題目，那麼對於「引導式寫作」與「限制式寫作」的辨別，以及其優缺點的了解，是非常必要的。因此其下即根據此觀點，來針對這些「新型作文」考題進行分析；除此之外，考慮到寫作能力的層次性，於是特將這些考題都化為題組，由淺而深地將寫作的層次清理出來，這樣不僅有助於學生進行寫作，而且在過程中會培養出寫作的「自覺」，這種自覺一旦越來越清晰，就越能推擴至其他的寫作上，對學生的裨益實在非常大。

　　因此在此章中就蒐羅了「推薦甄選（83－89 學年度）」、「大學聯合招生考試（86－90 學年度）」、「學科能力測驗（90－94 學年度）」、「指定科目考試（91－94 學年度）」等大學升學考試中，所有「新型作文」的題目，並以題組的觀念切入，清理出

寫作的層次，並說明理由，或對考題提出檢討與建議，所以每次考試均分三個部分來呈現：「考題」、「題組」、「說明」，期望能對教師教學、學生寫作有所裨益。

而且為了提綱挈領地掌握這些考題的類別（引導式或限制式），以及所欲測驗的能力，其下即以表格的方式來呈現。更進一步地，從分析的過程與其下的表格中，得出了幾點看法，可以提出來供作參考：

	83	文章縮寫：限制式（掌握主題）		
	84	文章擴寫：限制式（掌握主旨）		
	85	閱讀寫作：限制式（綜合能力）		
推薦甄選	86	第一題：限制式（內容發展方向）	第二題：引導為主、限制為輔（掌握風格）	
	87	第壹題：限制式（解釋詞義）	第貳題：引導為輔、限制為主（內容發展方向）	
	88	第壹題：限制式（選取意象）	第貳題：引導為輔、限制為主（內容發展方向）	
	89	第壹題：引導為主、限制為輔（內容發展方向）	第貳題：引導式（內容發展方向）	
	86	第一題：限制式（寫景能力）	第二題：限制式（應用文）	

大學聯合招生考試	87	作文：引導為輔、限制為主（內容發展方向）		
	88	第一題：限制式（聯想力）	第二題：引導式（內容發展方向）	
	89	第一題：限制式（內容發展方向）	第二題：引導式（內容發展方向）	
	90	作文：引導為主、限制為輔（取材能力）		
學科能力測驗	90	〈甲〉引導式（內容發展方向）	〈乙〉引導為主、限制為輔（雙軌式綱領）	
	91	第一題：限制式（邏輯思維能力）	第二題：限制式（運用詞彙）	第三題：限制式（綜合能力）
	92	第一之（一）題：限制式（綜合能力）	第一之（二）題：限制式（應用文）	第二題：限制式（綜合能力）
	93	第一題：限制式（掌握意象）	第二題：限制式（應用文）	第三題：限制式（綜合能力）
	94	第一題：限制式（掌握詞義）	第二題：限制式（意象、聯想力）	第三題：引導式（內容發展方向）
指定科目考試	91	第一題：限制式（內容發展方向）	第二題：引導式（內容發展方向）	
	92	作文：限制式（內容發展方向）		
	93	作文：引導式（內容發展方向）		
	94	第一之（一）題：限制式（掌握詞義）	第一之（二）題：限制式（掌握意象）	作文：引導式（內容發展方向）

一、「短文」與「長文」的組題方式：以往的各類考試中，作文題幾乎都以「一題一篇」的方式出現，但是從民國86學年度開始，升大學考試就突破了這種傳統命題方式，自此常常出現「一短一長」或「兩短一長」的組題方式，這實在是一個創舉。因為這樣的組題方式，既可以避免「一題定終身」的壓力，也不會使得測驗時間太過冗長，可以說是頗為理想的；而且最好用「短文」測特殊能力，其限制也在某種特殊能力上，並要求在200字以內完成；「長文」則是測綜合能力，其限制多在於內容發展方向，並且不限字數。

二、「引導式寫作」與「限制式寫作」觀念的釐清：自民國83學年度推薦甄選開始，升大學考試中常出現「新型作文」，相較於以往「一題一篇」的作文而言，這種題目起了引導或限制的功能，對學生來說裨益非淺，也是一大創舉。但是因為以往並未對「引導式寫作」與「限制式寫作」的異同作出清楚的界定，所以歷屆升大學考試中出現的「新型作文」，有的偏於「限制式」、有的偏於「引導式」，但在題目中並未明確地標誌出來，往往造成考生的困擾、困惑；所以命題者在命題時如果能由無自覺而自覺，對「引導式寫作」與「限制式寫作」能有更清楚的認識，則應該能命出更理想的題目。因為在大型考試中，考生人數眾多，可能出現的狀況五花八門，因此寫作條件的限制，以及隨之而來的評分標準的拿捏是非常重要的，而想要做好這一點，「限制式寫作」或「限制為主、引導為輔」的寫作，是比較適當的選擇。

三、不宜與閱讀能力重疊太多：寫作測驗和寫作訓練不同，寫作

訓練應該強調「讀寫結合」，但是寫作測驗則要注意和閱讀
測驗的區別。在升大學考試的考題中，都有選擇題與非選擇
題，這兩種題型應該分工，也就是說選擇題測的是閱讀能力，
而非選擇題測的是寫作能力。但是目前所見的「新型作文」
考題，都會在題目中提供一些材料或說明，這部分就必然與
閱讀能力有關聯，但是否會因為份量太重，而造成了測驗目
標的混淆？就是一個需要斟酌的問題；因為畢竟作文考的主
要是寫作能力，所以不應讓學生在閱讀題目時就花掉太多工
夫，甚至使得題目成為門檻。目前所見高度重疊的情況，大
體上不是所給的資料太多、太難，就是引言不夠精煉；資料
太多者，譬如 85 學年度推薦甄選（1275 字）、86 學年度推
薦甄選（1419 字）、91 學年度學科能力測驗（一個圖表加上
兩題共 887 字）、92 學年度學科能力測驗（兩題共 1587 字）、
93 學年度學科能力測驗等（兩題共 1717 字）；資料太難者，
譬如 87 學年度推薦甄選、94 學年度指定科目考試等，引言不
夠精煉者，譬如 88 學年度推薦甄選、90 學年度學科能力測
驗、91 學年度指定科目考試等。關於資料太多者，實在應該
檢討類似「摘要」或「歸納」題是否適合出現在此種考試中；
而資料太難者，可以考慮用注釋或簡單說明的方式來降低難
度；至於引言不夠精煉者，那麼當然是在出題時就要有很清
晰的認知：在題目中只提供最必要、且直接相關的訊息。

四、所測驗的能力宜分布均勻：從上表中可知，歷屆升大學考試
「新型作文」中，測「綜合能力」者仍佔大多數（凡是限制或
引導「內容發展方向」者，皆屬測綜合能力），而且有時儘

管題目不只一題，但都是測綜合能力，譬如 89 學年度推薦甄選、89 學年度大學聯合招生考試、91 學年度年指定科目考試都是如此，至於只考一題者，則多是測綜合能力，譬如 85 學年度推薦甄選、87 學年度大學聯合招生考試、90 學年度大學聯合招生考試、92 學年度指定科目考試、93 學年度指定科目考試；相較之下，測「特殊能力」者只佔少數，而且目前只出現「一般能力」中的「聯想力」，以及「特殊能力」中的「掌握主旨」、「解釋詞義」、「選取意象」、「選擇文體（應用文、寫景文）」、「掌握風格」等，闕漏的能力仍多，而且某種能力中所可以測驗的內容相當多，這些都是有待開展、開發的。

五、題目取向宜廣泛：如以「作文」（即「長文」）為例，近年來「新型作文」題目如下：「追求流行，表現自我」或「追求流行，迷失自我」、「假裝」、「我最投入的事」或「我的嚮往」（87-89 學年度推薦甄選）、「等待」或「慚愧」、「我的人生態度」、「義工」、「一個關於□□的記憶」（87-90 學年度大學聯合招生考試）、「最遙遠的距離」或「快與慢」、「一個老人的一月四日星期五的日誌」、「香米碑」、「我（何義士）的所思所感」、「失去」（90-94 學年度學科能力測驗）、「對鏡」、「猜」、「偶像」、「回家」（91-94 學年度指定科目考試）。如果往前回溯六年，則 80、81、82、83、84、85 學年度的大學聯考作文題目分別是「愛國愛鄉愛人愛己」、「根」、「變」、「橋」、「論污染」、「榮與辱」、「自由與自律」。兩者相較之下，取向差別頗大。當然，抒情、敘

事為主的題目，切合學生經驗，可抒發情感，是非常好的；但是，我們當然也希望青年學子眼界開闊、思考深入，因此議論說理的題目也不可偏廢。關於這點，目前考題似乎以「直抒性靈」的題目為主，因此就有調整的必要。

六、題組宜多元發展：如同「導論」中所言：題組可多層、也可多元發展。在寫作訓練時，多層發展的題組可以引領學生循序漸進，但是在寫作測驗中，多層發展的題組則可能造成重複扣分的不公現象；不過，多元題組因為可以減少閱讀時間，降低與閱讀能力的重疊，所以是頗適合應用在寫作測驗上的。在目前所見的升大學的「新型作文」考題中，多元、多層的題組都出現過，前者如 86 學年度推薦甄選，後者如 94 學年度指定科目考試，而 94 學年度指定科目考試就出現了這樣的毛病：第一小題寫不好的，第二小題也很難有優秀表現，但是這樣等於一頭牛剝兩層皮，實在不太公平。

七、不宜出現二選一的考題設計：二選一的考題設計，其優點在於比較能切合學生的寫作興趣，但是因為評分標準固然有一般的、共通的，但是也有根據個別題目而產生的特殊評分標準（特別是「限制式寫作」），因此如果考兩題作文，那麼評閱者需要熟悉的評分標準就有兩套，這當然增加了評閱者的負擔，而增加評閱者的負擔，就等於間接增加評閱客觀性的風險。所以 89 學年度推薦甄選、87 學年度大學聯合招生考試、90 學年度學科能力測驗中，都出現了二選一的考題設計，這是需要商榷的。

　　以上幾點淺見，提供出來作為參考，如果能使得命題理念更為清晰、題目水準更為提升，那就再好不過了。而且還要鄭重呼籲一點：「新型作文」包含「引導」與「限制」兩種，考生在寫作前需要仔細判讀，如果是「限制式寫作」，那麼就一定要依照限制條件來寫，在所限制的空間內作發揮，以籃球比賽來作比喻，就等於球員遵照遊戲規則來競爭，裁判也遵照遊戲規則來評判，這樣才比得出高下優劣，如此一來，寫作測驗的客觀性才能逐漸建立。

推薦甄選

八十三學年度推薦甄選

考題

　　文章縮寫

說明

（一）根據下列文章（四二二字）縮寫成一二〇字（含標點）以內的短文。

（二）不必分段，文字可以改寫。惟縮改時須符合原文旨趣，力求言簡意賅。

（三）字數限制在一二〇字以內，超過一二〇字而在一五〇字以內者扣 1 分，超過一五〇字者不給分。

「那時候乘火車這件事在我覺得非常新奇而有趣。自己的身體被裝在一個大木箱中，而用機械拖了這大木箱狂奔，這種經驗是我向來所沒有的，怎不教我感到新奇而有趣呢？那時我買了車票，熱烈地盼望車子快到。上了車，總要揀個靠窗的好位置坐。因此可以眺望窗外旋轉不息的遠景，瞬息萬變的近景，和大大小小的車站。在看慣了的屋中，一旦看到這廣大而變化無窮的世間，覺得興味無窮。我巴不得乘火車的時間延長，常常嫌它到得太快，下車時覺得可惜。我歡喜乘長途火車，可以長久享樂。最好是乘慢車，在車中的時間最長。而且各站都停，可以讓我盡情觀賞。我看見同車的旅客個個同我一樣地愉快，彷彿個個是無目的地在那裡享樂乘火車的新生活的。我看見各車站都很美麗，彷彿個個是桃源仙境的入口。其中汗流滿背地扛行李的人，喘息狂奔的趕火車的人，急急忙忙地背著箱籠下車的人，拿著紅綠旗子指揮開車的人，在我看來彷彿都趕著有興味的遊戲，或者在那裡演劇。世間真是一大歡樂場，乘火車真是一件愉快不過的樂事！」
（節錄自豐子愷〈車箱社會〉）

題組

（一）請閱讀此段文章，並將內容歸納成三至四個重點，各用一兩句話寫出來。

（二）請根據歸納出來的重點，將此段文章縮寫成一二〇字（含標點）以內的短文。

說明

這個考題屬於「限制式寫作」，題型為縮寫，限制的重點有二：抓重點、字數。如欲達成題目的要求，就必須掌握主旨與材料，因此就設計如下的題組：首先，因為縮寫要求的是「找出主幹，掃除枝葉」，所以在第一個子題中要求同學抓內容重點，就是希望能「找出主幹」；接著再進行第二個子題的寫作，思路就會清晰許多。

不過，前面的設計方式還不是最好的，最好的方式是在第一個子題中要求同學思考此段文章的佈局方式，然後畫出結構分析表，接著第二個子題才進行縮寫。因為章法就是組織材料的邏輯思維，所以如果能掌握此邏輯思維，就可以知道作者如何組織材料，那麼何者為主幹？何者為枝葉？可以說是一目了然。但是考慮到同學章法方面的訓練可能不足，因此就不用這種題組，但是仍可以將此段文章的結構分析表表述於下，以供參考：

```
┌ 因：「那時候……有趣呢」
│       ┌ 先：「那時我……車子快到」
│ 果 ┤       ┌ 窗外景色：「上了車……盡情觀賞」
│       └ 後 ┤ 同車旅客：「我看見……新生活的」
│             └ 車站即景：「我看見……那裡演劇」
└ 因：「世間……樂事」
```

八十四學年度推薦甄選

考題

文章擴寫

說明

（一）請撰寫一則二○○至三○○字的白話短文（含標點，可不分
段），以闡發下列引文的旨趣。

（二）本題非翻譯題，切勿僅將原文譯成白話。

「山徑之蹊間，介然用之而成路，為間不用，則茅塞之矣。」
（《孟子‧盡心》下）

題組

（一）此段文字的主旨出現在篇外，請用兩三句話寫出來。

（二）你對這個主旨的感想為何？請用兩三句話寫出來。

（三）請結合主旨和你的感想，寫成一則二○○至三○○字的白話
短文（含標點，可不分段）。

說明

這個考題屬於「限制式寫作」，限制的條件有二：闡發旨趣、
字數。《孟子‧盡心》下的這段話，是以山間小路為材料，隱喻
為學的道理。按照題目的要求，顯然是希望同學能夠領略隱藏在
篇外的主旨，並寫出自己的感想，因此本題組就將「領略主旨」、

「產生感想」、「寫作成文」分成三個階段，讓學生先思索、再寫作，這樣應該有助於澄清思緒，也能從容佈局。

另外，此題目應屬「讀後感」類，而非「擴寫」類，因為所謂的擴寫是提供主幹，要求寫作者添加枝葉，並非從中推展出新的東西。

八十五學年度推薦甄選

考題

閱讀寫作

說明

閱讀下列資料，綜合各則要點，重新組織，以〈再生紙〉為題，撰寫一篇四百字（含標點，不必抄題）以內的白話短文，以發揮資料中的觀念。

▲「環保」這個話題，近年來在全世界引起廣大的迴響，多年來人類罔顧「環境倫理」，對大自然任意破壞，已導致了地球生態環境的失調。……以被稱為「地球之肺」的熱帶雨林為例，平均每一秒鐘就有一個足球場大小面積的森林被砍伐，而其砍伐的速度卻遠超過樹木的生長速度，面對此種情形，消失中的森林已逐漸成為世界共同的隱憂。

▲「再生紙」廣義而言就是把廢紙回收處理後再製成的紙。其中又分工業用再生紙及文化用再生紙。……就紙漿來源來看，雖然國內一九八九年廢紙回收量高達 45%，居世界

第一，但每年仍必須自國外進口大量廢紙，其原因不外乎國內廢紙回收沒有分類，或者是分類不合乎紙廠處理條件而導致了資源的浪費。如果能將國內廢紙妥善回收，則可節省每年進口紙張的巨額外匯，更可減少垃圾產量及延長垃圾場使用年限，可說是一舉數得，故在廢紙回收的流程中，分類是一個極重要的關鍵！

▲廢紙再生過程較原木製漿可減少 75% 的空氣污染、35% 的水污染。除此之外，省略了漂白處理的原色再生紙，對環境的污染可降到最低點。基於以上的環境保育觀念，「再生紙」在歐美、日本早已大行其道，例如西德已採用「再生紙」做為電腦報表紙，比例達 37.1% 。美國政府立法規定新聞用紙、化妝面紙需摻入一定比例的「再生紙」。日本東京都政府下令，所有影印用紙一律使用「再生紙」。甚至森林資源豐富的北歐瑞典，「再生紙」的使用也極普遍。

▲森林是生命之源，近年來溫室效應逐漸導致了全球性的氣候轉變；森林的大量採伐也使得土壤流失，水循環被破壞。而造紙卻是森林的主要用途之一，紙張的消耗量更成了衡量人民生活水準的指標。在此種惡性循環下，自然原則被破壞，人類生存環境受到嚴重威脅，所以多一個人使用「再生紙」就可以多救活一棵樹，多救活一棵樹就可以讓地球更雄壯地呼吸！

▲「沒有一棵樹，因為您手中的這本書而倒下。」在您看完此篇文章，希望您也能夠響應再生紙的使用，讓下一代依

然能有一個美麗而青翠的地球!

(以上節錄楊婉儀、陳惠芬、陳雪芬《二十一世紀的良好用紙——再生紙》)

▲從環境成本的角度來看,再生紙是相當經濟的。根據台北市政府的調查,台北市垃圾中廢紙占 35.6% ,換算後每日有高達一千公噸以上的廢紙送入掩埋場;回收廢紙再製可直接減少掩埋場的容積壓力。

▲若從社會成本的觀點來看再生紙,那它的成效更是驚人。目前國內一噸垃圾的運輸費用大約是二千多元,而一公斤垃圾的焚化費用,約是五至七元,而紙的回收量一年為一百八十萬公噸。換言之,再生紙的推出不但達到垃圾減量的目的,一年更節省了一百四十多億元的成本。

(以上節錄施榮華〈再生紙環保嗎〉)

▲生產一噸紙張,約需高度八公尺、直徑十六公分之原木二十棵。一棵用於製漿之樹木,平均需經二十年到四十年的風吹雨打,才能成長到可供使用。如果只寫幾個字就被丟棄實在是暴殄天物,能加以回收利用,發揮樹木更多的生命價值,那就是功德了。若以目前國內每個月約兩萬噸的模造紙市場,也就是每年至少要砍伐四百八十萬棵樹。如果能以再生紙取代,則不但垃圾可以減量;森林也會因為減少砍伐,而對資源水土之保育,及環境生態之平衡產生更大助益。

(節錄黃修志〈再生紙的推廣〉)

題組

（一）請將歸納出上面各則資料的重點，然後用一兩句話填寫在下
　　　列表格中。

則數	重點
1	
2	
3	
4	
5	
6	
7	
8	

（二）請你綜合各則要點，重新組織，以〈再生紙〉為題，撰寫一
　　　篇四百字（含標點，不必抄題）以內的白話短文，以發揮資
　　　料中的觀念。

說明

　　此題屬於「限制式寫作」，限制的條件有三：摘錄重點、重
新組織、字數，命題者是希望藉此訓練同學閱讀資料、摘取大意，
並進而融會貫通的能力，因此所測的是綜合能力。寫作這個題目
的困難在於資料頗多，就算全部都歸納出重點，但是在重新組織
成文的時候，也可能顧此失彼；有鑑於此，因此就設計成兩個小
題的題組，在第一個小題中做歸納重點的工作，而且用表格的方
式記載下來，一目了然，接著在第二小題中，才以此為基礎寫作
成文。

八十六學年度推薦甄選

考題
說明

請先閱讀下列文字，然後依序回答第一題及第二題。

1. 天地有大美而不言，四時有明法而不議，萬物有成理而
   不說。聖人者，原天地之美而達萬物之理。(《莊子‧
   知北遊》)

2. 人是自然的產兒，就比枝頭的花與鳥是自然的產兒；但
   我們不幸是文明人，入世深似一天，離自然遠似一天。
   離開了泥土的花草，離開了水的魚，能快活嗎？能生存
   嗎？從大自然，我們取得了我們的生命；從大自然，我
   們應分取得我們繼續的滋養，那一株婆娑的大木沒有盤
   錯的根柢深入在無盡藏的地裡？我們是永遠不能獨立
   的。有幸福是永遠不離母親撫育的孩子，有健康是永遠
   接近自然的人們。不必一定與鹿豕遊，不必一定回「洞
   府」去；為醫治我們當前生活的枯窘，只要「不完全遺
   忘自然」一張輕淡的藥方，我們的病象就有緩和的希望。
   在青草裡打幾個滾，到海水裡洗幾次浴，到高處去看幾
   次朝霞與晚照──你肩背上的負擔就會輕鬆了去的。(徐
   志摩〈我所知道的康橋〉)

3. 望著湯湯的流水，我心中好像徹悟了一點人生，同時又
   好像從這條河上，新得到了一點智慧。的的確確，這河

水過去給我的是「知識」，如今給我的卻是「智慧」。山頭一抹淡淡的午後陽光感動我，水底各色圓如棋子的石頭也感動我。我心中似乎毫無渣滓，透明燭照，對萬彙百物，對拉船人與小小船隻，一切都那麼愛著，十分溫暖的愛著！我的感情早已融入這第二故鄉一切光景聲色裡了。我彷彿很渺小很謙卑。（沈從文《湘行散記》一九三四年一月十八日）

4. 自然與人、人與自然之間的關係，可分從兩方面言之：人類的生存依賴於自然，不可一息或離，人涵育在自然中，渾一不分；此一方面也。其又有一面，則人之生也時時勞動而改造著自然，同時恰亦就發展了人類自己；凡現在之人類和現在之自然，要同為其相關不離遞衍下來的歷史成果，猶然為一事而非二。……人類的發展和自然的變化今後方且未已；這是宇宙大生命一直在行進中的一樁事而非二。（梁漱溟〈人心與人生〉）

5. 半個鐘頭以後，雪漸漸小了，天色廓清，在神聖的寂靜中，我搖下窗戶外望，覺得天地純粹的寧靜裡帶著激越的啟示，好像將有什麼偉大的真理，關於時間、關於生命，正透過小寒的山林，即將對我宣示。一種宿命的接近，注定在空曠和遼闊的雲霧中展開。我不自禁開門走出來，站在松蔭的懸崖上，張臂去承受這福祉，天地沉默的福祉，靜的奧義。（楊牧《搜索者》）

6. 在那次途程中，接近四川邊境時，那在夕晚中高聳入雲的秦嶺，那遍山的蒼老松櫪，和獵戶的幾把輝亮野火，

山村居民驅狼的銅鑼聲，引起我一種向所未有的肅穆之感，李白的詩句「慄深林兮驚層巔」，宛如活生生的呈現在我眼前了。天地間雄偉的景色使我憬然瞿然。我感到生命的佈景竟是如此的壯美，自己應該如何實踐生命的意義、聖賢的教訓，以不負在這壯麗的、自往古至今日的連續劇中，做了一個小小的角色……而窗前這幾片樹葉，更使我感到造物者的智慧、細心，他以大筆寫意，為我們描出了高山長水，而又如此心思細膩，連幾片小小的木葉，都不掉以輕心，都仔細的予以賦色、描繪，使我們生活中處處發現了美的痕跡，我遂進而悟解出：自己在日常生活的畫室中，也應摹仿這位偉大的畫師，一筆不苟；更使自己生活的畫面上，無一漏筆或敗筆出現。（張秀亞《白鴿‧紫丁花》〈幾片樹葉的聯想〉）

7. 山靜‧水動。

動靜之間有大自然的脈動運轉。

凡人疲於生活，未必能領會天地間山水的奧秘，因此祇能算是山水所屬而已，一切仰賴山水而生。

仁者與天地同體，聖者則能閱讀山水的智慧，從中取得生命的方向。

因此仁者樂山，智者樂水；求其沉穩靜謐，求其流暢、可塑、能應萬變的特性也！（王鑫〈看！岩石在說話〉）

第一題：參酌上列各家觀點，並結合自身經驗、體認，用自己的文字寫出人與自然共生共榮、交流感發的關係。文長不超過

600 字。

第二題：上列作品，各家「<u>文字風格</u>」（注意：非指「<u>內容</u>」）各有特色：有重遣詞用字，力求精美者；有直述意旨，平易質實者；有善藉景物以寓托情懷者；⋯⋯不一而足。你最欣賞哪一則，為什麼？試加以分析。文長不超過 400 字。

題組

第一題：

（一）請回想一下你與自然最親近的一次經驗，然後用簡短的文句填寫下列表格。

時間	
地點	
大致情形	
感想	

（二）請你善加運用上面表格的資料，寫成一篇抒發自己與自然共生共榮、交流感發的經驗與體認的文章。文長不超過 600 字。

第二題：

（一）請選定你最欣賞的文章，然後分析此篇文章在主題、詞匯、意象、修辭、文法、章法等方面的特色，用簡短的兩三句話填寫在在下列表格中（至少要選擇四項）。

主題	
詞彙	
意象	
修辭	

文法	
章法	

（二）請將你的分析所得，融入個人感想，聯綴成一篇不超過 400
　　　字的賞析文章。

説明

　　這個考題本身就是一個題組，但是是「多元」開展、而非「多
層」開展的題組，因此仍是可以針對第一、二題分別再設計「多
層」開展的題組。

　　第一題屬於「限制式寫作」，限制的條件有三：參酌上列各
家觀點、結合自身經驗體認、人與自然共生共榮；但是限制條件
中有一點不是規範得很明白，那就是「參酌上列各家觀點」這部
分，到底要不要寫入文中呢？考題沒有說得很清楚，而且若真要
「參酌上列各家觀點」，那麼難度未免太高，如果是七家擇一，還
比較適當，所以這點限制其實是有待斟酌的。不過前面所提供的
七則資料，都是論述或描寫人與自然之間的關係，而且特別強調
其交流感發的一面，和考題所要求的寫作方向是一致的，因此前
面的七則資料可以說是「範本」，提供同學做為寫作的參考，這
種做法也不錯，因為可以收到「取法乎上」的效果，但是最怕學
生被牽著鼻子走，脱離了自己的經驗，因此第一小題就扣緊學生
自身的經驗、體認，第二小題再寫作成文；也可以說第一小題著
重在蒐集材料，第二小題才是將蒐集到的材料運用在作文中。

　　第二題是「引導為主、限制為輔」，因為題目要求賞析「風
格」，這是限制，但是風格是在主題、詞彙、意象、修辭、文法、

章法等基礎上產生的，可是題目並未規定一定要從哪些點切入。不過因為要對主題、詞彙、意象、修辭、文法、章法等有所認識，才可能進而賞析其風格，所以就設計了第一小題的表格，要求同學填寫，但是考慮到同學不見得對這些都有認識，而且時間、篇幅有限，因此只要求選擇四項來填寫即可；至於第二小題，重點在於要在前面的分析的基礎上，說出個人偏好、欣賞的原因，這樣才是一篇好的賞析文章。

不過，可以提出來作為參考的是：因為前面的七則資料是「範本」，需要深入賞析之後，才能對學生寫作起著引導的功能，所以第一題和第二題的順序，應該要顛倒過來，才比較合理。

八十七學年度推薦甄選

考題

壹、請先閱讀下列短文，然後回答問題。

昨遊江上，見修竹數千株，其中有茅屋，有棋聲，有茶煙飄颺而出，心竊樂之。次日過訪其家，見琴書几席，淨好無塵，作一片豆綠色，蓋竹光相設故也。靜坐許久，從竹縫中向外而窺，見青山大江，風帆魚艇，又有葦洲，有耕犁，有鰪婦，有二小兒戲於沙上，犬立岸傍，如相守者，直是小李將軍畫意，懸掛於竹枝竹葉間也。由外望內，是一種境地；又中望外，又是一種境地。學者誠能八面玲瓏，千古文章之道，不出於是，豈獨畫乎？

乾隆戊寅清和月，板橋鄭燮畫竹後又記。（鄭燮〈遊江〉）

◎請依據上文旨意，對文中「八面玲瓏」之意加以闡釋發揮，文長不限。

貳、作文

「喝雪碧，做自己」、「堅持品味，卓然出眾，伯朗咖啡」、「特立獨行，Lee 牛仔褲」、「給我 Levi`s，其餘免談」，這些廣告詞背後都透露有趣的思考：一方面鼓勵消費者群起仿效，好讓商品普及；一方面卻又強調商品獨樹一格，只有眼光不凡的消費者能欣賞。追求流行究竟是勇於表現自我？還是容易迷失自我？

請就「追求流行，表現自我」或「追求流行，迷失自我」為題，選擇一個立場提出你的看法。

請注意：在文章中必須選定一個立場議論，不可正、反兩面皆論。

題組

壹、請先閱讀下列短文，然後回答問題。

（一）請寫出上文的旨意。

（二）請你根據上文的旨意，判斷文中「八面玲瓏」的意義，並加以闡釋發揮，文長不限。

貳、作文

（一）請在「追求流行，表現自我」或「追求流行，迷失自我」中，選定一個立場，然後分析出這種立場的優點，請至少寫出三點。

立場：		
優點	一	
	二	
	三	

（二）請根據前面的分析，寫成一篇文章。

說明

　　第壹題屬於「限制式寫作」，考的是詞彙學中的「多義詞」，詞彙多意的情況非常常見，要判斷此處用的是哪一意，要靠「語境」。語境是人們用語言進行交流思想感情的內外條件的總合，語境有內外之分，內部語境是詞語句段所構成的文章，其中又可以分為上下文語境、全文語境，外部語境指的是書寫者與閱讀者的個人背景，以及社會條件，因此又可以分為情景語境、文化語境（參考莊文中《中學語言教學研究》）。此題要求從意旨出發來判斷，應是特別指全文語境，所以第一小題就是請同學先判斷此文的旨意，第二小題才是鎖定「八面玲瓏」來發揮。這個題目的優點在於以「語境」的方式考同學對詞彙的認識，能夠真正考察同學對這個詞彙、甚至這篇文章是否了解，比起呆板的、偏於記誦的解釋好得多；不過缺點如前所述，就是與閱讀能力的重疊太多，容易使得寫作測驗的重心偏置，而且個人建議此題最好列出文長的上限（譬如以 40 字為上限），因為一般考詞彙多是用解釋的方式，而解釋的字數並不多，可是此處說文長不限，容易讓學生產生徬徨之感。

　　第貳題是「限制為主、引導為輔」，第一段為引導語，寫得頗為精采，第二段和「注意」的部份為限制語，就稍嫌冗雜，建議可以合為一段；這種命題方式同時吸納了「引導式寫作」和「限制式寫作」的優點，可說是頗為理想。不過有一點可以提出來討論：那就是題目的要求其實是與同學平日的思維與寫作習慣相違背的，因為以漢語為母語者，在面對兩種不同的觀點或立場時，通常會採取觀照兩者的方式，因此常會論析兩者的利弊，最後得出「見仁見智」或「兩害相權，取其輕者」的結論；這種做法與美式議論文比較起來，就有相當大的不同，因為以英語為母語者，習慣一開始就表明自己是支持哪一種觀點或立場，其後就完全以某一種觀點或立場出發來發表意見，這很像打辯論賽，正方就是正方，反方就是反方。當然，之所以會有這兩種不同的寫作習慣，那是因為文化的影響；若真要細究，那種「一面倒」的思維方式比較容易流於偏頗，而觀照兩者的利弊得失的方式，應該比較能做全盤的考量。不過，偶爾讓同學練習一下不同的思維與寫作方式，也是不錯的，因此第一小題就要求同學選定立場、舉出優點，第二小題就寫作成篇；如此一來，先寫第一小題才能寫第二小題，所以不是一提筆就貿然成篇，照理說應該可以表現得比較好。

八十八學年度推薦甄選

考題

壹、短文寫作

　　以下是有關「魚」的兩種不同情境，請選擇其中一項，寫一

段散文，可以從「人」的角度寫，也可以從「魚」的角度寫，文限 200 至 300 字之間。

（一）餐桌上的魚

（二）水族箱中的魚

貳、作文

「你還裝？別假仙了！」這是我們常掛在口頭上的一句話；而「不要裝（妝）了」、「給我放自然一點」的廣告詞，也傳達了人們對掙脫面具的渴望。但我們真的用不著「假裝」嗎？不管是出於自願，或是迫於無奈，「假裝」有時的確很不應該，但有時卻又合情合理，勢所必然。

你「假裝」過嗎？是為了掩飾你的錯誤、緊張？還是為了符合別人的期望？你是需要時才「假裝」嗎？還是一向在「假裝」？「假裝」讓你得到什麼？是自欺欺人的痛苦？還是利己利人的欣慰？

請以「假裝」為題，寫一個關於自己「假裝」的經驗，內容應包括：你為何「假裝」、你如何「假裝」、「假裝」時的心情、現在的感想等。文長不限。

題組

壹、短文寫作

（一）請你在「餐桌上的魚」和「水族箱中的魚」兩種處境中選擇一種，填寫在下列的表格中；並且在「人」的角度和「魚」的角度中選擇一種，然後以簡單的字句填寫其下的項目：

哪一種處境：			
「人」的角度		「魚」的角度	
所觀		所感	
所思		所思	

（二）請你根據上面表格中的資料，寫成一篇文章，文限 200 至 300
　　　字之間。

貳、作文

（一）請你根據自己某次「假裝」的經驗，以簡單的字句填寫下列
　　　表格：

為何假裝	
如何假裝	
假裝時的心情	
現在的感想	

（二）請你根據上面表格中的資料，寫成一篇文章，文長不限。

$\boxed{說明}$

　　　第壹題是「限制式寫作」，首先需要選擇一種情境，屬於「設
定情境式」的題型，但是出題者體會到因為觀照者的不同，對相
同的情境可能有截然不同的觀察與體會，而在「餐桌上的魚」和
「水族箱中的魚」中，最鮮明的兩種觀照角度就是「人」與「魚」，
前者是旁觀者，後者是置身其中。因此本題組就設計成兩小題，
第一小題請同學作過選擇之後，用填寫表格的方式蒐集資料，此

種方式的好處在於一目了然、避免混淆，同學就不會在兩種情境、兩種角度中擺盪；所以第二小題就順理成章地運用前面蒐集到的資料，寫作成一篇文章。不過，因為有兩種情境、兩種角度，所以考生可以「四進一」，這樣固然尊重了考生的偏好，但是卻會給閱卷者增加負擔，因此並不見得適當。

　　至於第貳題，則是「引導為輔、限制為主」的考題，題目的第一、二段為引導，第三段為限制；如果將這個題目改換成傳統的一題一篇作文，那麼題目就是──「一次假裝的經驗」。這兩者的差別在於：用「引導為輔、限制為主」的方式，寫作的方向、範圍更為確定，同學不容易出錯，評分的標準也容易拿捏；但是傳統的一題一篇作文，則勝在發揮空間大，程度好的同學可以嘗試別種切入角度與佈局方式，甚至能提出對「假裝」的不同看法，因此這兩種命題方式可說是利弊互見。不過在大型升學考試中，為求評分客觀，有所規範的考題是比較適合的，但是為了讓程度好的學生能有更大的發揮空間，「限制」的部分也不宜將寫作範圍規範得太小，就以這個題目而言，就稍嫌限制太多，因為規定要寫「為何『假裝』、你如何『假裝』、『假裝』時的心情、現在的感想等」，等於內容規定好了，也暗示了敘述方式（順敘），學生頂多只能在措辭上作變化而已；如果希望能免除上述的缺點，那麼可以考慮用條列的方式寫出限制條件（最好不要用阿拉伯數字標目，可以用雙圈號標目），並在最後註明不須依照前面的次序。此題如以題組的方式呈現，就是在第一小題中，請同學利用表格的方式，將題目所要求的事項一一填寫出來，然後在第二小題中寫作成篇，其實也就是先蒐集資料、再進行寫作。

八十九學年度推薦甄選

考題

壹、文章賞析

> 荖濃溪營地附近，雪深數尺。溪水有一段已結冰。冷杉林下的箭竹全埋在雪下。冷杉枝葉上也全是厚厚的白，似棉花的堆積，似刨冰。有時因枝葉承受不住重量，雪塊嘩然滑落，滑落中往往撞到下層的枝葉，雪塊因而四下碎散飛濺，滑落和碰撞的聲音則有如岩石的崩落，在冰冷靜謐的原始森林間迴響。

這是陳列〈八通關種種〉裡的一段文字，其中沒有任何艱難晦澀的詞句，可是寫得非常精采。請細細咀嚼，加以鑑賞分析。

貳、作文

（一）許多人都有傾注心力，投入某一件事的經驗，其原因不一而足：或出於興趣，或迫於無奈，或機緣巧合……。

請以「我最投入的事」為題，寫一篇文章，文長不限。

（二）讀過〈桃花源記〉的人都知道，「桃花源」是陶淵明心目中的「烏托邦」。對你而言，「烏托邦」或許是太遙遠的世界，但只要是人，都有他的「嚮往」。這「嚮往」也許是一個具體的目標，也許是一種抽象的境界，或許只是抽象卑微的願望，也或許是永不可能達成的幻想，卻都代表了內心的願景。

請以「我的嚮往」為題，寫一篇文章，文長不限。

題組

壹、文章賞析

（一）分析這段文字在主題、詞彙、意象、修辭、文法、章法、風
　　　格等方面的特色，用簡短的兩三句話填寫在在下列表格中
　　　（至少要選擇四項）。

主題	
詞彙	
意象	
修辭	
文法	
章法	
風格	

（二）請根據上面的分析所得，融入自己的感想，寫一篇賞析文章。

貳、作文

（一）我最投入的事

　　　1.請選擇一件「我最投入的事」，然後用簡短的字句填
　　　　寫下列表格。

時間地點	
事情起因	
大致經過	
牽涉到的人或事	

造成的影響	
事後感想	
其他	

2. 請利用上面表格中蒐集的資料，寫成一篇文長不限的文章，但所蒐集到的資料不須全用，也不須按照前面的次序。

（二）我的嚮往

1. 請想清楚「我的嚮往」是什麼？然後在下列表格中用打勾的方式選出合意的選項。

我的嚮往	打勾處
具體的目標	
抽象的境界	
抽象卑微的願望	
永不可能達成的幻想	
其他（請說明）：	

2. 請在下列幾種發展方向——「追尋的過程」、「嚮往所代表的內心願景」、「對嚮往的追尋與省思」、「其他」中，挑選一種，進行構思，並寫出大綱。

3. 請寫成一篇文長不限的文章。

說明

　　第壹題以引導為主、限制為輔，限制的重點在於要求同學進行文章段落賞析，至於要從哪些角度切入進行賞析？這才是決定賞析優劣的關鍵，可是考題中並未規定。因此第一小題就從辭章學的宏觀角度出發，以表格的方式列出主要項目，提醒同學有哪些切入角度，但是考慮到同學不見得對這些都有認識，而且時間、篇幅有限，因此只要求選擇四項來填寫即可；第二小題才要求同學寫作成賞析文章。

　　第貳題的兩個題目都是「引導式寫作」。「我最投入的事」很明顯地偏向敘事，敘述文章最重要的前置作業是「蒐集資料」，因此在第一小題中，都用表格的方式幫助同學蒐集資料，但是擔心同學也因此限制了寫作的方式，所以在第二小題中特別強調「所蒐集到的資料不須全用，也不須按照前面的次序」，希望同學可以善用不同的佈局方式，寫出別出心裁的文章。不過大體說來，面對這種題目，絕大多數的同學都會以「順敘」的方式寫作，因此如果希望能訓練或測驗出同學其他的佈局方式，其實可以在題目的部分就規定好，譬如在中學範文中，用「追敘」（亦即「今昔今」）手法寫成的範文屢見不鮮，同學對此應該不陌生，因此可以要求同學用「追敘」的方式進行寫作。

　　至於「我的嚮往」，則可以參考引導語所述，認清自己的嚮往為何？而認清自己的嚮往之後，構思的方向可以向敘事開展，那就會寫成「追尋的過程」，也可以向抒情、議論開展，那就會寫成「嚮往所代表的內心願景」，當然，也可以將兩者結合起來，寫成敘議交融的作品，那就是「對嚮往的追尋與省思」，當然，

也可以有其他的構思方向。因此在第一小題中要就先求學生確定自己的嚮往，然後第二小題中決定寫作方向，並且訂出大綱，這樣應該有助於第三小題的寫作成文。

大學聯合招生考試

八十六學年度大學聯合招生考試

考題

題目：

一、具體描繪的工夫是寫作基本而重要的能力。請寫一段三百字左右的文章描繪「街景」，<u>不必成篇</u>。

二、某報「公共論壇」版邀請你發表對「家庭教育」的看法，請以<u>三百字左右</u>的文字寫出你的看法。

題組

一、描繪「街景」

（一）請你從各種知覺出發（至少選擇三種），搜尋有關「街景」的資料，並用簡單的兩三句話寫下來。

視覺	
聽覺	
嗅覺	

味覺	
膚覺	

（二）請將前面蒐集的資料，予以妥善的剪裁、組織，寫成一段三
　　　百字左右的文章，不必成篇。

二、我對「家庭教育」的看法

（一）請思考下列問題，並在你認為適合的項目上打勾。

1	文章所用的主語應該是	我	
		我們	
2	文章所用的詞彙應該是	精準俐落的	
		充滿情感的	
3	文章所用的筆調應該是	嚴肅的	
		幽默的	
4	文章中所出現的內容可以是（可複選）	家庭教育的內涵	
		家庭教育的重要	
		目前家庭教育的概況	
		良好家庭教育的優點	
		不良家庭教育的缺點	
		其他（請說明）：	

（二）請以三百字左右的文字寫出你對「家庭教育」的看法的看法。

說明

　　第一題屬於「限制式寫作」，誠如限制語中所說的：「具體
描繪的工夫是寫作基本而重要的能力」，但在此之前，細密而獨

特的觀察是更為基礎的能力，因此本題組就設計成兩小題：第一題從各種知覺出發來蒐集資料，第二題才進行描繪，而且為了避免呆板或瑣碎，所以特別提醒學生，所蒐集到的材料要「加以妥當的剪裁、組織」，並非照本宣科。

　　第二題也是「限制式寫作」，但是偏向議論，而且情境設定在「某報『公共論壇』版」，因此還須符合此種應用文字應有的規範，所以就設計的第一小題的表格，這個表格等於是提示，讓學生藉著勾選表格，思考這篇文章的寫作方法與內容，然後在第二小題中才進行寫作。

八十七學年度大學聯合招生考試

考題

說明：
（一）請由下列兩個題目任選一題作文。
（二）請抄題，文言、白話不拘，須加新式標點符號。
（三）不得以詩歌或書信體寫作，違者不予計分。

　　▲鄭愁予〈錯誤〉一詩有云：「那等在季節裡的容顏如蓮花的開落」。等待的心情也許平靜，也許焦躁；等待的滋味也許甜蜜，也許苦澀；等待的過程也許短暫，也許漫長；等待的結果也許美好，也許幻滅，凡人都有「等待」的經驗，請以「等待」為題，寫一篇文章，內容至少應包含：等待的對象（人、事、或其他）、等待的過程、等待的心情、等待的結果……

▲〈散戲〉中的「秦香蓮」故意賴掉了一段戲，卻一點歉疚的神色也沒有，惹得秀潔大怒。林文月在〈蒼蠅與我〉中，面對小林一茶的溫厚心境，自覺有些羞愧。其實「慚愧」是一種自我反省的反應，有了這種自省能力，才可能檢討自己的言行，提升自我的境界。你一定也曾有覺得慚愧的時候，請以「慚愧」為題，具體描述你覺得慚愧的事件、原因及心情。

題組

一、等待

（一）請你根據自己某次「等待」的經驗，以簡短的字句填寫下列
　　　表格：

等待的對象	
等待的過程	
等待的心情	
等待的結果	

（二）請你根據上面表格中的資料，寫成一篇文章，文長不限。

二、慚愧

（一）請你根據自己某次「感到慚愧」的經驗，以簡短的字句填寫
　　　下列表格：

感到慚愧事件的起因	
感到慚愧事件的過程	
自己的心情	

（二）請你根據上面表格中的資料，寫成一篇文章，文長不限。

説明

　　這兩個作文題都是「引導為輔、限制為主」，這樣的作文最須注意的是不宜將寫作範圍規範得太小，但是這三個題目的限制都太多，內容規定好了，也暗示了敘述方式（順敘），學生頂多只能在措辭上作變化而已；而且說明的部分也不宜太長，只提供最必要的資訊就可以了，以免在時間緊迫的大考中造成學生的負擔，而這三個題目的說明也都太長。

　　這兩個題組的設計，都是在第一小題中將考題的要求所須具備的內容，用表格的方式請同學先蒐集好，接著才是根據這些資料進行寫作。

八十八學年度大學聯合招生考試

考題

　　一、古人見浮雲聯想遊子，見落葉聯想衰老，見桃花聯想美麗的新嫁娘。透過貼切精采的聯想，可以呈現更優美動人的情境，因此聯想力的培養、發揮，是語文學習的重要課題。下面有三個問題，請任擇其一作答。

（一）「車站」讓你聯想什麼？

（二）「夏天的驟雨」讓你聯想什麼？

（三）「深夜的犬吠」讓你聯想什麼？

【注意】

1.聯想的對象限舉一件，須說明何以產生如此聯想。

2.文長約一百字。

二、面對人生種種事物，有人採取冷靜旁觀的態度，有人採取欣賞喝采的態度，有人採取熱烈參與的態度。請寫一篇文章闡述自己的態度，文長不限。

題組

一、聯想練習

（一）請在「車站」、「夏天的驟雨」、「深夜的犬吠」中，選擇一個進行聯想，並用簡短的字句填寫下列表格：

所選擇的事物：	
所聯想到的事物	
產生聯想的原因	

（二）請運用上面表格中的資料，寫成一百字左右的文章。

二、我的人生態度

（一）請思索自己的人生態度，在下列表格中勾選適合自己的選項，可複選；如果是「其他」類，請用簡短的語句加以說明。

人生態度	勾選處（說明處）
冷靜旁觀	
欣賞喝采	
熱烈參與	
其他	

（二）請根據上面表格中的資料，寫一篇文章闡述自己的人生態度，文長不限。

說明

第一題的引言中所舉的範例都屬於相似聯想，浮雲與遊子的相似點在於飄泊不定，落葉與衰老的相似點在於時間流逝，桃花與新嫁娘的相似點在於嬌豔美麗，可是因為題目中畢竟沒有規定從「車站」、「夏天的驟雨」、「深夜的犬吠」中所產生的聯想，一定要是相似聯想，所以照理說同學進行接近聯想、相反聯想、因果聯想……也是可以的，也就是因為用什麼途徑將「所選擇的事物（發想點）」與「被聯想到的事物」聯繫起來都可以，所以重點是要說明清楚，因此在第一小題用表格的方式，幫助同學釐清自己的思緒，在第二小題的寫作時就可以從容成文。

第二題是引導式的作文，如果改為傳統的一題一篇的作文，它的題目應該是——我的人生態度。只不過在引導中提示同學三種人生態度——冷靜旁觀、欣賞喝采、熱烈參與，著眼點在幫助同學「立意」，讓同學「有跡可循」，便於寫作；但是人生態度不只這三種，而且也可能「因時制宜」而採取適當的人生態度，因此題組的設計就特別注意不要框住了同學的思考空間。第一小題也是用表格的方式幫助同學確定自己的人生態度，第二小題據此進行寫作，就比較不會有游移不定、前後矛盾的情形。

八十九學年度大學聯合招生考試

考題

一、短文寫作

根據最近的一份調查顯示：如果在「金錢」與「時間」中要

作一個選擇,世界上有百分之五十二的人都會選擇「錢」;但包括印度、菲律賓、泰國、越南等許多亞洲開發中國家的人,卻希望擁有更多的「時間」而非「金錢」。如果讓你在兩者間選擇其一,你會選什麼?請寫一篇二百字左右的短文,說明你的選擇與理由。

二、作文

　　人生在世,須有所付出。面臨需要幫助的人,我們應該伸出援手。唯有付出,人生才會更加飽滿而充實。其實我們的周遭,處處充滿了這種高貴的情操,如義消、義交、導護、醫院義工以及各種服務和行善的團體,他們都奉獻出自己的時間、金錢和溫暖的情誼。

　　請以「義工」為主題,自擬題目寫出你的看法。

題組

一、短文寫作

（一）請在「時間」或「金錢」中,選定一個,然後分析出這種選擇的優點,請至少寫出三點。

選擇：		
優點	一	
	二	
	三	

（二）請根據前面的分析,寫成一篇二百字左右的短文。

二、作文

（一）關於「義工」,有幾種書寫方向,請勾選下列表格中其中的

一種：

主要內容	文體	打勾處
施比受更有福	偏於議論	
某類義工的貢獻	偏於敘述	
以「某類義工的奉獻」印證「施比受更有福」	敘議交融	
其他		

（二）請以「義工」為主題，自擬題目寫出你的看法。

說明

　　這個題目是限制式寫作，可以設計成兩個小題的題組，第一個小題可說是「擇你所愛，愛你所擇」，請寫出這種選擇的優點，在此基礎之上，再進行第二個小題的寫作，就會清楚多了。不過此題與八十七年度推薦甄選非選擇題的第二題頗為類似，因為兩者都要求同學只選擇一種觀點或立場來發表意見，而非多角度的觀照，進而分析各自的利弊得失；其實人類已經是相當主觀的動物了，如果又養成只從一個角度看事物的習慣，難免偏頗更甚，因此個人認為這類題目不宜多出。

　　第二題是「引導式寫作」，如果是傳統命題的話，那題目就是──義工。此題引導的重點有二：「施比受更有福」、「各類義工的奉獻」，此二者當然是有密切關係的，而且如果往「施比受更有福」這個方向開展，會偏向議論，如果往「各類義工的奉獻」這個方向開展，會偏向敘事，當然也可以融合二者，以「各類義工的奉獻」來印證「施比受更有福」，寫成敘議交融的文章；不

過畢竟此題是「引導式寫作」，因此除了上述三種其他寫作方向外，同學也可以另闢蹊徑來敘述、議論。因此如果化為題組的話，當然是要先確定自己所挑選的方向，然後據此寫作，所以就設計成如上的題組。

九十學年度大學聯合招生考試

考題

人們通常會透過某個特別的事物來保存某種「記憶」。例如琦君以「一對金手鐲」來保存對於昔日摯友的記憶；畢業生會以記住班號、保留制服來維持對母校的記憶；家庭的成員會以珍惜傳家寶、族譜來維持對家族的記憶；旅居海外的遊子會以聽家鄉歌、吃家鄉菜來維持對故鄉的記憶；我們平常也會藉著珍藏徽章、車票等物品，或者憑著對一條河流、一次旅行的印象，來維持我們對人生某階段的記憶。

你透過什麼事物，來保存人生中哪個部分的記憶？請以【一個關於□□的記憶】為題，寫一篇文章，文長不限。

題組

（一）請用簡短的文句填寫下列表格。

事物	所聯繫起來的記憶

（二）請以【一個關於□□的記憶】為題，寫一篇文章，文長不限。

說明

　　這一題是引導為主、限制為輔，第一段的說明是引導，其限制在以某種事物為媒介，聯繫起人生中的某段記憶；因為著眼在「聯繫」上，所以可以說考的是聯想力的發揮（此為一般能力），但是完成聯繫之後，這個事物就變成「意象」，承載著特定的情意，因此也可說考的是「取材」的能力（此為特殊能力）。因為這種經驗是很普遍的，所以這個題目並不難寫，而題組的第一小題主要是幫助同學確定「事物」與「記憶」之間的關聯，第二小題則需要同學發揮自己敘事、抒情的寫作能力，將此篇文章鋪陳得生動感人。

學科能力測驗

九十學年度學科能力測驗

考題

作文：

　【注意】：

　1.〈甲〉、〈乙〉二題，任擇一題作答，不可二題皆答，違者扣分。

　2.須抄題，違者扣分。

〈甲〉

什麼是最遙遠的距離？

有人以天文學的角度說：還在不斷擴大、無從探測邊界的宇宙，就是最遙遠的距離；也有人說：最遙遠的距離，是生與死的永遠分別；更有人說：最遙遠的距離，是我就站在你面前，你卻不知道我愛你。

試就你自己的感覺、經驗、知識或省思，以「最遙遠的距離」為題，寫一篇文章，文長不限。

提示：文章可以全然抒情而寫得很感性，也可以運用知識而寫得充滿知性，當然也可以融會二者，兼具知性與感性。

〈乙〉

從前，「慢」是成事的基礎──好湯得靠「慢火」燉煮，健康要從「細嚼慢嚥」開始，「欲速則不達」是孔子善意的提醒，「慢工出細活」更是品質的保證，總之，「一切慢慢來！快了出錯划不來！」

現在，「快」是前進的動力──有「速食麵」就不怕肚子餓，有「捷運」、「高速鐵路」就不怕塞車，有「寬頻」就不怕資料下載中斷，有「宅急便」就不怕禮物交寄太晚，身邊的事物都告訴我們：「快！否則你就跟不上時代！」

不同的時代總有不同的想法，但「慢」在今天是否已經過時？「快」在今天又是否真的必要？

試以「快與慢」為題，闡述自己的觀點，文長不限。

題組

〈甲〉

(一) 請你根據你的感覺、經驗,思索什麼是最遙遠的距離,然後勾選下列表格中的選項,可複選。

不斷擴大、無從探測邊界的宇宙	
生與死的永遠分別	
我就站在你面前,你卻不知道我愛你	
其他（請說明：　　　　　　）	

(二) 請你思索你心目中「最遙遠的距離」,然後選定一個寫作的方向,並勾選下列表格中的選項。

偏於抒情	
偏於議論	
揉和抒情與議論	

(三) 請根據前兩題所蒐集的資料、所確立的方向,以「最遙遠的距離」為題,寫一篇文章,文長不限。

〈乙〉

(一) 請你思索現今社會中,「快」與「慢」的優缺點,然後用簡短的幾句話填寫下列表格。

快	優點	
	缺點	
慢	優點	
	缺點	

(二) 請你思索「快」與「慢」之間的關係,是「『慢』優『快』

劣」、「『快』優『慢』劣」，還是「相輔相成」？請用打
勾的方式標誌出你的看法。

「慢」優「快」劣	
「快」優「慢」劣	
「快」與「慢」相輔相成	

（三）請你以〈快與慢〉為題，寫成一篇文章，文長不限。

說明

〈甲〉題是引導式寫作，引導的作用是讓同學思考什麼是最遙
遠的距離？而且題目之末有「提示」，指引同學寫作的方向，可
以偏於抒情、也可以偏於議論，也可以融合二者，由「情」提升
至「理」；不過說明的部分可以精簡一點，特別是末段和提示可
以合而為一。本題組設計成三個小題，分別是蒐集資料、確立方
向、寫作成篇。

〈乙〉題應是「引導為主、限制為輔」的題目，因為說明的部
分分別提出許多諺語或事物為「證據」，說明過去肯定「慢」（第
一段），現在肯定「快」（第二段），但是接著則扣住「現在」，
請同學思考「快」與「慢」的價值，並就〈快與慢〉為題發表看
法。這種命題法的好處，在於不會限定同學只能有一種看法，而
是更著重在思考「快」與「慢」各自的優缺點，以及兩者之間的
關係；而且〈快與慢〉是雙軌式的作文題目，「快」與「慢」這
雙軌間可能是正反關係，也可能是相輔相成的關係，必須想清楚
後，才能在寫文章時處理好，這樣才算是一篇優秀的雙軌式文章。
因此本題組的第一小題就是針對「快」與「慢」來思考，第二題
則是承接上題，將「快」與「慢」兩者結合起來，確定彼此之間

的關聯,第三小題才是寫作成篇。

九十一學年度學科能力測驗

考題

一、圖表判讀

下圖顯示的是傳染病 X 從民國 85 年到 88 年各年度四季之間的發生率。圖的橫軸是不同年度,縱軸是每十萬人發生個案數(單位:人數／十萬人)。**請判讀本圖,歸納、分析它所傳達的訊息,並以條列方式陳述。**

【注意】:

1. 請分點列舉,力求簡明扼要。

2. 不必詳述具體數字。

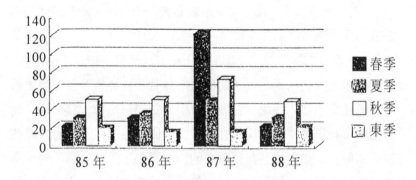

二、文章改寫

寫作時,適度而精確的使用口語與成語,可使文章增色,但

若濫用、誤用，反不可取。下面是一封情書，除粗陋的口語外，
更充斥俗濫與錯誤的成語。**請在不違背其本意的前提下，用真切、
自然的文字加以改寫。**

【注意】：

1. 改寫時須保留原信的時間、地點、人物、情節。

2. 不可使用粗陋的口語，並避免濫用成語。

> 「上個禮拜六在校刊編輯會議首度看到你，就被你煞得
> 很慘。你長得稱得上是閉月羞花，聲音也像鶯啼燕囀。從
> 此，你在我心中音容宛在，害我臥薪嘗膽、形容枯槁。我
> 老媽看不下去，斥責我馬齒徒長、尸位素餐，不知奮發圖
> 強，難道要等到名落孫山、墓木已拱才甘心嗎？我也有自
> 知之明，這封信對你而言只是九牛一毛，你一定棄之如敝
> 屣。但我相信愚公移山的偉大教訓，也就是人定勝天，如
> 果你給我機會讓我向你表白我自己，你會恍然大悟我是個
> 很善良的人。期待你的隻字片語，若收到回音，那一定是
> 我一生中最快樂的一天了！」

三、情境寫作

　　台灣已進入高齡化的社會，但一般人對老人世界仍然缺乏了
解，也欠缺了解的興趣。相對於兒童、青少年，老人似乎愈來愈
處於社會的邊緣。下面是一位老人的日誌，平時紀錄的背後，頗
有寄託的心情，例如：三十日的日誌中「三十年老屋，不知如何
修起？」既說屋況，也說自己；讀者細細推敲，自能體會其中調
侃與蒼涼的況味。請以「一月四日星期五的日誌」為對象，並以
老人原本所記二事為基礎，鋪寫成首尾完整的文章，文長不限。

【注意】：

1. 不必訂題目。

2. 先仔細閱讀每一則日誌，體會老人的心情、了解老人的身體與家庭狀況，以便發揮；但不得直接重組、套用各則日誌的原文。

3. 以老人為第一人稱，用他自己的口吻與觀點加以撰寫，務必表現出老人的心境與感懷。

30 Sun.	31 Mon.	1 Tue. 元旦	2 Wed.	3 Thu. 十一月廿日	4 Fri. 小寒	5 Sat.
隔壁修房，今日動工，云：舊曆年前可畢。 客廳隔壁滲水，三十年老屋，不知如何修起？ 至書店給孫子、女買禮物	上午回心臟內科吳醫師門診、領藥，掛49號。 下午看眼科白內障，掛20號。 （明天記得帶禮物）	中午12：00祥園小館家聚。（記得帶禮物） 家聚取消，孫子補習，孫女準備考試。兒獨來，坐十五分鐘，留錢一包、撒尿一泡，走人。	午，與妻兩人至麵館小酌慶生。吾言：若得老妻、老友、老狗相伴、身懷「老本」，家旁有老館，老不足懼！妻云：無聊！	昨晚得知，老友逝，心肌梗塞……料吾大去之期不遠矣！	至公園小坐，冬寒乍暖。見幼稚園老師帶小朋友遊戲。 幾個外傭推老人出來排排坐，聊天，一景也。	冷鋒至，與妻合力搬出電暖爐。兒來電，問好不好？答以好。問血壓正常否？答以正常。問三餐服藥否？答以服！服！服！

題組

一、圖表判讀

（一）請從圖表中判斷此病在四季的發生率的高低。

（二）請從圖表中判斷此病的發生率在 85-88 年間有何變化。

（三）請根據上面的判斷，將此傳染病傳染的病史、特徵，以及預防重點……等，分點列舉出來。

二、文章改寫

（一）請將這封情書中濫用、誤用口語和成語的部分，用畫線的方式標誌出來。

（二）請將畫線的部分用真切、自然的文字加以改寫，並須注意前後的連貫。

三、情境寫作

（一）閱讀各則日誌後，你覺得老人的心境與感懷為何？

（二）你覺得日誌中的哪些事件，可以印證老人的這種心境與感懷？請用簡短的字句填寫在下列表格中（則數請自己決定）。

1	
2	
3	
4	
5	

（三）請以「一月四日星期五的日誌」為對象，並以老人原本所記二事為基礎，適度融入其他資料，鋪寫成首尾完整的文章，文長不限。

說明

　　本次寫作測驗的三個考題，都屬於限制式寫作。第一題圖表判讀，重點在於根據縱軸所標的發生個案數，判斷橫軸所標的不同年度、各年度四季之間的傳染病嚴重程度，必須用到分析、歸納，並進而組織的能力，也就是邏輯思維的能力；因此題組的設計就先請同學從圖表中判斷此病在四季的發生率的高低，再從圖表中判斷此病的發生率在 85-88 年間有何變化，然後請根據上面的判斷，將此傳染病傳染的病史、特徵，以及預防重點……等，分點列舉出來。

　　第二題是文章改寫，在「改寫式」題型中，改寫的方向可能有很多，不過此題已經規定好改寫的重點，那就是「粗陋的口語」，以及「俗濫與錯誤的成語」，所以先請同學將有問題的部分用畫線的方式標誌出來，然後再用真切自然的文字加以改寫。

　　第三題為情境寫作，題目的部分提供了一位老人週日到週六的日誌，從日誌中所記的老人的生活細節中可以窺見其心境。因此題組的第一小題就是請同學就閱讀所得，寫出老人的心境與感懷，第二小題是請同學在日誌中尋找足資印證的事件，第三小題才是依據題目要求，以「一月四日星期五的日誌」為對象，並以老人原本所記二事為基礎，適度融入其他資料，鋪寫成首尾完整的文章，文長不限。不過此題需要商榷的地方是：「情境式作文」提供情境之後，應該儘量讓同學進行「發散式思考」，所以最好不要洩漏出題者的意向，以免限制了同學的思考空間；但是此題在題幹中很鮮明地表現出出題者的預設立場，譬如「三十日的日誌中『三十年老屋，不知如何修起？』既說屋況，也說自己；讀

者細細推敲，自能體會其中調侃與蒼涼的況味。」就是一個例子，可是這樣是不適當的；而且日誌中記載的一些事件，確實也可能讓人認為老人的心境並非蒼涼寂寞的，譬如「兩人至麵館小酌慶生。吾言：若得老妻、老友、老狗相伴、身懷『老本』，家旁有老館，老不足懼！妻云：無聊！」如果同學從此出發，認為老人的生活恬適滿足，誰曰不宜？所以雖然題目並未規定一定要從蒼涼寂寞的方向寫，但是此題說明的部分有過度暗示的毛病，可說是犯了情境寫作的大忌。

九十二學年度學科能力測驗

考題

一、閱讀下列資料，依框內要求作答。

　2001 年，OECD（經濟合作發展組織）策劃了一項「PISA」（國際學生評量計畫），測驗 32 國二十六萬五千多名十五歲青少年，是否具備未來生活所需的知識與技能，結果排名前三名的是芬蘭、加拿大、紐西蘭。這項被喻為「教育界的全球盃」、具有檢驗各國教育體制和未來人才競爭力的報告引起各國震撼，排名不理想的國家紛紛檢討「我們的學生很笨嗎？我們的國民讀得夠不夠？」再次正視閱讀的重要性。

　近年來，在高科技時代、e 化浪潮中，傳統式閱讀卻重新成為許多國家教育改革的重點。在美國，無論是柯林頓任內「美國閱讀挑戰」運動或現任總統布希的「閱讀優先」方案，均見國家元首大力提倡。911 恐怖事件發生時，布希總統正在小學為小朋友說

故事，情景令人記憶猶新。在英國，布萊爾首相在施政報告中連續重複三次「教育、教育、教育」以表達其迫切性，政府更訂定「閱讀年」，與媒體、企業、民間組織合作，要打造「一個舉國皆是讀書人的國度」。在澳洲，小學生的家庭作業包括唸一本書，「至少唸二十分鐘才能停」。芬蘭的學生在 PISA 調查中名列前茅，不但閱讀能力最強，18％的芬蘭中學生每天花一、二小時，單純只為了享受閱讀的樂趣而閱讀。

台灣雖未參與 PISA 評量，但據文建會調查：十五歲以上民眾從不看書或幾個月才看一次的比例達 38.7％，半年內不曾買書或雜誌者佔 51.2％，而 46％小朋友的休閒活動是玩電腦、看電視。以芬蘭為例，其首都市民平均每人每年從圖書館借閱 16 本書，而台北市民則只有兩本。學者專家憂心台灣中小學生「看電視、玩電腦，不看書，要看也只看教科書、參考書」。

(一) 讀完上列資料，回顧自己的讀書生涯，此時最深的感想是什麼？文長至少 200 字。（佔 12 分）

(二) 有一所偏遠地區的小學，全校師生約兩百人，圖書欠缺、設備老舊、經費短絀，且家長對學校的參與度甚低。現在假設你是這所小學的校長，看了上列資料，決心推動全校閱讀，請寫下你的「閱讀推動計畫」，文長至少 200 字。（佔 12 分）

【注意】：計畫內容必須具體。

二、閱讀下列資料，依框內要求作答。

Ａ 香米

　　「香米」，顧名思義即是煮熟後會散發出香味的米。民國 66 年，農業試驗所嘉義分所開始從事香米育種研究，引進國外香米品種與台灣優良水稻品種進行雜交育種。

Ｂ 益全香米

　　益全香米穀粒大而飽實，米粒透明度佳，黏度適中、彈性優、口感 Q。據實驗，其單位面積產量比一般稻作多，育苗時間短，對於稻熱病的抵抗力強。益全香米具獨特的芋頭香，據吃過的人表示，掀開飯鍋時，會被那股香芋味感動。……

Ｃ 台農 71 號

　　「台農 71 號」是繼「台稉 4 號」及「台農 72 號」之後，在台灣地區育成的第三個稉型香米品種。「台稉 4 號」是民國 79 年由花蓮區農業改良場命名；「台農 72 號」則是於民國 76 年由農試所嘉義分所命名，兩種米雖然都有香味，但各有缺點，雖曾推廣種植，卻成效不佳。

　　「台農 71 號」是以「台稉 4 號」為父本，取其具有國人喜愛的芋頭香味，母本則為外觀、品質均佳的「日本絹光米」。農試所自民國 81 年起正式將「台稉 4 號」與「絹光米」進行雜交，據參與育種的人員指出，「台農 71 號」不僅是二十幾年來農試所自行雜交育種成功的第一個稻作新品種，也是農業界首度跳脫舊框架，以品質而非產量或抗病性為主要育種目的的新品種。專家表

示，連栽種方法也不能再循舊有模式，農民必須配合新香米的生長特性作改變。

D 關於郭益全

姓名	郭益全
籍貫	台南縣鹽水鎮
生卒年	民國 35 年生，民國 89 年 9 月 9 日猝逝，享年 55 歲。
死因	家族本有心血管疾病病史，又因工作過勞，引起胸口悶痛卻不察，導致心臟病發，送醫不治。
學歷	美國德州農工大學博士，研究「水稻遺傳與育種」。
經歷	民國 81 年起，擔任農試所「水稻育種計畫」主持人，帶領團隊投入高品質香米品種改良工作。民國 89 年 10 月 25 日，正式通過農委會之審查登記，命名為「台農 71 號」。
工作信念	「要種稻，就要種好稻；要吃米，就要吃好米」
讚譽	1. 農試所同仁讚譽他是「接受正統水稻遺傳育種訓練，在台灣從事相關研究的第一人」。 2. 農委會視「台農 71 號」為革命性稻作品種，為紀念郭益全，特訂名為「益全香米」。
其他	1. 郭益全猝逝後，同事接手他未完成的事務，見堆積如山的資料，才體會到他對工作的投入有多深。 2. 郭夫人說：「每天洗米的時候就會想到他，如果他能吃一口香米再走，該有多好！」

E 加入 WTO

加入「世界貿易組織」（WTO）後，世界各國的米將大舉進

軍台灣，從日本高級米「越光米」、泰國皇家御用米到美國米、澳洲米、……，對稻農而言無疑是一大打擊。

> 閱畢上列資料，相信你對台灣香米育種歷史及「益全香米」靈魂人物郭益全博士已有初步的認識。香米的育種過程讓我們看見，即使是最尋常的東西，也藏有無名英雄的心血。
>
> 現在假設要立一座「香米碑」，告訴民眾香米的故事，請將上列資料融會貫通，並運用文學想像，以「香米碑」為題，鋪寫一篇紀念郭益全博士並記述台灣香米育種歷史的文章，文長不限。
>
> 【注意】：無須拘泥於碑文體製。

題組

甲、閱讀下列資料，依框內要求作答。

一、感想

（一）本文第二段列了許多外國資料，讀了之後，你的想法是什麼？請用簡短的字句寫出來。

（二）第三段列了一些有關台灣閱讀情況的數據，請你閱讀之後，與自己的情況作比較，有何感想？請用簡短的字句寫出來。

（三）回顧自己的讀書生涯，此時最深的感想是什麼？請寫成一篇最少 200 字的文章。

二、閱讀推動計畫

（一）目前的困境大概有以下幾項，請針對困境提出有效的解決方法（五項之中至少要選三項），並用簡短的字句填寫在下列

的表格中。

地區偏遠	
圖書欠缺	
設備老舊	
經費短絀	
家長對學校的參與度甚低	

（二）請寫下你的「閱讀推動計畫」，文長至少 200 字。

乙、香米碑

（一）看了前面的資料後，請歸納出香米和郭博士的幾個重點，用
簡短的文句記錄下來。

香米	1	
	2	
	3	
郭博士	1	
	2	
	3	

（二）請思索要採取何種佈局方式，來將香米和郭博士結合起來，
並在下列表格中勾選出來。

先敘香米育種歷史再帶出郭博士事蹟	
先記郭博士事蹟再帶出香米育種歷史	
揉雜郭博士事蹟與香米育種歷史	

（三）請在前兩題的基礎上，以「香米碑」為題，鋪寫一篇紀念郭
　　　益全博士並記述台灣香米育種歷史的文章，文長不限。

|說明|

　　本次寫作測驗的三個考題，都屬於「限制式寫作」。第一題
中提供了一篇文章，這篇文章的結構分析表如下：

```
┌─ 敲：第一段
│        ┌─ 外國：第二段
└─ 擊 ─┤
         └─ 台灣：第三段
```

　　第一題中的第一小題是要求同學讀完上列資料，回顧自己的
讀書生涯，寫出自己的感想。而從結構分析表中可以看出，第二
段描寫外國重視閱讀的情況，第三段描寫台灣不重視閱讀的情
況，因此這兩段都可以讓同學與自己作個對照，然後根據對照的
心得發揮成文。

　　至於第一題中的第二小題，個人認為需要商榷的地方，在於
要求同學假設自己是這所小學的校長，離開同學的生活經驗太
遠，因此不容易言之有物，而且所設定的情境也太嚴苛；如果改
為班長要推動班級閱讀計畫，可能會比較適當。不過以題組的方
式處理本題，比較適合的方式還是先針對困境想出突圍之道，接
著將它化為具體的「閱讀推動計畫」。

　　第二小題要求寫「香米碑」，但是同學對碑文的體製並不熟
悉，儘管題目中特別註明「*無須拘泥於碑文體製*」，但仍難免會
引發同學困惑，因此不如將題目直接改成「香米的故事」就可以

了。這個題目提供的資料很多，因此詳細閱讀並抓住重點，然後重新組織，是寫作的關鍵；因此就設計了如上的三個小題，第一小題是歸納資料重點，第二小題是思考謀篇佈局的方式，也就是資料如何重組的問題，如此精密構思過後，才進行第三小題的寫作。

九十三學年度學科能力測驗

考題

一、描寫與擬想（佔14分）

　　下圖中人與蛙的神情、姿態十分有趣，請細細玩味後，（一）各以 50 字左右之文字描寫他們的神情、姿態，（二）各以一、二句話擬寫他們當下內心之所想。

　　【注意】：神情、姿態之描寫，與各自內心之所想，二者之間
　　　　　　　應相關、呼應，不可風馬牛不相及。

二、判讀（佔14分）

　　近一、二年來，「中高齡失業」成為台灣社會「沉重」的現象。所謂中高齡，泛指45歲到65歲。根據主計處2003年10月統計，50至54歲平均待業期達35.23週（8.2個月），55至59歲達38.68週（9個月），年齡愈大愈不容易找到工作，他們的處境也就愈見艱難。

　　假設，你的鄰居陳先生也在這波中高齡失業潮裡。

　　陳先生今年50歲，他的太太來自越南，兩名子女分別就讀小學、幼稚園，一家四口僅靠他的薪水度日。一年前，陳先生任職的工廠遷往大陸，他因此失業了。雖然曾到「就業服務中心」登記，也應徵過幾個工作，然皆未獲回音。陳先生從事過紡織、餐飲、保全，最近更在社區大學上過電腦課，他迫切需要一份工作，

但因文筆不佳，寄出的求職信往往石沉大海，因此拜託你幫他寫一封求職信。他特別強調，對工作性質、地點都不挑剔，希望待遇是 4 萬元。

在寫這封求職信之前，你必須仔細衡量上述陳先生的狀況，從中選擇若干，做為訴求重點，以便打動僱主的心。那麼你會選擇那些重點呢？請逐項列出，並說明所以選擇其作為訴求重點的理由。

【注意】：本題用意，並不在要求寫成完整的求職信，作答時，請逐項列出重點並說明理由即可。

三、閱讀下列資料，並依要求作答。（佔24分）

有一個人，人們叫他「大鬍子」，以下是關於他的報導。

甲、義大利籍天主教靈醫會會士、澎湖惠民醫院院長何義士修士，1924 年生於義大利，十二歲加入天主教靈醫會，在斷絕財富、色慾、謹防意外三項會規外，何義士自己許下第四願：為一切病患犧牲。1947 年，何義士離開義大利，跟隨靈醫會的會士遠渡重洋到中國大陸雲南省行醫救人。

在雲南工作期間，眼見當地政府對痲瘋病人的漠視，當時年僅廿三歲、心懷公義與悲天憫人的何義士修士，總是難過地掉下眼淚，於是全力投入痲瘋病患的照護工作，並四處籌募基金，在雲南興建痲瘋病院和綜合醫院。詎料，他的作為，被當地政府視為具有政治意圖，最後只好黯然離開中國大陸。何義士回到義大利潛心學醫，希望學成後回到東方，繼續行醫。

1953 年，何義士隨靈醫會的弟兄們來到當時十分落後的宜蘭縣羅東鎮、由靈醫會創設的羅東聖母醫院。他視病如親，遇有緊急狀況，不惜當場挽袖輸血給病人，一直到他辭世為止，總計捐給台灣人三萬七千五百西西的鮮血。

那裡偏僻，他就去那裡。1958 年，他主動向修會申請，前往離島澎湖濟世行醫，更募款興建澎湖惠民醫院。1973 年，他到台北三重創辦診所，1983 年，何義士再度回到澎湖接任惠民醫院院長職務。他體恤醫護人員辛苦，又不放心病患，總是堅持親自值夜班，一天二十四小時不限時、地，為病患看診。不論多晚，只要有病人求診，他都能在極短的時間內趕走疲憊，改以笑臉面對病人和家屬。因為他堅信，醫師給病人的信心是最佳良藥。

乙、1999 年 8 月剪報

1. 在澎湖奉獻近半世紀的天主教靈醫會惠民醫院院長何義士，於 8 月 15 日傍晚在未為人察覺的情況下，坐在院內客廳的椅子上安詳的走了，享年七十五歲。他生前曾獲頒三次的醫療貢獻獎，也曾獲得其祖國義大利頒發的最高榮譽騎士獎章，他的逝世留給各界無限的哀思。

　惠民醫院修士韓國乾表示，何院長走得很安詳，臉上還泛著紅潤的光澤，如同在安睡中，在教會來說，這是天主因何義士為中國病患付出一生而給的榮光。

　韓修士回憶指出，15 日上午，何義士還主持聖母昇天彌撒，神情愉快且精神飽滿，中午用餐後，騎著腳踏車外出運動，下午四時許回到院內，一如平常般，熱情地與人打招呼。

接著獨自一人至院內五樓的客廳小憩，至六時許，韓修士依慣例至五樓客廳請他下樓用膳，只見何義士安詳的坐臥在椅上，狀似熟睡，韓修士輕搖他的肩膀，發現沒有反應，立即召請值班醫師急救，但已經晚了一步，醫師研判是心臟衰竭。

2. 經何義士修士診治過的病人，對他留著美麗的大鬍子有著極深的印象。與他接近的人都知道，他之所以留著大鬍子，是因為在他廿三歲離開故鄉時，母親曾對他說：「維護神職人員形象最好的方法，就要像個愛心的老者。」從小受母親影響甚深的年輕何修士，於是開始蓄留鬍鬚，立志做個有愛心的人，做個具有好形象的神職人員。

3. 何義士最常掛在嘴邊的一句話就是：「人不能決定自己的容貌、身高，但卻可以選擇生命的樣式。」因此終其一生，他都決定選擇在雲南或是澎湖這些偏遠地區，為病患服務。他自奉甚儉，別的修士不穿的衣服，只要能穿，他都會愛惜的撿拾來穿。他一輩子關心別人，為他人設想，晚年仍時時掛念雲南的痲瘋病患，為了興建那兒的第二座痲瘋病院，何義士正在趕寫一本有關雲南痲瘋病患的書，準備在聖誕節前出版，以便募款。為此，他常趕稿至凌晨兩三點，過世的前一天晚上，他仍在熬夜趕書。

4. 何義士在澎湖的最後一段路程，僅有教友、院內同事及少數曾被何義士救活的病患排在棺木兩旁陪著他，走得冷清，不少人忍不住為他叫屈，當場痛哭起來。

　　現在，讓時間重回 1999 年 8 月 14 日晚間——也就是何義士生命的最後一晚：他坐在桌前寫稿，忽然覺得身體不適，於是起身走動，回座後深感自己已然年老，過往歲月一幕幕浮現於眼前，他不禁陷入沉思之中……

　　此時此刻，他會想些什麼呢？又會向上天祈求什麼呢？閱讀上述資料後，你對何義士修士的人格、襟懷與志業當有所認識、了解。在此基礎之下，請<u>以其眼為眼、以其心為心，用第一人稱「我」</u>寫出何義士生命最後一晚的所思所感、所祈所願。

【注意】：

1. 不必訂題目，且文長不限。
2. 不得直接重組、套用各則報導原文。

題組

一、描寫與擬想

（一）各以 50 字左右之文字描寫他們的神情、姿態。

　　　　1. 請用一句話描寫人與蛙的神情、姿態、心中所思，填寫在下列的表格中。

	神情	
人	姿態	
	心中所思	
	神情	
蛙	姿態	
	心中所思	

2.請將關於神情、姿態的描寫聯綴成 50 字左右之文字。

（二）各以一、二句話擬寫他們當下內心之所想。

二、判讀

（一）你認為陳先生的哪些特點可以打動雇主的心？請寫下來，並
　　　寫出其原因。

	特　　　　點	原　　　　因
1		
2		
3		
4		
5		

（二）請將前一題的資料逐項列出。

三、閱讀下列資料，並依要求作答

（一）請你揣度何義士在過世前一晚，回想一生中一幕幕的過往歲
　　　月，哪一些事情是會縈繞在心頭的？請用簡短的字句填寫在
　　　下列表格中（事件多寡可自行決定）。

	事　　　　情	理　　　　由
1		
2		
3		
4		

（二）從這些事情中，會引發什麼樣的感想與祈願？請用簡短的字
　　　句填寫在下列表格中。

所感	

所祈所願	

（三）請你根據這些資料，用第一人稱「我」寫出何義士生命最後
一晚的所思所感、所祈所願，文長不限。

說明

　　這三個考題都屬於「限制式寫作」。關於第一題，應該是以
「觀察」為基礎，進行「意象」的判讀，因為「神情」與「姿態」
偏於「象」的捕捉，「心中所思」偏於「意」的捕捉。同學只要
根據題目的提示寫作，應該並不難，但是同學容易忽略「神情」
與「姿態」的不同，而且與「心中所思」也可能無法呼應，所以
就用表格的方式來處理，讓這些都可以比較清楚地呈現，然後才
進行寫作。

　　第二題考的是應用文，而且必須運用到歸納重點的能力，其
中最重要的是根據事實、提出重點，而且要合情合理，所以就用
兩個小題的方式，幫助同學澄清思慮。不過，這個題目儘管出得
很有巧思，所考的歸納能力也是很重要的能力，可是一般而言，
同學社會經驗十分淺薄，因此難以判讀哪些才是可以打動雇主的
特點，所以就讓寫作成果打了折扣；因此如果此題設定為與同學
生活經驗較貼近的情境，可能更可以看出同學的思維力與表達力。

　　第三題融合了「資料判讀」與「情境寫作」，因此第一小題
就是請同學在此情境中，重新解讀資料，第二小題就是根據第一
小題的成果，再延伸出感想與祈願，第三小題就融合前兩題的成
果，寫出何義士過世前一晚的所思所感、所祈所願。

九十四學年度學科能力測驗

考題

一、判讀

　　穴烏（jackdaw）如果找到了一個將來可以造窩的小洞，牠就會凶狠很地把其他穴烏一齊趕走，不管來搶地盤的鳥地位多高，牠是再也不肯讓步的。同時牠會用又高又尖的調子，不停地喊出「即刻，即刻，即刻」通知牠看中的雌鳥，新房子已經準備好了。穴烏的這種鳥類呼喚伏窩（孵卵）的儀式在秋天裡特別頻繁，每逢秋高氣爽的天氣，這些鳥兒就會出來找窩，同時會對求偶的活動特別感興趣，「即刻、即刻」隻聲幾乎不絕於耳。到了二月、三月，大白天裡「即刻」的聲音幾乎不曾間斷；三月最後幾天裡，牠們的情緒到了最高潮，「即刻」合唱在某個牆壁的凹窪處更是格外響亮。就在這時，從凹窪處響出來的音色變了，換成一種比較深沉而豐富的調子，聽起來像是「也卜、也卜、也卜」。愈唱到後來，節拍愈快，再往後，就成了一串及不可辨的連音了。於是興奮的穴烏從各個方向一齊都擠到這個小洞的旁邊，牠們把身上的羽毛抖了開來，分別擺出威嚇的架勢，一齊加入「也卜」大合唱。

　　這到底是什麼意思呢？我花了好久的時間才找出原因：原來牠們這套儀式完全是在對付社會的罪人時才有的表現。穴烏因為適宜造窩的小洞實在太少，競爭非常劇烈。有時一隻非常強壯的鳥為了爭地盤，會無情的攻擊一隻比牠弱小得多的同伴，這時「也

卜」反應就產生了。受侮的穴烏又急又憤，牠的「即刻」之聲逐漸提高加快，最後終於變成「也卜」了。如果牠的妻子當時不在場，得了牠告急的訊號，就會蓬鬆了身上的羽毛趕來助戰。如果這個挑釁者這時還不逃走，就會引起難以置信的後果，所有聽見牠們「也卜」的穴烏都會憤怒地趕到現場，於是原先「一觸即發」的戰事在一陣愈叫愈響，愈喊愈急的「也卜」聲中立刻化為烏有。改來管閒事的烏經過這樣的一頓發洩之後，就又散開了，留下原來的地主在牠重得和平的家裡，靜靜地「即刻、即刻」。

通常出來主持公道的烏數目都不少，足夠使一場爭端平息。最古怪的是原來的挑釁者也會參與「也卜」大合唱，旁觀的我們如果把人的想法投射在烏的身上，會以為這隻生事的鳥兒，是為了轉移大家的注意力才跟著喊「捉賊」的。事實上無論是哪隻穴烏，一聽到「也卜」的叫聲就會不由自主的加入行列。生事的鳥兒根本就不知道自己是引起哄鬧的原因，所以當牠「也卜」的時候，牠也和別的鳥兒一樣，一邊轉，一邊東張西望地找嫌疑犯。雖然旁觀的我們會覺得荒唐，但牠的每一個動作可都是誠心誠意的。（改寫自勞倫茲《所羅門王的指環》）

根據上引文字，判斷穴烏所發出的「即刻」與「也卜」聲可能分別代表哪些意義？

【注意】：需將「即刻」與「也卜」聲可能代表的種種意義，分項條列敘述，並扼要說明何以如此判讀，否則扣分。

二、闡述

對上文中生事的穴烏也跟著叫「也卜」，你有什麼感想或看

法？而看到穴烏集體的「也卜」行為，再對照人類在類似情況下的反應，你又有什麼感想或看法？請分別加以闡述，文長不限。

三、命題寫作

　　人生難免「失去」：我們有時沉浸在失去的感傷中；有時因失去才學會珍惜；有時明明已經失去，卻毫不自覺；而有時失去其實並非失去……

　　請根據自己的體驗，以「失去」為題，寫作一篇首尾俱足、結構完整的文章，文長不限。

題組

一、判讀

（一）請將文章中出現的「即刻」與「也卜」聲圈出來，並分辨這些是否代表不同的意義。

（二）請將「即刻」與「也卜」聲可能代表的種種意義，分項條列敘述，並扼要說明何以如此判讀。

二、闡述

（一）對上文中生事的穴烏也跟著叫「也卜」，你有什麼感想或看法？請加以闡述，文長不限。

（二）看到穴烏集體的「也卜」行為，再對照人類在類似情況下的反應，你又有什麼感想或看法？請加以闡述，文長不限。

三、命題寫作

（一）請簡單說明自己關於「失去」的經驗，並選擇一個寫作方向（可複選）：

自己的經驗	寫作方向	打勾處
	沉浸在失去的感傷中	
	因失去才學會珍惜	
	明明已經失去，卻毫不自覺	
	失去其實並非失去	
	其他（請說明）：	

（二）請根據擇定的寫作方向，結合自己的體驗，以「失去」為題，寫作一篇首尾俱足、結構完整的文章，文長不限。

說明

第一題和第二題都是根據一篇文章而命的，因為文章頗長（共968字），所以這兩題其實與閱讀測驗有點混淆了，應不應該出這種題目，還可以再商榷。第一題「判讀」是屬於「限制式寫作」，考的是詞彙中的多義詞，必須憑藉「語境」才能判讀（關於「語境」的說明，可參見87學年度推薦甄選第一題）。因此題組之第一小題先請同學圈出文章中出現的「即刻」與「也卜」聲，並仔細分辨意義是否有了轉變；接著才是將辨識所得寫出來。

第二題「闡述」也是屬於「限制式寫作」，其中又有兩個小題，第一個小題考的是對「事意象」（生事的穴鳥也跟著叫「也卜」）的解讀能力，第二小題考的則是以另一個「事意象」（穴鳥集體的「也卜」行為）的解讀為基礎，因此而產生的「聯想」。其實這兩個小題之間並無緊密的關聯，所以應該區分開來；因為考題的思路清晰，那麼考生才容易掌握考題的要求，進而作答。所以本題就不設計題組，而是將之區分為兩題。

　　第三題「命題寫作」是屬於「引導為主、限制為輔」的題目，說明的第一段只供作參考，並不硬性規定同學一定要朝這些方向寫；第二段出現了限制條件，那就是「請根據自己的體驗」。因此題組的部分，就在第一小題中，請同學用勾選的方式，根據自己的經驗，確定寫作方向，之所以標明「可複選」，那是因為情感可能有所轉折；接著第二小題才是據此寫成一篇文章。

指 定 科 目 考 試

九十一學年度指定科目考試

考題

一、問答

　　孟子曾說：「古之人，得志，澤加於民；不得志，脩身見於世。窮則獨善其身，達則兼善天下。」（〈盡心〉上）標舉了知識份子在窮達之際的理想作為，但面臨生命的重要轉折，每個人的作法會因其性格、際遇與修養而有所不同。所以，無論是憂讒畏譏、忿懟沉江的屈原，或是不為五斗米折腰、守拙歸田園的陶潛，或是曠達自適、無處而不自得的蘇軾，都為後世立下了不同的典範，而他們的任事態度與生命情懷，也都反應在其作品中。以上三人，你最欣賞哪一位對於出處進退的態度及其作品？為什麼？試結合其生命情懷與作品加以說明，文不必分段，以 300 字為度。

二、作文

　　我們身邊，有各種不同的「鏡子」。有人在時間的流轉中，從「它」照見了容顏的改變；有人在人生的戲局中，從「它」觀看出真正的自我；但也有人不願或不能面對「它」。試以「對鏡」為題，寫一篇文章，文長不限。

　[題組]

一、問答

（一）請在下列表格中勾選你最欣賞的富於某種生命情懷的人物。

人物	打勾處
憂讒畏譏、忿懟沉江的屈原	
不為五斗米折腰、守拙歸田園的陶潛	
曠達自適、無處而不自得的蘇軾	

（二）請根據第一題的選擇，用簡短的字句填寫下列表格。

生平事蹟	
作品	

（三）請根據前兩題蒐集的資料，從其生命情懷與生平事蹟、作品切入來說明此人，文不必分段，以 300 字為度。

二、作文

（一）所對之「鏡」可實可虛，請你先確定所對之「鏡」為何？然後根據「對鏡」所思，在下列表格中勾選合意的選項（可複選），若無合意的選項，請在「其他」欄中加以說明。

所對之「鏡」：	
「對鏡」所思	勾選處（說明處）
照見容顏的改變	
觀看出真正的自我	
不願或不能面對「它」	
其他	

（二）上題勾選的資料，可以往敘事、議論或夾敘夾議等方向開
　　　展，請思索後決定寫作方向。

（三）請根據前兩題，以「對鏡」為題目，寫一篇文章，文長不限。

説明

　　第一題屬於「限制式寫作」，其優點在於可以結合同學所學，
並以此發揮成文；缺點在於引言稍長，三個人物也多了一點，在
時間緊迫的大考中，難免增加學生的負擔，而且只提到要結合生
命情懷與作品，但是其「出處進退」與平生遭遇是離不開關係的。
因此如果只保留兩位人物（如陶潛和蘇東坡），刪落一些不必要
的引導文字，並且在引言中加入「平生遭遇」，應該會更為理想。
至於題組的設計，就是先請同學選定一位人物，接著蒐集有關此
人的資料，最後才寫作成文。

　　第二題「對鏡」屬於「引導式寫作」，因為沒有一定的限制，
所以發揮空間頗大。引導的部分有兩個重點：其一為「我們身邊，
有各種不同的『鏡子』」，暗示此「鏡子」未必是真的鏡子；其
二為「有人在時間的流轉中，從『它』照見了容顏的改變；有人
在人生的戲局中，從『它』觀看出真正的自我；但也有人不願或

不能面對『它』」，這段話指出了照鏡人的態度與鏡子的作用。因此在第一小題的部分，就是請同學針對這兩個重點來進行思考，不過因為畢竟是引導式的題目，所以還增列「其他」一欄，讓同學自由發揮，而且這些內容可以用敘述、議論或是夾敘夾議的方式表出，所以第二小題就請同學決定要採用哪種方式，最後在第三小題中寫作成一篇文章。

九十二學年度指定科目考試

考題

你猜到了嗎？作文的題目就是──「猜」。

「猜」，天天在我們的腦中浮現：

> 上課中猜想暗戀的人會不會經過門外？下課後猜測那一隊會贏得今年 NBA 的總冠軍賽？邊走邊猜今天好運會不會與我同在？邊寫邊猜所寫的是不是閱卷老師喜歡的題材？……

事實上，人類也常靠著「猜」才有新的發現：

> 哥倫布猜測地球是圓的而找到新大陸；哥白尼猜想地球繞著太陽轉而開啟天文學的新途；牛頓也是先猜地球必有一股力量將月球拉住，從而發現物體的質量會影響萬有引力的強度。

你一定「猜」過別人的心思、舉止、或者一件你很想知道答案的事。請以「猜」為題，把那一次的經驗（可包括猜的原因、經過、結果等）寫成一篇文章，文長不限。

[題組]

（一）請你想出一次「猜」的經驗，然後用簡短的兩三句話填寫下列表格：

猜的原因	
猜的經過	
猜的結果	

請你根據上面蒐集到的資料，寫成一篇文長不限的文章。

[說明]

這個「限制式」作文和八十八年推薦甄選非選擇題中的第二題、八十七學年度大學聯合招生考試作文題一樣，都在題目中將寫作內容規定好了，也暗示了敘述方式（順敘）。此題如以題組的方式呈現，就是在第一小題中，請同學利用表格的方式，將題目所要求的事項一一填寫出來，然後在第二小題中寫作成篇，其實也就是先蒐集資料、再進行寫作。

九十三學年度指定科目考試

[考題]

請以「偶像」為題，寫一篇文章，文長不限。

　　「偶像」可以是「仰慕的對象」，也可以是「學習的典範」等等。你可以針對這個文化現象，提出<u>理性的思辨</u>；也可以敘述你模仿、追逐歷史人物、身邊長輩、各行各業精英或故事中角色的經驗；敘議兼具，也未嘗不可；但務必建立屬於自己的、首尾連貫的脈絡。

題組

（一）請用簡短的文句說明你對「偶像」的看法，是仰慕的對象還是學習的典範？還是有其他的可能？

（二）請選擇一個寫作的方向，並以簡短的字句填寫下列表格（三選一）：

偏於議論：理性思辨	
追逐偶像的優點	
追逐偶像的缺點	
我的看法	

偏於敘述：模仿或追逐偶像的經驗	
偶像名字	
大致經過	
感想	

敘議兼具：結合「模仿或追逐偶像的經驗」與「理性思辨」	
自己或旁人模仿、追逐偶像的經驗	

敘議兼具：結合「模仿或追逐偶像的經驗」與「理性思辨」		
追逐偶像的優、缺點		

（三）請根據第一題所蒐集的資料，以「偶像」為題，寫一篇文章，文長不限。

説明

　　此題應該是「引導式寫作」，但是其中有模糊地帶，那就是說明的部分：「『偶像』可以是『仰慕的對象』，也可以是『學習的典範』等等」，到底「偶像」可不可以有其他的定義？接著「你可以針對這個文化現象，提出理性的思辨；也可以敘述你模仿、追逐歷史人物、身邊長輩、各行各業精英或故事中角色的經驗；敘議兼具，也未嘗不可」，也出現了同樣的問題：朝其他方向寫作可不可以（而且「理性的思辨」之下，為何要特別加上底線）？這些敘述應該是引導，但其中又有限制的意味，實在有點不清不楚，容易引發寫作與評閱時的困擾，既然已經出現了這種狀況，一般都從寬認定，以避免爭議；但是與其如此，還不如在命題時就清楚地界定好。

　　此外，儘管「偶像」這個主題切合同學經驗與興趣，但是因為與學生價值觀牽涉頗深，所以一旦評閱者的價值觀與學生差距甚多，難免引發評閱者的困擾（譬如有人以陳進興、蟑螂……為偶像），因此出題時也許可以考慮避開這類主題。

　　撇開上述爭議不談，則引導的部分有兩個重點：首先從「仰

慕的對象」、「學習的典範」引發同學思索偶像的定義；其次從「你可以針對這個文化現象，提出理性的思辨；也可以敘述你模仿、追逐歷史人物、身邊長輩、各行各業精英或故事中角色的經驗；敘議兼具，也未嘗不可」這段話中，指引寫作方向。因此題組就配合這兩個重點，請學生一一確定，並且蒐集資料，在最後一個小題中完篇。

九十四學年度指定科目考試

考題

一、簡答

閱讀下列文字後作答：

> 子之武城，聞弦歌之聲，夫子莞爾而笑曰：「割雞焉用牛刀？」子游對曰：「昔者，偃也聞諸夫子曰：『君子學道則愛人，小人學道則易使也。』」子曰：「二三子！偃之言是也，前言戲之耳。」（《論語・陽貨》）

1. 根據上文語境，「君子」、「小人」、「道」三個名詞所指的對象、內容為何？
2. 孔子起初「莞爾而笑」說：「割雞焉用牛刀」，後來又說：「前言戲之耳」。請扼要說明孔子前後反應不同的原因，以及子游回答的意涵所在。文長以 150 字為度。

二、作文

家，對許多人而言，不止是身體的休憩處，也是心靈的歸依

346「限制式寫作」之理論與應用

所。我們每天乃至於一生，不斷的在離家與回家的歷程中，構築出一天以至於一生的故事。一般人離家後總不免有回家的企盼，但也有人視回家為畏途，甚或無家可歸。回家對每個人而言，往往存在著不同的意義。

　　試以「回家」為題，寫一篇首尾具足、結構完整的文章。敘事、抒情、議論皆無不可，文長不限。

⬛ 題組

一、簡答

　　1. 不化為題組。

　　2. 不化為題組。

二、作文

（一）請勾選下列表格：

文體	打勾處
敘事	
抒情	
議論	

（二）請勾選、填寫下列表格（可複選）：

「回家」的意義	打勾處
離家後總不免有回家的企盼	
視回家為畏途	
無家可歸	
其他（請說明）：	

（三）請根據上面的表格，以「回家」為題，寫一篇首尾俱足、結構完整的文章。敘事、抒情、議論皆無不可，文長不限。

說明

　　第一題簡答包含了兩個小題，都屬於「限制式寫作」，而且這兩個小題原本就類似多層的題組，所以不另外再設計題組。本大題的第一小題考的是掌握詞彙意義的能力，第二小題考的是解讀「事」意象的能力，這其實有點類似閱讀測驗，但是與閱讀測驗不同的地方在於：考生必需進一步將自己的所知用文字表達出來。所以其中需要商榷的，一是閱讀測驗與寫作測驗不應重疊太多，二是此段引文有一定的難度，如果作為寫作考題，很容易在題目的部分就考倒了許多人，這是寫作測驗中最需要注意避免的，因此可以考慮以加上註解的方式降低難度，三是多層題組的測驗方式，容易造成重複扣分的情形，這對考生來說是不公平的。

　　第二題作文為「引導式寫作」，引導文字所傳達的，比較偏向於文體的選擇和主旨的確立，所以就根據這兩點，設計出第一小題和第二小題，請同學填答，第二小題之所以註明「可複選」，那是因為作者可能以立場的轉折或並列，來凸顯自己的看法；接著第三小題才是寫作成篇。

附錄一
「限制式寫作」題型簡介

　　「限制式寫作」的題型變化相當多，各家分類也不盡相同（可參考曾忠華《作文命題與批改》；陳滿銘《作文教學指導》；賴慶雄、楊慧文《作文新題型》；范曉雯、郭美美、陳智弘、黃金玉《新型作文瞭望台》；考選部編印《國家考試國文科專案研究報告》；仇小屏、藍玉霞、陳慧敏、王慧敏、林華峰《小學「限制式寫作」之設計與實作》），而各家分類雖然略有「小異」，但是「大同」者更多，這些豐富的題型為命題者提供了很大的發揮空間。其下即分為十四種題型加以介紹：

一、詞語訓練式

　　詞語是語言的基本單位，而且除了要了解詞語的形、音、義之外，還須了解構詞的方式（譬如偏正式、述賓式……等），詞語又包含「熟語」，即成語、諺語、歇後語……等等，此外還有「同義詞」與「反義詞」、「準確」與「模糊」、「詞彩」等概念，想要熟悉和運用詞語，對於這些都必須掌握，然後才可能進於造句、結段。但是該如何訓練學生妥適地運用詞語呢？「字詞擴展」、「詞語替代」、「詞語組合」……等作法，都是相當值得推廣的命題方式。例題如下：

以下括號中的詞彙都是同義詞，但是有著感情褒貶和搭配對象不同的差別，請你選擇一個最適合的辭彙，把它圈出來，並且說明選擇的原因，字數在 100 以內。

> 張老師很用心地（教導、指引、教唆）學生。
> 我最不喜歡他那（堅定、頑強、頑固）的性格。
> 經過連場考試後，（成果、結果、後果）出來了。
> 我們最好（維持、保有、保存）現狀。
> 他是一個非常（優秀、優良、優異）的人物。
> 隔壁的陳伯伯非常（孝順、愛護、憐愛）他的父母。

（參考布裕民、陳漢森《寫作語法修辭手冊》）

二、仿寫式

在獨立創造之前，模仿是一種重要的學習方式，因此教育部編印《國民中小學九年一貫課程綱要》即規定：第一階段（一至三年級）應「能仿寫簡單句型」，其實仿寫的範圍可以不限於句型而已，還可以隨著年紀的增長，擴展至段、篇。仿寫式可以幫助學生練習寫作時的各種技巧，為獨立構思文章打下良好的基礎，很適合初學者使用。仿寫一般可以分成內容的仿寫、形式的仿寫，以及綜合的仿寫，而且用來當作範例的文字總要在形式或內容上有明確特色，讓人能具體掌握的才適合；特別需要注意的是：仿寫時最重要的是依據所要求的重點來模仿寫作，而非字模句擬，這樣才能收到學習之效。例題如下：

梁實秋〈不亦快哉〉（十一則錄三）：

其一、烈日下彳亍道上，口燥舌乾，忽見路邊有賣甘蔗者，急忙買得兩根，一手揮舞，一手持就口邊，才咬一口即入佳境，隨走隨嚼，旁若無人，蔗滓隨嚼隨吐。人生貴適意，兼可為「你丟我撿」者製造工作機會，瀟灑自如，不亦快哉！

其一、放學回家，精神愉快，一路上和夥伴們打打鬧鬧，說說笑笑，尚不足以暢敘幽情，忽見左右住宅門前都裝有電鈴，鈴雖設而常不響，豈不形同虛設，於是舉臂舒腕，伸出食指，在每個鈕上按戳一下。隨後，就有人倉皇應門，有人倒屣而出，有人厲聲叱問，有人伸頸探問而瞠目結舌。躲在暗處把這些現象盡收眼底，略施小技，無傷大雅，不亦快哉！

其一、通衢大道，十字路口，不許人行。行人必須上天橋，下地道，豈有此理！豪傑之士不理會這一套，直入虎口，左躲右閃，居然波羅蜜多達彼岸，回頭一看天橋上黑壓壓的人群猶在蠕動，路邊的警察戟指大罵，暴跳如雷，而無可奈我何。這時節領首示意，報以微笑，揚長而去，不亦快哉！

請模仿梁實秋〈不亦快哉〉中的「倒反」修辭手法，寫二至三則「不亦快哉」之事，每則字數不超過 150 字，注意不可流於苛薄、殘忍。

三、改寫式

這是提供一篇文章，讓學生改變其形式或某些內容，以寫成與原作關係密切而又互不相同之作的一種命題方式。在形式方面，可以要求改變體裁（如將記敘文改為論說文）、敘述角度（如全知觀點變成第一人稱）、作法（如順敘改為追敘）……

等；在內容方面，可以要求改變主題思想、中心人物、故事情節的線索……等。改寫是一種再創造，因此要認真閱讀原作，並思考改寫要求，才能寫出一篇精采的改寫文章。例題如下：

《山海經・夸父逐日》：

夸父與日逐走，入日。
渴，欲得飲，飲於河、渭；河、渭不足，北飲大澤。
未至，道渴而死。棄其杖，化為鄧林。

其結構分析表如下：

```
┌─ 先：「夸父與日逐走」二句
├─ 中：「渴……北飲大澤」
└─ 後：「未至……化為鄧林」
```

這則「夸父逐日」是以「順敘」的方式行文，請你改成以「今昔今」結構來敘事，可適度地增加細節，文長不限（以白話文寫作）。

四、補寫式

補寫式又稱續寫式。至於何謂「補寫」呢？那就是把不完整的文章補寫完整。補寫式題型因為有一段或一則短文作基礎，使學生有基本的材料可依據，不致漫無範圍；而且又留有相當的自主空間，使學生能有所發揮，因此是相當好的一種命題方式。補寫可以分成三種：其一是提供一個開頭，要求學生接著續寫下

去；其二是提供一個結尾，要求學生補寫前面的部分；其三是提供開頭和結尾，由學生聯結頭尾、補寫中間的部分。《中學生當場作文四十問》中強調：續寫時要先仔細閱讀已提供的材料，然後確定文章中心，而且聯想要合乎情理。例題如下：

> 請書寫一篇文章，不過第一句必須是「每個人都有許多不同的、愉快的第一次」；而且最後一句必須是「其實，跨出第一步並不難。」
>
> 提示：兩句話之間可以自由發揮，但整篇文章的結構必須完整，文長（含標點符號）勿超過 500 字。
> （此題目為花蓮師範學院初等教育系三乙劉怡君試擬）

五、縮寫式

　　這是提供一篇長文，讓學生縮寫成一段或一則短文的一種命題方式；它要求的是掃除枝葉、保留重點。賴慶雄、楊慧文《作文新題型》中提到，縮寫的方法有兩種：一是刪削，將原文中一些次要的詞句、段落、情節、人物描寫等刪去，盡量保留原文中重要的句子；一是概括，可以適度地用自己的語言將文章的重點加以整理統攝，也就是我們常說的摘要。這種題型可以訓練學生的抽象概括力，彭聃齡主編《普通心理學》甚至認為抽象概括力是一般能力的核心。例題如下：

> 下列這篇文章是朱自清的名篇〈背影〉，文末並有全文結構分析表輔助了解，請在閱讀之後，將這篇文章縮寫為 300 字左右。

　　我與父親不相見已二年餘了，我最不能忘記的是他的背影。

　　那年冬天，祖母死了，父親的差使也交卸了，正是禍不單行的日子！喪事完畢，父親要到南京謀事，我也要回北京念書，我們便同行。

　　到南京時，有朋友約去遊逛，勾留了一日；第二日上午，便須渡江到浦口，下午上車北去。父親因為事忙，本已說定不送我，叫旅館裡一個熟識的茶房陪我同去。他再三囑咐茶房，甚是仔細。但他終於不放心，怕茶房不妥帖；頗躊躇了一會。其實，我那年已二十歲，北京已來往過兩三次，是沒有什麼要緊的了。他躊躇了一會，終於決定還是自己送我去。我兩三回勸他不必去，他只說：「不要緊，他們去不好！」

　　我們過了江，進了車站，我買票，他忙著照看行李。行李太多了，得向腳夫行些小費才可過去，他便又忙著和他們講價錢。我那時真是聰明過分，總覺他說話不大漂亮，非自己插嘴不可。但他終於講定了價錢，就送我上車。他給我揀定了靠車門的一張椅子，我將他給我做的紫毛大衣鋪好坐位。他囑我路上小心，夜裡要警醒些，不要受涼；又囑託茶房好好照應我。我心裡暗笑他的迂，他們只認得錢，託他們直是白託；而且我這樣大年紀的人，難道還不能料理自己麼？唉！我現在想想，那時真是太聰明了！

　　我說道：「爸爸，您走吧！」他望車外看了一看，說：「我買幾個橘子去，你就在此地不要走動。」我看那邊月臺的柵欄外有幾個賣東西的等著顧客。走到那邊月臺，須穿過鐵道，須跳下去又爬上去。父親是一個胖子，走過去自然要費事些。我本來要去的，他不肯，只好讓他去。我看見他戴著黑布小帽，穿著黑布大馬褂，深青布棉袍，蹣跚地走到鐵道邊，慢慢探身下去，尚不大難。可是他穿過鐵道，要爬上那

邊月臺，就不容易了。他用兩手攀著上面，兩腳再向上縮；他肥胖的身子向左微傾，顯出努力的樣子。這時我看見他的背影，我的眼淚很快地流下來了。我趕緊拭乾了淚，怕他看見，也怕別人看見。我再向外看時，他已抱了朱紅的橘子望回走了。過鐵道時，他先將橘子散放在地上，自己慢慢爬下，再抱起橘子走。到這邊時，我趕緊去攙他。他和我走到車上，將橘子一股腦兒放在我的皮大衣上，於是撲撲衣上的泥土，心裡很輕鬆似的。過一會說：「我走了，到那邊來信！」我望著他走出去。他走了幾步，回過頭看見我，說：「進去吧，裡邊沒人！」等他的背影混入來來往往的人叢裡，再找不著了。我便進來坐下，我的眼淚又來了。

　　近幾年來，父親和我都是東奔西走，家中光景，一日不如一日。我北來後，他寫了一封信給我，信中說道：「我身體平安，惟膀子疼痛得屬害，舉箸提筆，諸多不便，大約大去之期不遠矣！」我讀到此處，在晶瑩的淚光中，又看見那肥胖的青布棉袍、黑布馬褂的背影。唉！我不知何時再能與他相見！

全文結構分析表如下：

```
┌─ 今：「我與父親不相見」二句
│        ┌─ 送行前：「那年冬天……他們去不好」
├─ 昔 ─┤            ┌─ 先：「我們過了江……太聰明了」
│        └─ 送行時 ─┤
│                    └─ 後：「我說道……我的眼淚又來了」
└─ 今：「近幾年來……何時再能與他相見」
```

六、擴寫式

擴寫就是在不改變原文主要內容和中心思想的條件下，把某些句子、段落或短文加以擴展、充實、修飾、刻劃，使原來不夠豐實的文章變得生動、具體、形象、感人。擴寫時要掌握的原則是：「添加枝葉，只增不減」、「擴展內容，豐富情節」、「精細刻劃，描摹生動」。擴寫依照材料提供的多寡，又可以分為擴句、擴段、擴篇、提示性擴寫（即命題者根據原文提出一些擴寫要求，學生依此寫作）四種。例題如下：

請利用下面的材料，將它擴寫成一篇 600 字左右的記敘文，並且請自擬一個題目。

　　芝加哥自然博物館的研究員——施密特博士，獨自在遠離城市的實驗室觀察南美毒蛇，但不幸被毒蛇咬傷，而且此時發現電話打不出去，因此他知道生命難保。為了給後人留下寶貴的科學資料，他記錄下自己危急時的感覺。
　　施密特博士在被毒蛇咬傷的 5 小時後與世長辭了。

（此題目參考賴慶雄、楊慧文《作文新題型》）

七、改正式

一般說來，文章常見的錯誤，小者有標點符號的誤用或缺漏、錯別字、贅詞、缺漏字詞、詞語使用錯誤、詞語搭配不良、詞語順序不當、語氣不合……等等，大者有悖離題旨、結構失當、理路不清……等缺失。學生往往一再重複同樣的錯誤而不自

知，因此若能針對此現象命題，要求學生改正，那麼自然容易留
下深刻的印象。例題如下：

下列的句子都犯了「主語和謂語搭配不當」(1)、「動詞和賓語搭配
不當」(2)，或是「修飾語和中心詞搭配不當」(3)的毛病，請你指出
是哪個原因（需標出阿拉伯數字），並加以改正。

> 這些方法執行起來很有效。
> 因為一年級的老師很好，因此我得到很好的基礎。
> 每所中學都應該積極參加環境保護的活動。
> 我曾經虛心的幫助過那位同學。
> 同學們在課堂上猛烈的辯論起來。
> 我將來一定要實現自己所訂下的事情和目標。

八、組合式

　　組合式命題可以是幾個句子組合成一段，也可以是幾段文章
組合成一篇，學生必須能夠掌握所提供的資料，尋繹出其中的脈
絡，才能順利地完成寫作，藉此可以訓練學生組織的能力；如果
教師想要降低組合的困難度，除了可以調整文本本身的難易度
外，還可以考慮在題目中提供組合線索，譬如說明這篇文章原本
是用「由高而低」或是「由昔而今」的次序組合而成的。此外，
學生如何組合文章自然有種種可能性，所以可以要求學生組合完
成後，說明組合的原因。例題如下：

這首詩篇為吳岸所寫的〈瀑的話〉，可是除了第一行和最後一行外，次序都抖亂了。請重新加以組合，並就組合之後的詩，寫出你的看法，字數在一百至一百五十之間。

> 如果不是來自山林
> 如果不敢飛越懸崖絕壁
> 如果沒有岩石阻攔
> 我哪會這樣奔放
> 我哪會如此冰清
> 我哪會有如此磅礴的生命

九、整理式

這種命題方式是在題目中提供一段或數段具有相關性的資料，要求學生將這些資料加以整理，組織成一篇條理清楚、主題明確的文章。藉此可以測驗學生歸納、整理、排序及掌握要點、剪裁繁蕪的能力。命題時，所提供的各則資料最好能打亂次序，以便測驗學生重新組織的能力，而且整理後的文章，宜有字數限制，以免有「照單全抄」的情形（參見考選部編印《國家考試國文科專案研究報告》）。例題如下：

下面有三項資料，是三隻駱駝的自述，請仔細閱讀後，寫一篇介紹駱駝的說明文，字數在一百五十至二百之間。

1. 我叫晴晴，我的身體長得很高，脖子很長，在沙漠裡能看得很遠。上星期我在沙漠裡走了七天，又找不到水源，幸好我是不會覺得口渴的，因我的駝峰貯存了很多脂肪，供我救急之用。

2. 我叫輝輝，昨天跟一大隊旅行隊走在沙漠，那時風沙真大，我趕忙緊閉鼻孔，才能抵禦漫天的風沙。我看見那些商旅趕忙用毛巾掩著鼻子，真是有趣。

3. 我沒有名字，但人們看見我和我的同類，都叫我們「沙漠之舟」，因為我們完全適應的沙漠的生活，人們都把我們當成是沙漠上的交通工具。在沙漠上行走，人們最感謝我的，是我經常替他們尋找水源，因為我的嗅覺特別靈敏呢！

1. 駱駝是如何適應沙漠生活的？請你根據上面三則自述，將駱駝的特性歸納成四點。

2. 請你將這四點組織起來，寫成一篇完整的文章。

（此題目參考考選部編印《國家考試國文科專案研究報告》）

十、賞析式

　　教育部編印《國民中小學九年一貫課程綱要》說明「閱讀能力」時提到：第一階段（一至三年級）應「能從閱讀的材料中，培養分析歸納的能力」，第二階段（四至六年級）則「能夠思考和批判文章的內容」；「賞析式」題型就能夠有效地結合「閱讀」和「寫作」，並且使言語發展和思考活動更緊密地互動、循環，並產生提升的作用。例題如下：

　　　　挺立起另一種輝煌（節選）　　　　毛志成

　　　關於蠟燭的寓言已經很老很老
　　　早該走出那一點卑微火焰的蒼涼
　　　只有這樣才敢於宣布自己是烈火

在烘烤世界的同時
也爆發著自己的奪目輝煌

關於園丁的童話已經很舊很舊
早該走出小小花圃的感傷
只有這樣才敢於承認自己是喬木
在綠化世界的同時
也為一切大廈提供著硬質棟樑

關於母愛的比喻已經過分柔軟
早該走出母親瞳孔的淒惶
只有這樣才敢於承認自己是雄鷹
因為有了自己的高翔
才帶出了雛鷹的高翔

　　這首詩歌詠的是「老師」；但特別的是，它否定了以往常常用來比喻老師的「蠟燭」、「園丁」、「母親」，而代以作者認為更貼切的「烈火」、「喬木」、「雄鷹」。看過這首詩之後，請你回答下列問題：

　　1.你覺得作者的說法好不好？你比較認同哪一種？為什麼？
　　2.如果是你，你會用什麼事物來比喻老師？請你也試著寫成一
　　　節詩歌。

十一、設定情境式

　　這種命題方式提供了具體的事件、場景或問題，為學生創設出一種情境，要求學生依據這樣的情境寫出適合的文章。這樣既

可訓練學生面對事件，提出看法或解決之道；同時也提高了語言的交際功能。而且情境的設定宜讓學生有較大的發展空間，最好不要透露出命題者的預設立場；也就是盡量利用此種題型鼓勵學生的「發散性思考」。例題如下：

在擁擠的公共汽車中，一男一女並排地站在一起。由於到站，湧入更多人潮，在推擠中，男生不小心踩到了女生的腳……

1. 假設這一男一女互不相識
2. 假設這一男一女是同班同學
3. 假設這一男一女是男女朋友

請你選擇這三種假設情況中的一種（須在文章一開始就註明是第 1 或 2 或 3 種情況），接下去寫一篇記敘文，字數在 400-500 字之間。文章要注重人物的表情、對話和動作的刻畫，不須抄題。

十二、改變文體式

以往常常用「翻譯」來訓練學生，就是把古文或古典詩、詞、曲，翻成白話詩、文，藉此可測出學生對原文理解或感受的程度，也可以檢驗出學生運用白話文的能力。不只如此，同樣的理念也可以運用在「今」翻「今」上，亦即不同文體間的轉換，所以此種命題方式可定名為「改變文體式」。例題如下：

下列詩篇是顧城的〈弧線〉，此詩共分四節，每節各描寫一個美麗、圓潤的弧線，作者以此來讚頌大化之美。請你閱讀之後，將它改寫成一篇散文，題目為〈發現生活之美〉，可適度增添其他材料，文長不限。

鳥兒在疾風中
迅速轉向

少年去撿拾
一枚分幣

葡萄藤因幻想
而延伸的觸鬚

海浪因退縮
而聳起的背脊

十三、引言式

這種命題方式的最大特點是前面有一段引導文字，這段文字通常不會太長，有時乾脆就以一則佳句、一篇短文、一首詩篇……作為引導；至於內容則是包羅萬象，舉凡生活感觸、幻想、時事……等等，都是命題的好材料；而要求的文體也是記述、議論、抒情……無所不包；不過，引言也不宜過長或過難，以免增加學生的負擔。這種題型在命題時並不困難，自由度大、靈活性高；可是，需要注意的是：學生的程度越高，那麼在引導時所給的指引就要越少，以免反而成了框框，框住了學生的創造

力。例題如下：

> 「你還裝？別假仙了！」這是我們常掛在口頭上的一句話；而「不要裝（妝）了」、「給我放自然一點」的廣告詞，也傳達了人們對掙脫面具的渴望。但我們真的用不著「假裝」嗎？不管是出於自願，或是迫於無奈，「假裝」有時的確很不應該，但有時卻又合情合理，勢所必然。
>
> 　　你「假裝」過嗎？是為了掩飾你的錯誤、緊張？還是為了符合別人的期望？你是需要時才「假裝」嗎？還是一向在「假裝」？「假裝」讓你得到什麼？是自欺欺人的痛苦？還是利己利人的欣慰？
>
> 　　請以「假裝」為題，寫一個關於自己「假裝」的經驗，內容應包括：你為何「假裝」、你如何「假裝」、「假裝」時的心情、現在的感想等。文長不限。
>
> （八十八年大學入學推甄試題）

十四、圖表式

　　這種方式是在題目中提供一幅圖畫或一個表格，讓學生據此來寫作；學生首先要仔細觀察圖表，然後展開合理的想像、聯想或揣測，最後再清晰、完整、豐富地把自己的感受表達出來。這種題目的優點在於切合學生興趣，並可培養學生的觀察能力。例題如下：

上面的這個人物圖像，是一幅單格漫畫，請你看過、想過之後，回答下列問題：

1. 假設這幅單格漫畫的目的在推銷某種商品，你覺得會是什麼商品？並且請你說明為什麼你會這麼猜？

2. 如果這個人物真的就是在推銷某種商品，請你為他擬一篇動人的廣告辭，讓他的推銷行動能夠成功。

附錄二
「限制式寫作」題型與能力

「限制式寫作」在以往又稱為「供料作文」、「給材料作文」、「非傳統作文」、「新型作文」、「限制式寫作」等，其中「供料作文」、「給材料作文」是大陸常用的名稱，「非傳統作文」、「新型作文」是台灣常見的名稱，而「限制式寫作」則是由陳滿銘教授擔任召集人的「國家考試國文科專案小組」所提出的，並於九十一年由考選部編印為《國家考試國文科專案研究報告》。

為什麼「國家考試國文科專案小組」當初會將此種寫作方式，定名為「限制式寫作」呢？那是因為此類題型通常有較長的說明文字、較多的條件限制，可以說是針對某種能力而將「遊戲規則」定得非常清楚，因此就便於訓練或測驗某種能力，而且也使得評分標準易於拿捏；不過從另一方面來說，「限制」就是「引導」，因為能針對所欲訓練的能力作出清楚的規範，那其實就是一種明確的引導，使同學不至於漫無目標、無從措手，更何況這種命題方式很容易設計出活潑有趣的面貌，可以有效地吸引同學進行寫作。而且此種題目用於正式的寫作測驗時，可能比純粹的「引導式寫作」更為適合，因為「引導」雖指引了寫作方向，但並不含有強制的意味；而在寫作測驗中，這些限制條件是有強制性的，也唯其具有強制性，才能要求學生據此寫作，這樣，評閱者也才能據此拿捏標準、評定等級。

在台灣，「限制式寫作」的推展迄今已有十年左右的時間了，掌聲固然不少，但是也引發不少疑惑，許多國文教師對於「限制式寫作」初而驚艷，繼而茫然，甚至產生些許疑慮，認為這類題目是「以求新求變之名，行求怪求異之實」。事實上，這當然是一種誤會，追究其原因，那是因為以往對「限制式寫作」的開發多集中於題型、題目上，但是對於「鎖定能力」這一最高準則卻沒有非常清楚的認識，因此有時候會感覺到「限制式寫作」題目流於奇巧的變化，但卻迷而不知所歸。

所以，關於「限制式寫作」，目前亟需建立的觀念是：各種各類的題型只是「殼」而已，真正重要的是裡面所包含的「能力」，所以不同的題型就是不同的「殼」，可以包含相同的能力，甚至到最後是屬於什麼題型都不重要了，光是用敘述文字的方式，而不拘泥於題型，也一樣可以達到限制、鎖定能力的目的。因此其下就以三種能力為綱，分別以不同題型，來訓練、測驗同一種能力，藉此印證前述的觀點。

一、鎖定「主旨安置」能力

仿寫式：

白居易〈憶江南〉：

> 江南好，風景舊曾諳。日出江花紅勝火，春來江水綠如藍。能不憶江南？

此詞的主旨是置於篇末的「憶江南」。請你也用 200 字左右

的篇幅，以「童年」為題，寫成一段文章，不須分段，但是主旨也須在篇末出現。

  ＊設計理念：主旨不是情語，就是理語，它是一篇文章的靈魂，因此主旨的表出與安置，是寫作時一定要考慮到的，主旨出現的位置可能在篇首、篇腹、篇末、篇外，各有各的美感。如果主旨置於篇首，那就是「開門見山」，有顯豁明朗之美；置於篇腹，那麼前、後都會向中間呼應，就如同常山之蛇般，「擊其中則首尾皆應」，所以全篇會呼應得非常綿密；置於篇末，則如「畫龍點睛」般，最後一筆喝醒，相當有力；置於篇外，則是「不著一字，盡得風流」，讓人領略那言外之意、絃外之音，特別具有含蓄的美感。

  雖然主旨可以出現在四種位置，但是以漢語寫作的文章中，主旨出現在篇末是最常見的。因此本題就以白居易〈憶江南〉為例，請同學仿照這種主旨安置方式，寫成一段文字。

  改寫式：
李白〈黃鶴樓送孟浩然之廣陵〉：

  故人西辭黃鶴樓，煙花三月下揚州。孤帆遠影碧空盡，惟見長江天際流。

  這首詩篇的主旨是惜別相思之情，但是並未在篇中點明，而是讓人在篇外領略。請你將這首詩篇改寫成 200 字左右的白話文，不須分段，但需在篇末點明主旨。

　　＊**設計理念**：主旨在篇外出現的情形也頗常見，特別是在要求含蓄蘊藉之美的古典詩歌中。本題所要訓練的仍是主旨安置在篇末的能力，與前題不同的地方，在於前題為「仿寫」，本題為「改寫」，比較起來，本題的難度應該稍高。

補寫式：

　　聽到張艾嘉的〈童年〉在耳畔響起……

　　請用上列句子作開頭，以「童年」為題，寫成一段 200 字左右、首尾完足的的文字，不須分段，但必須在篇末點出主旨。

　　＊**設計理念**：這個題目只提供開頭，要同學續寫下去，雖然題型與前兩題又不同了，但是同樣是鎖定安置主旨的能力。

敘述式：

　　請你以「童年」為題，寫一段 200 字左右、首尾完足的文字，而且主旨需在篇末點出。

　　＊**設計理念**：這樣的題目有點像傳統命題，只不過加了一些限制條件，以劃定寫作範圍，因為是同學熟悉的命題方式，所以學生應該很容易接受。

二、鎖定「譬喻」能力

仿寫式：

　　請模仿席慕蓉〈伴侶〉（節選），也寫出兩兩成對、詮釋「伴侶」的譬喻句。

你是那疾馳的箭

我就是你那翎旁的風聲

你是那負傷的鷹

我就是那撫慰你的月光

你是那昂然的松

我就是那纏綿的藤蘿

　＊**設計理念**：一個完整的譬喻具備「本體」、「喻詞」、「喻體」、「喻解」四個部分，「喻體」之所以能形容、說明「本體」，那是因為彼此之間有「相似點」，而這相似點就是「喻解」；就以「貌美如花」為例來說明，「（人之）貌」是「本體」、「如」是「喻詞」、「花」是「喻體」，而「美」是「（人之）貌」與「花」之間的相似點，也就是「喻解」。其他如「力大如牛」、「骨瘦如柴」、「心焦如焚」等等也是如此，其喻解分別是「大」、「瘦」、「焦」。

　　但是「喻解」也可能不在字面上出現，席慕蓉〈伴侶〉（節選）的六行詩句，就是六個字面不出現「喻解」的隱喻句，而且此六句又分成三組，兩兩詮釋出何謂「伴侶」；所以此「限制式寫作」題是要求同學以「仿寫」的方式，自己造出三組完整的譬喻句，而且每一組的兩個譬喻句，要能恰如其分地詮釋「伴侶」間相依相附的關係。

　　改寫式：

　　朋友如金錢，你永遠不知道它什麼時候會貶值。

上面這個譬喻是以「朋友」為本體，「金錢」為喻體，「你永遠不知道它什麼時候會貶值」為喻解。請你同樣也以「朋友」為本體，「如」為喻詞，但是喻體、喻解重新改寫，造出一個新的譬喻句。

＊設計理念：題目中的譬喻句是個「詳喻」，具備了「本體」、「喻詞」、「喻體」、「喻解」四個要素，而限制的條件就是本體、喻詞保留，但是改變喻體、喻解，如此一來可看出學生是否能尋求不同喻體，並掌握住本體和喻體之間的相似點——喻解。

　　補寫式：

　　朋友如……

上面是一個未完成的譬喻句，只出現了「本體」和「喻詞」，請你填上你認為最恰當的「喻體」和「喻解」，使它成為一個完整的譬喻句。

＊設計理念：這個題目簡單明瞭，儘管只要求造一個譬喻句而已，但是很能夠從中看出學生對譬喻四要素是否有清楚的認識。

　　敘述式：

一個完整的譬喻具備「本體」、「喻詞」、「喻體」、「喻解」四個部分，就以「朋友如金錢，你永遠不知道它什麼時候會貶值。」為例來說明，「朋友」是「本體」、「如」是「喻

詞」、「金錢」是「喻體」，而「你永遠不知道它什麼時候會貶值」是「喻解」。請你以「母愛」為本體，「如」為喻詞，補上喻體、喻解，造成一個完整的譬喻句。

　＊設計理念：這個題目在題幹中說明了譬喻四要素，作用是提醒學生，接著才是請學生據此造句。但是如果確定學生早已了解譬喻四要素，那麼對此的說明就可以悉數刪除，題面會變得簡明許多。

三、鎖定「『先反後正』佈局」能力

仿寫式 ：

魯藜〈泥土〉：

　　老是把自己當珍珠
　　就時時有怕被埋沒的痛苦

　　把自己當作泥土吧
　　讓眾人把你踩成一條道路

　　此詩形成「先反後正」的結構，以怕被埋沒的珍珠，來反襯捨身成路的泥土。請你也仿照這樣的結構來佈局，以「善意善行讓人間更溫暖」為題，寫成一篇 300 字以內的短文。

　＊設計理念：這首新詩淺白易懂，因此不會造成理解上的障礙，而限制條件鎖定在「先反後正」結構上，則是讓同學可以藉由模仿，來習得這種佈局能力。

改寫式：

魯藜〈泥土〉：

　　老是把自己當珍珠
　　就時時有怕被埋沒的痛苦

　　把自己當作泥土吧
　　讓眾人把你踩成一條道路

　　此詩形成「先反後正」的結構，以怕被埋沒的珍珠，來反襯捨身成路的泥土。請你保留第二節（詩句可稍作改動），第一節選取其他事物，也以反襯的方式來烘托泥土，改寫成一首也是形成「先反後正」結構的詩篇。

　　＊設計理念：正反法的精髓就在於以反面烘托正面，其中最常形成的結構就是「先反後正」，此詩就是一個最佳例證；但是可以烘托正面的反面事物很多，著眼於這一點上，就可以要求學生搜尋其他事物，改寫成一首也是形成「先反後正」結構的詩篇。

補寫式：

　　自由與放縱雖然只有一線之隔，但是所謂「差之毫釐，謬以千里」，其間的分別不可不慎。……

　　請你以上面這段文句為開頭，以「先反後正」的佈局方式，

寫成一篇文章。

　　＊**設計理念：**「先反後正」的佈局方式，就是先從反面寫起，再拍回正面，以帶出主旨。在此題中，「放縱」顯然是反面的，「自由」才是正面的，因此學生若是先從「放縱」寫起，再返照「自由」，就大體上合乎寫作要求了。

　　|敘述式|：

　　請你以「自由與放縱」為題，寫成一篇文章，並且須以「先反後正」結構佈局。

　　＊**設計理念：**這個題目比起上一題，難度稍微高了一點，因為上一題已經提供了開頭，但是這一題則須同學獨立完成全文；但是只要同學觀念清楚，了解「自由」為正面、「放縱」為反面，然後安排成「先反後正」結構，其實也並不難寫。

　　「限制式寫作」最重要的精神就是「鎖定能力」，只要掌握住這一點，在命題時，各種題型都可以自由地讓命題者運用；而同學在寫作時，只要自己有能力，儘管面對的是千變萬化的題型，但是「萬變不離其宗」，均可作精采的發揮。

　　此外，順帶一提的是，寫作測驗在組題時，常見「一長一短」的組題方式，這「一長一短」的兩題都可以用「限制式寫作」的方式命題，只不過長題測的通常是綜合能力，其限制多在於內容發展方向，並且不限字數；而短題則一般要求在 200 字以內，並且限制在於某種特殊能力上。這樣的組題方式，既可以避免「一題定終身」的壓力，也不會使得測驗時間太過冗長，更重

要的是，可以兼顧「綜合能力」與「特殊能力」，可說是相當理想的。

附錄三
試談寫作測驗客觀性的提升與閱卷工作的簡化

　　在國語文測驗中，常採用選擇題與非選擇題兩種方式，而非選擇題主要是用寫作的方式來進行的。就國語文能力的觀點來看，選擇題只能測一般能力、特殊能力，而寫作則可以測出綜合能力以及創造力，也就是因為如此，寫作成為測驗國語文能力不可或缺的一種重要方式。但是寫作作為一種測驗方式，最容易引人質疑的就是其評閱之客觀性，還有，由此而來的閱卷工作十分費時費力，因而增加許多測驗的成本，所以，到底該不該「排除萬難」考寫作？就會引發見仁見智的看法。

　　關於此點，個人認為測驗最重要的就是要測出考生的程度，所以如果只因為選擇題容易操作、答案明確，就只考選擇題，那就無法測出最高層次的綜合能力、創造力，也就是說，這樣的考題其實是無法準確地測出考生程度的，而無法準確地測出考生程度的測驗，實在很難說是「公平」的測驗（儘管表面上看起來是公平的）。所以準此而觀，還是應該用寫作來測驗考生的綜合能力、創造力。但是如此一來，馬上就會面臨前面所提及的兩個問題：如何提升寫作評量的客觀性？如何簡化閱卷工作？必須對這兩個課題有合理的處理，寫作測驗才可長可久，而這兩個課題又是息息相關的。基於此，本文首先論述如何提升寫作測驗的客觀性，其次論述寫作測驗客觀性的提升，會對閱卷工作產生如何的

影響。

關於如何提升寫作測驗的客觀性，個人認為可以從以下幾個方面著手：

一、題目：以往的寫作命題多採「一題一篇」的傳統命題，但是近幾年來，「新型作文」命題大量地出現在各級學校考試、升學考試、高普考等國家考試中。「一題一篇」的傳統命題留下的空間太大，有時在「離題與否」的判斷上會造成困擾，而且在考生眾多、寫作內容五花八門的的升學測驗中，不同內容的文章應如何比較優劣（譬如「偶像」可以以議論為主，也可以以記敘為主），也是一個問題；但是目前所見的「新型作文」，一般而言未能將「引導」與「限制」作明確的區隔，容易造成考生困惑，而且若此「新型作文」是以引導為主，那麼其實與傳統命題的差別不大，帶來的困擾也相同。因此「限制式」命題是比較合適的，所謂「限制」其實也是「強勢的引導」，而且因為具有強制性，所以可以據此拿捏標準、評定等級，當然大有助於寫作測驗客觀性的提升；而且標準清楚、容易拿捏，也可以減輕閱卷者的負擔，而閱卷者的負擔減輕了，照理說，閱卷的品質也會提高，最終受惠的就是考生。

二、題數：不管是選擇題或非選擇題，題數較多，是使測驗趨向公平合理的一種有效手段，在這個方面，選擇題當然有其先天的優勢，但是儘管是非選擇題，也最好避免

「一題定終身」的情形，因此目前的升大學考試中的非選擇題，多採「一長一短」、「一長兩短」的組題方式，當是基於此點考量而設計的；不過，如能更進一步，用「短文」測特殊能力，並要求在 200 字以內完成，用「長文」測綜合能力，其限制多在於內容發展方向，並且不限字數，這樣一來，不僅可以測出不同層次的能力，而且還可以可避免測驗時間太過冗長，應是頗為理想的。

三、閱卷標準：閱卷標準可以分為「共通」與「特殊」兩種。前者指的是通用於所有寫作題目的閱卷標準，目前台灣師大心測中心為因應基測加考作文，所訂出的六級分制，每個級分之下都依據「立意取材」、「結構組織」、「遣詞造句」、「錯別字、格式與標點符號」，作出具體的描述，就是建構共通的閱卷標準的一個努力的成果；不過，如果改成三等九級制，即針對每等作出描述，而每等之下又可分成上、中、下三級，閱卷者可根據各種情況適當地作調整，這種三等九級的評分制度比較適應於老師的評閱習慣，也是可以考慮的。至於「特殊」的閱卷標準，則是根據題目而產生的，特別是「限制式寫作」，限制的條件如果訂得清楚、合理，那麼特殊的閱卷標準就很容易拿捏，以基測的六級分制而言，合乎特殊閱卷標準的，就從四級分起跳，再依綜合表現決定給四、五或六級分，這樣就可兼顧「共通」與「特殊」，讓閱卷標準變得有理可說。

四、閱卷者：閱卷者的挑選與訓練當然是非常重要的。就挑選而言，一般說來，目前對閱卷者的資格都有頗為嚴格的規定，不過，如能更進一步，對閱卷者進行篩選（譬如舉行模擬閱卷，從中挑選閱卷表現較佳者，或長期監測幾次的閱卷表現，保留表現穩定者），那就更為理想了。其次，就訓練而言，最重要的就是熟悉閱卷標準，這其中當然包括「共通」與「特殊」兩種，共通的閱卷標準不會更動，而且其中的種種描述說明，其實也是提醒閱卷者該從哪些方面評定優劣，而特殊的閱卷標準則根據題目的不同而改變，以期對優劣的評定能更趨準確。

五、閱卷流程：閱卷流程就全面來講，應包含特殊閱卷標準的訂定、閱卷者的挑選與訓練，以及實際進行批閱時，閱卷品質的監控等等。此處僅就閱卷品質的監控來略作說明，目前最常採用的就是初閱、複閱的制度，並且還需搭配初、複閱差幾級時，由主閱來作最後的判定的主閱制；此外，規定每天閱卷的數量，避免閱卷者因太過疲勞而造成閱卷品質下降，也是很容易做到的；此外，也許可以在閱卷者所評閱的卷子中，每數百份就隨機插入一份已經評定好等級的樣卷，藉此監測其評閱的等級是否差誤太多，如差誤太多，就立即停止評閱。諸如此類的做法，應該可以陸續研擬出來，並且加以公佈，以廓清大眾的疑慮。

　　前面的幾種做法，應該可以使得寫作測驗的客觀性提升許多，當然，不管再怎麼努力，寫作測驗等級的評定，也不可能像選擇題一樣「萬無一失」，但是在不客觀中力求客觀，使得客觀性維持在一個合理的水準，應該是可以讓人接受的。

　　其次，閱卷工作的簡化也是一個迫在眉睫的問題。因為儘管語文教育工作者通常抱有崇高的使命感，對於閱卷工作勇於承擔，但是仍須簡化閱卷工作，使其熱情不致耗損到無以為繼；而且，從另一方面說，閱卷工作一旦簡化，閱卷者負擔減輕，對於閱卷品質的提升來說，當然大有裨益。因為寫作是綜合能力的呈現，所以通常會有一定的字數呈現，而且當然不可能出現單一答案，此二者是寫作評閱工作繁瑣的主因，因此如欲簡化閱卷工作，就可以從以下幾個方面著手：

一、字數規定：閱作文卷，當然要看作文，字數越多，所耗費的時間、心力就越多，但是如前所言，為提升寫作測驗的客觀性，題數又不宜只有一題，因此為兼顧兩方面，短題的字數限制在 200 字以內，應該是合理的。

二、評閱標準：閱卷時最耗費心神的，就是標準不清，因而使得閱卷者猶疑再三，所以閱卷標準如果清楚而且易於掌握，那麼對於閱卷者來說，負擔就大為減輕，下筆評定時，就可以又快又準。

三、分項評分：雖然寫作是綜合能力的呈現，但是畢竟綜合能力是融貫特殊能力而成的，因此可以從幾個方面來測定其優劣（基測的六級分制就是因此而制定出來的），

這樣比起籠統地作整體評定，應該更為精準，這就是分項評分。如果採用分項評分，可以由同一閱卷者進行評閱；或者也可安排由不同的閱卷者負責評定不同的部分，也就是說一份考卷可能是由幾位閱卷者分項評定，再依據配分來算出其總級數。這對閱卷者來說，因為所要考慮的比較確定、集中，所以形成、拿捏標準容易，因此評定時就可以更快、更準、更趨客觀。

四、電腦閱卷：在分項評分的基礎上，再融合資訊科技，就可以用電腦來閱卷，這是最佳的簡化閱卷工作的方法。不過這項工作精細而繁瑣，因為首先必須對寫作內涵的掌握十分全面、準確，才能劃分出重要項目，並對項目內涵作清楚的說明，進而據此訂出標準，然後再轉化為電腦語言。電腦閱卷的研發工作，必須匯集語文專業、測驗專業、資訊專業……等，才能竟其功，因此在目前是難於推動的。

以上所談的兩個重點：「如何提升寫作測驗的客觀性」、「如何簡化閱卷工作」，其中有些做法是立即可行的，有些則須長遠的規劃，所以，凝聚共識，規劃出近、中、遠的時程，「行所當行」，讓寫作測驗可長可久，並且進一步強化寫作教學，使得學生的國語文能力能因而得以提升，那麼可說是「功莫大焉」了。

參考書目

（一）專書（以作者姓氏筆劃為序）

上海師範大學中文系漢語教研室　語法初階　書林出版有限公司
　　1997 一版、1999 二刷

王　耘　小學生心理學　五南圖書出版有限公司　1995
葉忠根
林崇德

仇小屏　文章章法論　萬卷樓圖書有限公司　1998

仇小屏　篇章結構類型論　萬卷樓圖書有限公司　2000

仇小屏　章法新視野　萬卷樓圖書有限公司　2001

仇小屏　放歌星輝下——中學生新詩閱讀指引　三民書局股份有
　　限公司　2002

仇小屏　詩從何處來——新詩習作教學指引　萬卷樓圖書有限公
　　司　2002

仇小屏　世紀新詩選讀　萬卷樓圖書有限公司　2003

仇小屏　小學「限制式寫作」之設計與實作　萬卷樓圖書有限公
　　司　2003
藍玉霞　實作
陳慧敏
王慧敏
林華峰

布裕民　寫作語法修辭手冊　中華書局（香港）　1992 初版
　　2001 再版

陳漢森

江錦玨　詩詞義旨透視鏡　萬卷樓圖書有限公司　2001

周　元　小學語文教育學　華東師範大學出版社　1992

周芬伶　散文讀本　二魚文化事業有限公司　2002

鍾怡雯

范曉　漢語的句子類型　書海出版社　1998 一版、2000 二刷

范曉雯　新型作文瞭望台　萬卷樓圖書有限公司　2001

郭美美

陳智弘

黃金玉

胡性初　中文實用修辭學教程　三聯書店（香港）有限公司
　　2001

莊文中　中學語言教學研究　廣東教育出版社　1999 一版、2001
　　二刷

陳龍安　創造思考教學的理論與實際　心理出版社有限公司
　　1988

陳滿銘　作文教學指導　萬卷樓圖書有限公司　1994

陳滿銘　國文教學論叢續編　萬卷樓圖書有限公司　1998

陳滿銘　詞林散步——唐宋詞結構分析　萬卷樓圖書有限公司
　　2000

陳滿銘　章法學論粹　萬卷樓圖書有限公司　2002

陳滿銘　章法學綜論　萬卷樓圖書有限公司　2003

陳佳君　國中國文義旨教學　萬卷樓圖書有限公司　2004

黃慶萱　修辭學（增訂三版）　三民書局　1975 初版、2002 增
　　訂三版

張春興　教育心理學　台灣東華書局股份有限公司　1990
林清山

張春榮　修辭新思維　萬卷樓圖書有限公司　2001

張春榮　作文新饗宴　萬卷樓圖書有限公司　2002

曾忠華　作文命題與批改　國立台灣師範大學中等教育輔導委員
　　會　1992

曾品立　推薦甄選歷屆考題透析（國文考科）　立根文教出版社
　　未標明出版年月

彭聃齡主編　普通心理學　北京師範大學出版社　2001 二版、
　　2003 十五刷

董奇　兒童創造力發展心理　五南圖書有限公司　1995

劉蘭英　漢語表達　廣西教育出版社　2001
吳家珍
楊秀珍

蒲基維　散文新詩義旨古今談　萬卷樓圖書有限公司　2002
涂玉萍
林聆慈

蔡宗陽　應用修辭學　萬卷樓圖書有限公司　2001 初版、2002
　　二刷

賴慶雄　作文新題型　螢火蟲出版社　1997
楊慧文

賴慶雄　新型作文贏家　螢火蟲出版社　1999
考選部　國家考試國文科專案研究報告　　2002
　　　　近十年聯考試題解析（國文科）　薪橋出版社　未標明
　　　　出版年月

（二）期刊論文（以作者姓氏筆劃為序）

仇小屏　非傳統作文命題探析　人文及社會學科教學通訊（雙月
　　　　刊）　十二卷四期　頁 91-130　2001
李坤崇　人性化、多元化教學評量──從開放教育談起　多元教
　　　　學評量　頁 91-134　1998
郭鳳如　談國小命題作文教學的命題方式　國小作文教學與文化
　　　　互動學術研討會論文集　頁 115-131　1998
張嘉容
王香蓮
陳滿銘　談幾種非傳統的作文命題方式　國文天地　九卷十一期
　　　　頁 46-65　1994
陳滿銘　論幾種特殊的章法　國文學報　三十一期　2002
黃秀霜　九年一貫課程中語文領域多元化評量之研發　九年一貫
　　　　課程新思維　頁 341-371　2001
鄭博真　台灣地區寫作及其教學研究的回顧與展望　民國以來國
　　　　民小學語文課程教材教法學術研討會論文集　頁 69-86
　　　　1999

國家圖書館出版品預行編目資料

「限制式寫作」之理論與應用／仇小屏編著.
-- 初版 -- 臺北市：萬卷樓，2005[民 94]
面；　　公分
參考書目：面
ISBN 957－739－539－2 (平裝)
1. 中國語言－作文　2. 中等教育－教學法

524.313　　　　　　　　　　94017862

「限制式寫作」之理論與應用

編　　　著：仇小屏
發 行 人：許素真
出 版 者：萬卷樓圖書股份有限公司
　　　　　　臺北市羅斯福路二段 41 號 6 樓之 3
　　　　　　電話(02)23216565・23952992
　　　　　　傳真(02)23944113
　　　　　　劃撥帳號 15624015
出版登記證：新聞局局版臺業字第 5655 號
網　　　址：http://www.wanjuan.com.tw
E － mail　：wanjuan@tpts5.seed.net.tw
承 印 廠 商：晟齊實業有限公司
定　　　價：360 元
出 版 日 期：2005 年 10 月初版